CHARLES PASQUA

CE QUE JE SAIS...

I

Les Atrides

1974-1988

ÉDITIONS DU SEUIL
*27, rue Jacob, Paris VIe*

ISBN : 978-2-02-096191-2

www.seuil.com

« La France n'est réellement elle-même qu'au premier rang ; seules de vastes entreprises sont susceptibles de compenser les ferments de dispersion que son peuple porte en lui-même. »

CHARLES DE GAULLE,
Mémoires de guerre

À tous mes compagnons qui, fidèles aux idées du Général de Gaulle, ont combattu pour l'indépendance nationale et la grandeur de la France,

À ceux que la politique a déçus mais qui conservent la foi,

À ceux enfin qui, après nous, un jour, reprendront le flambeau,

En témoignage d'espérance.

Préface

Le vent souffle dans les eucalyptus ; les feuilles et l'écorce des arbres chauffés par le soleil exhalent des odeurs et des parfums qui me rappellent la Corse.

Voici quelques mois, j'étais déjà sur cette terrasse, contemplant l'horizon ; le même vent, les mêmes arbres, le même calme, la mer, le soleil.

Mais aussi un auditoire attentif et des contradicteurs intraitables. Mes petits-fils, des hommes d'aujourd'hui, tous les deux ayant fait des études de sciences politiques loin de France… Qui, lorsque nous nous voyons à l'occasion des vacances, veulent renouer le fil ou tout simplement comprendre.

Comprendre pourquoi et comment leur pays s'est fondu dans l'Europe…

Pourquoi et comment des hommes politiques, certains de qualité, ont consacré, des années durant, l'essentiel de leur temps à s'entre-déchirer. Pourquoi, comment…

« Explique-nous, Charles. Raconte-nous, Charles » – j'oubliais, pour eux je suis Charles.

Expliquer, raconter, rassembler mes souvenirs quelquefois définitivement effacés, pensai-je…

Comment leur expliquer mes réticences, mes pudeurs ?

Comment leur expliquer qu'aussi loin que je me souvienne l'amour de la France et son service m'ont été inoculés comme à beaucoup d'enfants de ma génération, quelles que soient leurs origines, ou leur milieu social, sans qu'aucun d'entre eux devenu adulte ait imaginé écrire des Mémoires, que ce soit pour s'épancher ou pour témoigner ?

Un matin d'août, sur la table du petit déjeuner quelques feuillets de papier blanc, divers instruments censés m'inciter à écrire : stylos, crayons, gomme...

Pour Alexandre et Philippe, j'ai commencé à le faire ; pour moi également, sans imaginer que ces pages manuscrites puissent intéresser quiconque. Aujourd'hui les plaidoyers *pro domo* des uns, les mémoires défaillantes des autres m'ont convaincu du contraire.

Neuilly-sur-Seine,
Sidi Bou Saïd,
mars 2007.

– Insensé ! Mais le sang que tu versais était le tien !
– Insensé ! Non ! Il est vrai que c'était mon propre sang…

HORACE, *Satires*, II, 3.

Préambule

L'entrée en scène du sphinx

22 mars 1986.

9 heures… Premier Conseil des ministres du gouvernement de cohabitation : nous avons été priés d'être assez en avance.

Depuis vingt minutes le ballet des voitures officielles a commencé dans la cour du palais de l'Élysée ; des huissiers affables nous accueillent et nous dirigent vers un petit salon.

Michel Charasse, qui nous reçoit, me dit : « Tu vois, Charles, j'ai maintenu ce que je faisais pour vos prédécesseurs : café, thé, chocolat, viennoiseries. » Nous parlons avec lui de choses et d'autres : ce sera le seul moment de convivialité de ce premier Conseil.

La plupart d'entre nous sommes ministres pour la première fois, et curieux de voir comment cet épisode contre nature va se dérouler. Nous y assistons, membres attentifs d'une troupe qui attend les premiers rôles.

9 h 25… Nous entrons dans la salle des délibérations ; les huissiers nous indiquent nos places respectives. Nous attendons le président et le Premier ministre, qui sont réunis et arriveront ensemble, nous a-t-on dit. Celle qui m'échoit se situe en face de François Mitterrand, légèrement décalée,

à droite de Jacques Chirac: ce sera un poste d'observation privilégié deux années durant...

9h50... L'huissier de service annonce: «Monsieur le président de la République...» Tout le monde se lève. François Mitterrand entre, très raide, compassé, visage fermé, sans un regard pour quiconque. Plus sphinx que jamais, il s'installe à sa place.

Le Premier ministre rejoint la sienne.

Le Conseil des ministres commence. Pourtant, contrairement aux usages, il n'y aura aucune présentation des membres du gouvernement au président de la République. Il les a nommés «sur proposition du Premier ministre», mais d'entrée de jeu il les ignore.

Il n'y aura pas non plus de photo officielle sur les marches du palais de l'Élysée, comme s'il souhaitait par avance effacer toute trace de cet épisode.

Pas de photographie qui le montrerait au milieu de ses adversaires ! Pas de témoignage de ce moment pénible.

Pas de photographie non plus pour ceux qui se sont faits les théoriciens de cette cohabitation perverse contraire à l'esprit des institutions de la Ve République.

Pas de photographie pour ceux qui savourent, béats, cet instant mémorable qui fait d'eux des ministres de la République.

Pas de photographie, enfin, pour ceux, dont je suis, qui ne voient dans ce Conseil qu'une étape dans un combat engagé longtemps auparavant.

Le président de la République donne la parole à «monsieur le Premier ministre», et en vingt-cinq minutes ce premier Conseil est expédié.

François Mitterrand n'a pas desserré les dents. Autour de lui il n'a que des adversaires – et quelques ennemis –, mais il assume.

La situation est pour lui incommode, c'est le moins que l'on puisse dire. Pendant quelques instants nos regards se croisent : que lui vient-il à l'esprit ?

Les combats menés au Sénat contre lui pour l'école libre, la liberté de la presse ou la Nouvelle-Calédonie ?

Les contacts organisés au travers de Charles Salzmann, son conseiller, afin de préparer l'alternance ?

Cet aparté avec ce « terrible M. Pasqua » dans les salons de l'Élysée qui avait tant intrigué le président Poher et d'autres ?

Lui seul le sait.

Mais toute son attitude démontre que ceux qui croient l'avoir neutralisé se trompent.

Redoutable joueur d'échecs, il a tiré les leçons d'une manche perdue et prépare d'ores et déjà la revanche quand, dans notre camp, certains savourent ce qu'ils pensent être la victoire.

Certes, malgré le changement *in extremis* de la loi électorale, nous avons, avec nos alliés, la majorité absolue à l'Assemblée nationale ; mais nous ne disposons que de deux années pour appliquer notre programme et mettre celui qui sera notre candidat en position favorable dans la perspective des élections présidentielles.

Depuis que Pierre Juillet a choisi Jacques Chirac et pense lui avoir insufflé un peu de sa force et de ses convictions, c'est l'objectif auquel quelques-uns d'entre nous se sont consacrés après la disparition de Georges Pompidou en 1974.

En fait, c'est une tragédie classique qui s'est mise en place et qui se joue depuis. Les éléments du drame, les acteurs sont connus.

L'enjeu : une certaine idée de la France.

La scène : notre pays.

Comme dans tous les classiques du genre, rien ne manque : la foi qui soulève les montagnes, la conviction qui entraîne et qui permet de rassembler les énergies, le courage et les dévouements, la lâcheté ordinaire et les reniements, les chausse-trapes et les coups bas !

Mais aussi la résurrection, le rassemblement des volontés, les batailles, les succès... et les échecs !

CHAPITRE I

L'année terrible

1974 fut une année terrible pour les gaullistes : la présidence de la République leur échappa et leur mouvement faillit disparaître.

Cette année-là, Georges Pompidou nomma pour la troisième fois Pierre Messmer, dont je partageais les engagements, Premier ministre[1].

Un gouvernement resserré fut formé, dans lequel Valéry Giscard d'Estaing occupait les fonctions de ministre des Finances, Jacques Chirac celles de ministre de l'Intérieur.

Les reproches formulés à Georges Pompidou par quelques caciques du mouvement gaulliste à la suite de l'appel de Rome, le 17 janvier 1969, dont Pierre Juillet avait été l'instigateur et dont on disait qu'il avait fragilisé le général de Gaulle dès lors qu'il laissait prévoir une succession possible sans drames, étaient oubliés.

1. Gaulliste de la première heure, compagnon de la Libération, Pierre Messmer est l'exemple même de la fidélité et de la rigueur. Je l'ai rejoint lors de la création, en 1972, de Présence du gaullisme, association destinée à contrebalancer les « dérives » du gouvernement Chaban-Delmas, dont Simon Nora et Jacques Delors étaient les maîtres à penser. Premier gouvernement Messmer : du 5 juillet 1972 au 28 mars 1973 ; deuxième gouvernement Messmer : du 2 avril 1973 au 27 février 1974 ; troisième gouvernement Messmer : du 27 février 1974 au 27 mai 1974.

La politique conduite par Georges Pompidou pendant cinq trop brèves années, tout en restant fidèle, pour l'essentiel, aux principes qui avaient guidé l'action du général de Gaulle, avait permis de moderniser le pays.

L'histoire retiendra qu'après le général de Gaulle il fut le seul président à respecter l'esprit des institutions et les grands principes de la conduite des affaires du pays tels que définis par celui-ci.

Les efforts sans précédent entrepris depuis 1958 afin de permettre à la France de tenir toute sa place dans le monde avaient été poursuivis.

Les conséquences du choc pétrolier de 1973 sur l'économie nationale avaient été absorbées sans trop de dommages. Un taux de chômage qui aujourd'hui laisse rêveur, une immigration contrôlée, donnaient à penser que le pays renouvellerait sa confiance à Georges Pompidou.

Malheureusement, rien n'allait se passer comme nous l'avions imaginé. Nous savions le président de la République malade, mais son décès brutal surprit tout le monde[1].

À l'annonce de cette triste nouvelle, des images me reviennent en mémoire.

Nos premiers contacts en 1967, lorsque j'avais supervisé l'organisation du débat public qui devait l'opposer à Pierre Mendès France à Grenoble ; un dîner à Matignon, pour m'en remercier.

Ce dialogue en mai 1968, *ex abrupto*, lorsque l'ORTF était occupée par une minorité de salariés : « Seriez-vous en mesure, avec vos amis, de nous aider à reprendre le contrôle de ce machin ? Et si je vous le demandais, combien de temps vous faudrait-il ?.... » ; ma réponse tout aussi directe, « Une demi-heure, monsieur le Premier ministre... », « Je ne plaisante pas,

1. L'annonce du décès de Georges Pompidou intervint le 2 avril 1974.

Pasqua.. », « Moi non, plus ; nos amis y sont déjà, dites-nous ce que vous voulez, ce sera fait immédiatement... »[1]

Un tête-à-tête dans les premiers jours de juin, alors que tout se remettait progressivement en route dans le pays, au cours duquel il m'avait demandé ce que j'allais faire. Je lui avais indiqué en riant que présidant aux destinées d'une société, que j'avais négligée un mois durant, j'allais retourner à mon bureau. La réponse du Premier ministre avait fusé : « À quoi cela sert-il de vous occuper de vos affaires, si celles de la France fichent le camp ?... » Pierre Juillet, qui m'attendait, devait achever ce que Georges Pompidou avait commencé : « Il vous a eu ? Il ne vous reste plus qu'à choisir une circonscription et à y aller... »

Voilà comment quelques mots de Georges Pompidou m'avaient fait passer du monde de l'entreprise à la vie politique, les deux activités s'étant très vite révélées incompatibles.

Je pense à tout cela, et aux conséquences inquiétantes de ce décès.

Un appel téléphonique de deux amis, Irma Rapuzzi et Antoine Andrieux, élus socialistes de Marseille, me ramène au présent ; ils veulent m'assurer de leur sympathie, car « Georges Pompidou était quelqu'un de bien... » ; mais, me disent-ils, « dans votre malheur, vous avez de la chance. Vous allez présenter Messmer, et il sera élu... ». Leur ayant objecté « qu'on nous disait quelquefois qu'il ne passait pas bien à la télévision », il me fut répondu par Irma Rapuzzi : « Il sera élu car il a la tête de ce qu'il est : un honnête homme... »[2]

1. Office de radiodiffusion-télévision française, ou ORTF. Trente-deux journalistes étaient non-grévistes, parmi lesquels Loÿs Van Lee, Jean Benedetti, Kosek, Michel Anfrol et Pierre Roubaud.

2. Irma Rapuzzi, sénateur des Bouches-du-Rhône de 1959 à 1989, adjoint au maire de Marseille ; Antoine Andrieux, sénateur des Bouches-du-Rhône du 1er janvier 1974 à 1983. Pierre Messmer avait été directeur de cabinet de Gaston Defferre, ministre de la France d'outre-mer, pendant quelques mois en 1956.

Pierre Messmer, dont la légitimité gaulliste était incontestable, venait d'être confirmé dans les fonctions de Premier ministre par Georges Pompidou, après avoir conduit avec succès la campagne des législatives l'année précédente. Il me paraissait donc, comme à tant d'autres, le successeur naturel de Georges Pompidou ; la difficulté, pensions-nous, serait de le convaincre, compte tenu de son absence d'ambition personnelle.

Pourtant, certains dirigeants et dignitaires de l'UDR, ayant à leur tête Michel Debré, Alexandre Sanguinetti, Olivier Guichard, Jacques Foccart, avaient déjà pris position pour Jacques Chaban-Delmas et poussaient sa candidature[1].

Contraints de soutenir Georges Pompidou, ils l'avaient fait de mauvais cœur tant il leur paraissait anormal que ce ne soit pas à leur cénacle qu'il appartînt de désigner le successeur du général de Gaulle.

Le rôle qu'ils avaient pu jouer à une certaine époque, les fonctions qu'ils avaient occupées les conduisaient à penser qu'il ne pouvait y avoir de légitimité en dehors d'eux. Chroniqueurs et journalistes ne s'y étaient pas trompés, qui les avaient baptisés « barons » par référence peut-être aux derniers mois du Premier Empire, lorsque l'on ne savait plus trop où était l'essentiel, de l'intérêt de la France ou du maintien des positions acquises par certains.

De son côté, Valéry Giscard d'Estaing, ministre des Finances

1. La déclaration de candidature de Jacques Chaban-Delmas intervint le 4 avril 1974, au lendemain de la déclaration de vacance et de « l'exercice provisoire des fonctions du président de la République par le président du Sénat », Alain Poher, prononcée par le Conseil constitutionnel, avant même les obsèques du président Pompidou ; elle fut marquée du sceau de l'inélégance et de la maladresse. Cette précipitation, dont la seule explication résidait dans la volonté de prendre de court Pierre Messmer, qui de son côté devait assurer la marche courante des affaires de l'État, fut *in fine* exploitée par Valéry Giscard d'Estaing. Voir sur Internet : http://www.conseil-constitutionnel.fr.

dans le gouvernement de Pierre Messmer, après avoir annoncé son intention d'être candidat aux élections présidentielles, déclarait qu'il était prêt à s'effacer devant lui s'il pouvait être le candidat unique de la majorité[1].

Il était loin d'être un inconnu pour moi. J'avais eu l'occasion de le rencontrer lors de sa venue à Marseille pour la création d'un club Perspectives et Réalités. N'occupant aucune fonction élective à cette époque, j'avais été séduit comme beaucoup de dirigeants d'entreprise par son propos brillant ; j'avais également pu apprécier ses talents de pédagogue qui rendaient tout à coup l'économie compréhensible aux provinciaux que nous étions. Un peu plus tard, Jacques Foccart, lui aussi sous le charme, me confia qu'il ferait sans aucun doute un très bon secrétaire général de l'UDR. Hélas !

À quelque temps de là, je ne sais quel hasard me valut d'être invité à un déjeuner rue de Rivoli au ministère des Finances. Manifestement je n'étais pas le seul à m'interroger, quand, entre la poire et le fromage, notre brillant ministre nous annonça tout à trac et en riant que nous étions le premier organe directeur des Républicains indépendants. M'étant récusé au moment de prendre congé, en lui indiquant que j'étais gaulliste, il me répondit : « Mais moi aussi ! »

À quoi tiennent les choses ! Giscard d'Estaing gaulliste affirmé, Chirac radical-socialiste à la vocation contrariée par

1. La déclaration de candidature de Valéry Giscard d'Estaing intervint le 8 avril 1974. Ses termes mêmes étaient révélateurs de ce que serait l'âpreté de la bataille à venir : « Il y a moins d'une semaine disparaissait le président Georges Pompidou. J'ai pensé, je pense encore, que ceux qui s'inspirent de sa mémoire devaient s'associer au deuil du peuple français avant de se préoccuper de sa succession. » Le 9 avril, en fin d'après-midi, Valéry Giscard d'Estaing devait proposer, sans trop de risques, après qu'avait eu lieu un entretien à la brièveté sans équivoque entre Jacques Chaban-Delmas et Pierre Messmer à l'hôtel Matignon, de retirer sa candidature si ce dernier pouvait être le candidat de l'unité.

ses conseillers – dit-il –, la vie politique de notre pays eût été changée, et beaucoup de psychodrames eussent pu être évités.

Mais restons sérieux.

Pierre Juillet, principal conseiller de Georges Pompidou, ayant pris conscience le premier que la division de la majorité ferait le jeu de la gauche et de François Mitterrand, soutenait de toutes ses forces la candidature de Pierre Messmer, convaincu qu'il était que Jacques Chaban-Delmas n'avait pas la moindre chance d'être élu.

Cependant ce dernier, soutenu par les « barons », refusait de se retirer : il y aurait donc des primaires.

À la demande de Pierre Juillet, j'entrepris une ultime démarche. Pierre Messmer, qui connaissait mon engagement à seize ans dans la France Libre, savait que je n'avais rien d'un politicien professionnel. De mon côté, j'avais une très grande estime pour lui qui s'était toujours comporté en homme d'honneur et en grand serviteur de l'État ; peut-être m'entendrait-il ?

Notre entretien fut bref. Il signait du courrier. Il me fit signe d'approcher, puis s'étant avisé du fait que je l'observais par-dessous sa lampe de bureau il me demanda ce que je regardais. « J'essaye d'imaginer la tête que vous ferez quand tout le monde dira que les élections présidentielles ont été perdues parce que vous n'avez pas voulu vous présenter !... » Sa réplique fusa : « Sortez immédiatement, je n'accepte pas que l'on me parle sur ce ton !... » Alors que j'arrivais près de la porte, un tout aussi bref « Pasqua, revenez... » permit à la conversation, si l'on peut dire, de reprendre : « Comprenez bien que Chaban ne se retirera jamais ! Dans ces conditions, je ne peux rien faire !.... » Je comprenais certes, mais j'étais furieux contre ceux qui avaient poussé Jacques Chaban-Delmas à se porter candidat, et qui nous conduisaient à l'échec. Je le dis à Pierre Juillet.

Malgré nos derniers efforts, Pierre Messmer renonça ; la machine à perdre était lancée.

François Mitterrand, entrevoyant déjà les profits qu'il pourrait retirer de ces querelles, ne pouvait que s'en réjouir.

Lors d'une réunion du bureau exécutif de l'UDR, tout le monde soutint la candidature de Jacques Chaban-Delmas, à l'exception d'André Bord et de moi-même[1].

J'expliquai alors que les primaires seraient fatales au mouvement car, contrairement à ce que tous ces caciques croyaient, il n'y avait pas de majorité acquise au gaullisme dans le pays. Seul un candidat incarnant les idées du général de Gaulle et soutenu par l'ensemble de la majorité pourrait l'emporter. Peine perdue ! Les jeux étaient faits !

Jacques Chirac, traité de traître, fut voué aux gémonies. J'essayai de calmer le jeu et réussis *in extremis* à empêcher son exclusion de l'UDR en faisant observer que le ministre de l'Intérieur n'étant pas formellement membre du mouvement, le ridicule s'ajouterait à l'erreur politique et hypothéquerait l'avenir.

Entre-temps, convaincus du risque que constituerait pour la France l'élection de François Mitterrand, Pierre Juillet et Jacques Chirac rassemblent trois ministres et trente-neuf députés qui signent une déclaration favorisant la candidature de Valéry Giscard d'Estaing. Pourtant il est hors de question pour moi de les suivre[2].

Ses qualités intellectuelles et son brillant parcours ne peuvent me faire oublier qu'il ne partage pas nos idées et notre vision de la France. Ministre du général de Gaulle, il l'a trahi.

Est-il possible d'envisager un instant de passer par pertes et profits le « oui mais », ainsi que sa prise de position en

1. Réunion du bureau exécutif de l'UDR, 4 avril 1974.
2. « Déclaration des Quarante-Trois », 13 avril 1974.

faveur du « non » lors du référendum d'avril 1969 sur la régionalisation et la réforme institutionnelle ?

Peut-on se rallier à celui qui fit passer son ambition personnelle avant l'intérêt national ? Georges Pompidou, quant à lui, s'impliqua du mieux qu'il le put dans ce combat, qui constituait dans l'esprit du général de Gaulle une étape décisive dans la transformation de la France[1].

La démarche de Pierre Juillet préserve certes l'avenir, mais je ne peux m'y associer. Malgré mes désaccords avec Jacques Chaban-Delmas, j'apporterai mon soutien actif à sa campagne.

L'opinion que j'avais de la politique conduite alors qu'il était Premier ministre lui était connue. Le président Pompidou ayant convié à déjeuner quelques députés, il les avait interrogés afin de savoir quel était le sentiment des Français sur la politique du gouvernement ; tous protestèrent du fait que tout allait bien. Alors que je m'étais promis de ne pas intervenir, je ne pus m'empêcher de le faire, lorsque Georges Pompidou demanda pour la troisième fois quel était le climat dans le pays. Flanqué de Marie-France Garaud et de Pierre Juillet, je lui dis tout de go que les Français avaient le sentiment de ne pas être gouvernés… Sa réaction fut telle que je faillis quitter ce déjeuner. Mais soudain les autres parlementaires, ayant retrouvé quelque courage, abondèrent dans mon sens… Au moment de nous quitter, le chef de l'État était revenu sur ses pas pour me lancer un « sans rancune, hein, Pasqua… », qui montrait que lui-même n'était pas dupe de l'état réel de l'opinion publique[2].

1. Résultats du référendum du 27 avril 1969 relatif au projet de loi sur la création de régions et à la rénovation du Sénat : « oui », 10 901 753 ; « non », 12 007 102. Voir sur Internet : http://www.conseil-constitutionnel.fr.

2. Ce déjeuner réunissait les membres du bureau politique du groupe parlementaire de l'UDR à l'Assemblée nationale.

Deux ans s'étaient écoulés. Ayant été libéré de toute charge, Jacques Chaban-Delmas avait eu le temps, pensais-je, de se préparer pour assumer ce qu'il croyait être son destin.

La visite que j'effectue à son quartier général de campagne me convainc qu'il n'en est rien, et que les choses se présentent encore plus mal que ce que je craignais. Lui qui avait été le chantre de la Nouvelle Société, entouré d'un aréopage de brillants esprits, tels Simon Nora et Jacques Delors, le voilà, hélas, sans programme et sans idées[1].

Le 15 avril, je rencontre Jacques Chirac au ministère de l'Intérieur; des liens d'amitié et une grande confiance existent entre nous à cette époque.

Je lui dis être convaincu que Jacques Chaban-Delmas ne franchira pas le premier tour et que, dès lors, les «barons» seront démonétisés; le mouvement gaulliste, quant à lui, risque de disparaître.

Dans mon esprit, quel que soit le résultat des élections présidentielles, cette bataille est perdue pour nous. En fonction de cela, il faut préparer l'avenir pour faire en sorte que les idées défendues par le général de Gaulle ne disparaissent pas.

Dans cette perspective, Jacques Chirac, qui est jeune et dont l'allant est certain, pourrait, avec le soutien de Pierre Juillet et de quelques autres, dont je suis, incarner le renouveau.

Pour cela il ne faut pas trop heurter nos compagnons déjà choqués par l'appel des «Quarante-Trois», faute de quoi il lui sera difficile de tenir ce rôle. Je lui conseille donc de s'impliquer désormais le moins possible; je lui suggère également d'attendre qu'à l'issue du premier tour tous les «barons» aient

1. «Au-delà de ces épisodes, c'est la transformation de notre pays que nous recherchons, c'est la construction d'une nouvelle société fondée sur la générosité et la liberté...» (extrait du discours de Jacques Chaban-Delmas à l'Assemblée nationale, 16 septembre 1969).

appelé à voter Valéry Giscard d'Estaing pour se prononcer. C'est ce qu'il fera à son tour le lundi matin, Jacques Chaban-Delmas ayant été éliminé. Ainsi s'est-il remis dans le jeu[1].

Dans une intervention publique avant le second tour, Valéry Giscard d'Estaing avait brossé le portrait de son futur Premier ministre ; beaucoup avaient cru reconnaître Jacques Chirac. Cela lui avait été suggéré par Pierre Juillet dans le but de rassurer l'électorat gaulliste, mais chacun comprendra aussi qu'il s'agissait de le conduire à s'engager. Le grand jeu commençait. Il allait durer longtemps...

Je mets donc Jacques Chirac en garde contre le danger d'être phagocyté : « Après t'avoir utilisé, il te jettera », lui dis-je.

Le 19 mai, Valéry Giscard d'Estaing est élu avec près de 51 % des suffrages[2].

Les voix des électeurs qui ont suivi les « Quarante-Trois », Pierre Juillet et Jacques Chirac, ajoutées à celles des opposants de toujours aux idées du général de Gaulle, ont fait la différence.

Sans attendre, le président nouvellement élu reçoit Jacques Chirac à Neuilly, en compagnie de Michel Poniatowski ; il lui propose le poste de Premier ministre. Pierre Juillet est satisfait : il faut qu'il y ait un gaulliste à Matignon à défaut de l'Élysée. Il doit donc accepter[3].

La logique et la pratique institutionnelle auraient voulu que le président dissolve l'Assemblée nationale afin que de nouvelles élections législatives permettent l'émergence d'une majorité qui lui soit acquise.

1. Résultat du premier tour des élections présidentielles, 5 mai 1974 : François Mitterrand, 11 044 373 ; Valéry Giscard d'Estaing, 8 326 774 ; Jacques Chaban-Delmas, 3 857 728.

2. Résultats du second tour de l'élection du président de la République du 19 mai 1974 : Valéry Giscard d'Estaing, 13 396 203 ; François Mitterrand, 12 971 604. Voir sur Internet : http ://www.conseil-constitutionnel.fr.

3. Entrevue Valéry Giscard d'Estaing-Jacques Chirac, le 20 mai 1974.

Telle était l'analyse de Michel Poniatowski : Valéry Giscard d'Estaing ne l'avait pas faite sienne, persuadé d'avoir suffisamment d'ascendant sur Jacques Chirac, qu'il connaissait depuis qu'il l'avait eu à ses côtés comme secrétaire d'État.

Le fait que ce dernier ait accepté, sans barguigner, que le gouvernement fût composé sans qu'il eût été consulté, sur les conseils éclairés de Michel Poniatowski, confortait le président de la République dans ses certitudes.

Cinq ministères, en tout et pour tout, avaient été attribués aux tenants des idées du général de Gaulle, démontrant s'il en était besoin que la giscardisation de la majorité était en marche[1].

La composition même du gouvernement, la désignation de Michel Poniatowski comme ministre de l'Intérieur, celle de Jean Lecanuet comme Garde des Sceaux, de Michel d'Ornano comme ministre de l'Industrie montraient clairement que la liberté de manœuvre de Jacques Chirac serait voisine de zéro, entouré qu'il était d'hommes qui s'étaient toujours opposés au général de Gaulle.

La désignation de Jean-Pierre Fourcade comme ministre de l'Économie et des Finances indiquait, quant à elle, clairement que le président de la République entendait garder la haute main sur la politique économique et financière du pays, convaincu qu'il était d'être un des meilleurs économistes de France, si ce n'est le meilleur.

Mais pour moi, le véritable débat est ailleurs. Accepter le poste de Premier ministre, certes, mais dans quel but ?

Apporter ce qui reste du mouvement gaulliste à Valéry Giscard d'Estaing, devenir en quelque sorte l'artisan de sa disparition, se remettre entièrement entre ses mains, c'est

1. Jacques Chirac, Premier ministre ; Jacques Soufflet, ministre de la Défense ; Robert Galley, ministre de l'Équipement ; André Jarrot, ministre de la Qualité de la vie ; Vincent Ansquer, ministre du Commerce.

pour Jacques Chirac la certitude qu'il sera remercié dès lors qu'il ne pourra plus lui servir ou lui nuire.

Ressusciter, rénover le mouvement gaulliste, lui redonner vigueur et confiance, est la seule chance de défendre les idées du général de Gaulle ; c'est aussi acquérir la capacité de peser sur les choix du président et de préparer l'avenir.

Les échanges que nous avons, Pierre Juillet, Marie-France Garaud, René Tomasini, Jacques Chirac et moi, sont animés.

Convaincu qu'il est possible, en partant de ce qui subsiste, de reconstruire un grand mouvement gaulliste, je suis naturellement favorable à la deuxième hypothèse ; Jacques Chirac est assez sceptique. Je deviens véhément : « Le mouvement est K.O., mais ne vous y trompez pas, il n'est pas mort ; il suffira de souffler sur les braises pour que le feu reparte... » René Tomasini pense que ce sera difficile, Jacques Chirac, lui, doute. Je prends alors à témoin Marie-France Garaud et Pierre Juillet : « Oui, Jacques, j'y crois, mais en plus, c'est notre devoir : nous n'allons pas passer le gaullisme par pertes et profits... » Finalement, ils sont d'accord avec moi ; René Tomasini le sera aussi. Il faut le tenter. Après réflexion, Jacques Chirac semble comprendre que pour compter, il faut avoir des forces : « C'est à toi de t'en charger, Charles... »

Valéry Giscard d'Estaing espérait que Jacques Chirac lui apporterait ce qui restait du mouvement gaulliste pour constituer la majorité giscardienne dont il avait besoin.

Grave méprise.

Jacques Chirac n'est plus le jeune secrétaire d'État qu'il avait tenu dans l'ignorance de la dévaluation du franc en 1969, étant lui-même ministre de l'Économie et des Finances ; il n'est plus seul[1].

1. Gouvernement Chaban-Delmas, 20 juin 1969-5 juillet 1972.

Ses conseillers les plus fidèles, Michel Poniatowski et Michel d'Ornano, ne s'y étaient pas trompés, eux qui avaient fait proposer, sans succès, le ministère des Affaires étrangères à Pierre Juillet, une ambassade à Marie-France Garaud afin de l'isoler un peu plus.

Pierre Juillet, de son côté, estimait que, grâce au soutien de l'UDR et de son groupe parlementaire, Jacques Chirac, qu'il pensait avoir façonné de ses mains, pourrait amener Valéry Giscard d'Estaing à conduire une politique conforme à sa vision des intérêts de la France.

Autre méprise.

Ainsi la disparition de Georges Pompidou et l'élection d'un président de la République qui n'est pas issu de la sensibilité gaulliste, majoritaire jusque-là, inaugurent-elles une période de turbulences dans le fonctionnement des institutions.

Satisfaits pour la plupart d'entre eux d'avoir barré la route du pouvoir à François Mitterrand, adversaire de toujours du général de Gaulle et de la Ve République, rares sont ceux qui perçoivent les difficultés qui attendent le pays.

Le mouvement gaulliste, de son côté, profondément meurtri par les positions prises par les uns et les autres lors du scrutin présidentiel, n'a plus de chef de file ; son existence même est menacée.

Mais l'erreur commise par Valéry Giscard d'Estaing en ne prononçant pas la dissolution de l'Assemblée nationale fait que le jeu vient de changer de mains. Cette erreur porte en elle la survie du mouvement gaulliste et son renouveau.

CHAPITRE 2

L'espérance retrouvée

L'allocution prononcée par Valéry Giscard d'Estaing lors de son installation en qualité de président de la République avait frappé les esprits tant par sa concision que par son flou[1].

Ceux qui espéraient une vision d'avenir, un projet ou un programme avaient été cruellement déçus. La presse ne s'y était pas trompée, qui n'avait retenu des deux paragraphes du propos présidentiel que les mots décrivant le « début d'une ère nouvelle » ou le « vertige des pages blanches ». Il préciserait un peu plus tard ce que seraient les grandes orientations de son septennat.

Il allait appartenir au Premier ministre de présenter au pays les grands axes de l'action qu'il entendait conduire sous son autorité.

Le discours de politique générale prononcé par Jacques Chirac à l'Assemblée nationale se situait pour l'essentiel dans la ligne que nous entendions maintenir[2].

Au-delà de la conjoncture, s'inscrivant dans la tradition gaulliste, la volonté de préserver « l'indépendance nationale

1. Allocution du 27 mai 1974.
2. Discours de politique générale de Jacques Chirac, le 5 juin 1974. Il avait été préparé avec le concours de Pierre Juillet, Marie-France Garaud et moi.

tant sur les plans économique, diplomatique que militaire» était clairement affirmée.

Cependant, Valéry Giscard d'Estaing d'entrée de jeu multipliant les mauvaises manières, Jacques Chirac n'a plus le choix. Pour exister, il faut ressusciter le mouvement gaulliste, il en est désormais convaincu. Il faut également reprendre en main le groupe parlementaire à l'Assemblée nationale. René Tomasini va s'en charger[1].

Reste le mouvement. Pierre Juillet et Jacques Chirac me demandent de m'y consacrer.

Le préalable me paraît être la réconciliation entre le secrétaire général, Alexandre Sanguinetti, et le Premier ministre, qui ont en commun le peu d'estime qu'ils se portent et l'absence de confiance de l'un envers l'autre. Après maintes péripéties, cet objectif sera atteint.

Les finances du mouvement étant exsangues car la candidature de Jacques Chaban-Delmas a laissé un passif, c'est à Jacques Chirac qu'il appartiendra de le résorber malgré ses réticences.

Finalement, c'est Alexandre Sanguinetti lui-même, conscient de la déliquescence ambiante, qui me demandera de venir auprès de lui pour tenter de sauver ce qui peut l'être. Choix logique, car je suis le seul trait d'union possible entre ceux qui ont soutenu la candidature de Jacques Chaban-Delmas et Jacques Chirac. Je suis convaincu de pouvoir réussir, d'une part parce que je suis reconnu au sein du mouvement comme un gaulliste intransigeant, mais d'autre part parce que, depuis plus de vingt ans, j'ai appris dans le secteur privé comment structurer efficacement une entreprise, fédérer et motiver ses forces.

Alexandre Sanguinetti est intelligent : je lui fais partager ma conviction que nous pouvons relancer l'UDR, à la condi-

1. Avec Roger Romani, Jean Tiberi et Jacques Toubon.

tion que j'assume la direction des fédérations et l'action politique. Je suis donc nommé délégué national à l'action, avec les pouvoirs les plus étendus, devenant *de facto* le numéro deux du mouvement[1].

La reprise en main est effectivement urgente car la situation telle que je la découvre est pire que ce que je pouvais imaginer : les démissions sont nombreuses, les responsables de campagne sont désespérés, les cadres démobilisés ; nous ne pouvons pas compter sur grand monde. M'inspirant de mon expérience de l'entreprise, des délégués régionaux deviennent mes relais : ils me permettent de lancer la rénovation du mouvement grâce à l'appui des secrétaires départementaux et de tous les députés, y compris ceux qui ont été défaits en 1974 ; ils savent que je ne renonce jamais et que je suis un des meilleurs orateurs du Parlement.

La reconstruction, j'en suis certain, passera par un examen sans complaisance des raisons ayant conduit à l'échec, la parole étant donnée aux adhérents afin qu'ils se défoulent et expriment leur rancœur et leurs doléances. Exercice difficile que cette autocritique et cet examen sans complaisance, mais c'est à ce prix qu'il sera possible de définir une ligne nouvelle qui permettra la renaissance d'un grand mouvement populaire et le choix d'un nouveau leader qui ne peut être que Jacques Chirac.

Alors même que nous comptons recueillir les fruits de ce programme avant la fin de l'année 1974, le processus va s'accélérer.

Le dépouillement du questionnaire adressé aux adhérents apporte une première réponse : la condamnation de l'ancienne direction et de l'influence excessive des « barons » est sans appel, beaucoup d'amertume mais aussi une petite lueur d'espérance ; c'est réconfortant.

1. Le 14 juin 1974.

Nous décidons alors de visiter toutes les régions de France : les secrétaires départementaux et régionaux réunis par mes soins apportent un soutien total à notre initiative.

Les propos que tient Alexandre Sanguinetti en introduction à nos réunions sont toujours les mêmes : « Mes chers compagnons, le général de Gaulle est mort. » Un silence. « Le président Pompidou est mort. » Puis il enchaîne : « Nous avons perdu la présidentielle... C'est pour cela que nous venons vers la base ; c'est elle que nous devons écouter... c'est elle qui doit nous indiquer la direction à suivre... »

Perplexité et incompréhension dominent dans les auditoires que nous rencontrons car nous n'indiquons aucune ligne politique.

Sommes-nous dans la majorité de Valéry Giscard d'Estaing ? Soutenons-nous Jacques Chirac ? Sommes-nous dans l'opposition ? Le flou est total.

Il devient évident au bout de quelques jours que nous ne pouvons pas continuer ainsi. Le mouvement gaulliste est un mouvement bonapartiste, qui veut être entraîné, et qui n'est pas du tout porté à l'autogestion.

La décision sera provoquée à la fin du mois de juin par la réaction des militants eux-mêmes, alors que Sanguinetti croit qu'il est encore trop tôt pour trancher. À Salon-de-Provence, à peine a-t-il terminé son propos liminaire qu'il est interrompu par un militant du cru, un grand gaillard camarguais, qui demande la parole. Son intervention surréaliste va s'avérer décisive pour la suite : « Je comprends maintenant pourquoi ça va si mal, dit-il. Non seulement vous ne savez pas ce qu'il faut faire, mais en plus vous venez nous le demander, à nous !!! Alors, à quoi vous servez ? »

Ainsi va se clore le chapitre de l'introspection. À nous de choisir et de conduire une démarche positive.

Tout va désormais aller très vite ; la clarification tant souhaitée se fera au mois de juillet par une déclaration du secrétaire général indiquant que nous sommes dans la majorité, bientôt suivie de l'annonce du soutien sans réserve de l'UDR à Jacques Chirac[1].

Ce qui paraissait impossible à certains est réalisé. Le Premier ministre peut désormais peser ; il a derrière lui le groupe parlementaire, ainsi que le mouvement qui est en ordre de bataille. Qui eût pu prévoir un tel retournement, dont, paradoxalement, Valéry Giscard d'Estaing et Michel Poniatowski se réjouissent ?

Durant l'été 1974, je visite les fédérations et rencontre les militants : je dois tout d'abord les convaincre d'oublier les péripéties liées au fiasco de la candidature de Jacques Chaban-Delmas aux élections présidentielles. L'objectif que je leur assigne est simple : soutenir le Premier ministre Jacques Chirac face aux menées antigaullistes de l'entourage de Valéry Giscard d'Estaing.

Ce discours, les militants et l'électorat gaulliste n'ont pas grand mal à l'entendre car les premières mesures prises par le président les ont irrités et ont déconcerté ceux qui partagent nos idées. Le refus de porter le grand cordon de la Légion d'honneur qu'il a reçu dans son coffret, l'habit remplacé par un simple costume de ville, le défilé du 14 Juillet transféré à la Bastille, le changement de rythme de *La Marseillaise*, cela à leurs yeux n'augure rien de bon. Les mesures qui vont suivre accroîtront rapidement le trouble de l'opinion et la perte de confiance de ceux de nos électeurs qui lui ont apporté leurs suffrages.

Face à cela, il faut, encore et toujours, renforcer la position de son Premier ministre, Jacques Chirac.

1. Le 12 juillet 1974.

Pour y parvenir, nous[1] ne voyons qu'un seul moyen : qu'il devienne secrétaire général de l'UDR, le principal parti de la majorité présidentielle. Pour cela, Alexandre Sanguinetti devra démissionner, ouvrant ainsi la voie à sa candidature et à son élection, espérons-nous.

Une double opportunité va se présenter.

D'une part, le conseil national de l'UDR, dont tous les membres du comité central font partie, a été convoqué pour le 14 décembre au matin. Rien de plus facile donc que de réunir un comité central le même jour à 8 h 30, préalablement à cette réunion[2].

Le président de la République, d'autre part, est aux Antilles. Si nous prenons cette initiative, à cette date, le Premier ministre n'aura à lui en rendre compte qu'une fois la partie jouée.

L'accord d'Alexandre Sanguinetti sur son retrait interviendra à l'issue d'un dîner avec Pierre Juillet et René Tomasini, après que je l'aurai convaincu de la nécessité de placer Jacques Chirac à la tête du mouvement afin de renforcer son autorité et de mettre un terme aux manœuvres de division[3].

En effet, l'avant-veille, le Premier ministre avait téléphoné pour s'inviter à un dîner que Roger Frey avait organisé ; ce dîner devait réunir Michel Debré, Maurice Couve de Murville, Jacques Chaban-Delmas, quelques autres « barons », ainsi que Pierre Messmer.

1. Pierre Juillet, Marie-France Garaud et moi.

2. Le conseil national de l'UDR comptait 500 membres.

3. Alexandre Sanguinetti refusa de prendre quelque décision que ce soit avant de s'être entretenu avec moi ; nous eûmes donc une heure durant un tête-à-tête chez Lasserre, où se déroulait ce dîner. Il donna son accord avec un peu d'amertume, après que je lui ai fait valoir que c'était l'avenir du mouvement gaulliste qui était en jeu. Le président de la République s'opposa à ce qu'il soit nommé conseiller auprès du Premier ministre, comme cela lui avait été proposé.

Le Premier ministre n'avait trouvé ce groupe d'accord que sur un seul point : la nécessité de remplacer le secrétaire général ; leur choix s'était manifestement arrêté sur Olivier Guichard, sa désignation par leurs soins et sa cooptation leur paraissant toutes naturelles. Ils n'avaient donc tiré aucune leçon de leurs choix désastreux qui avaient entraîné notre échec lors des élections présidentielles.

À la fin du dîner, Jacques Chirac leur avait indiqué que lui-même, dans une telle hypothèse (le remplacement de Sanguinetti), déclarerait sa candidature, laissant au comité central du mouvement le soin de trancher. Cela les avait bien fait rire, nous dit-il à son retour à l'Hôtel Matignon, où nous l'attendions[1].

Dès lors, la décision de jouer la partie fut prise. Rirait bien qui rirait le dernier.

Cette réunion du comité central devait rester dans les annales du mouvement gaulliste.

Le charivari qui suivit l'annonce, ce 14 décembre au matin, par Alexandre Sanguinetti de sa démission devant les divisions et les tensions qui existaient dans le mouvement et par Jacques Chirac de sa candidature fut indescriptible !

Les amis de Jacques Chaban-Delmas, ceux qui par leur entêtement nous avaient fait perdre la présidentielle, se déchaînèrent. Chaban-Delmas lui-même, puis Vivien, Foccart, Peyrefitte, d'autres, tentèrent dans un assaut désespéré de bloquer par leurs interventions le processus dont ils pressentaient la conclusion.

Nos amis répondent. Debré propose une direction collégiale ; j'interviens et la fais rejeter. C'est un moment un peu difficile. Jacques Chirac hésite, tergiverse… Marie-France Garaud et Pierre Juillet, par téléphone, me demandent de ne

1. Pierre Juillet, Marie-France Garaud et moi.

pas le quitter jusqu'à la décision: «Charles, ne le lâchez pas d'une semelle. Poussez-le, forcez-le à y aller...» Tour à tour, un certain nombre de nos amis, à mon initiative, le confortent, au premier rang desquels René Tomasini, Roger Romani, Michel Noir.

J'interviens alors vivement auprès du Premier ministre; il faut en finir, nos adversaires étant désorientés. Jacques Chirac confirme enfin sa candidature.

Aucun cacique n'ose se présenter contre lui. Seul un jeune militant du Nord, Jacques Legendre, le fera «pour permettre le jeu démocratique». Jacques Chirac est finalement élu secrétaire général de l'UDR, comme je l'avais imaginé. Son élection est incontestable, et ne sera d'ailleurs contestée par personne[1].

Après cette partie mémorable, nous allons à l'Hôtel Matignon fêter notre succès... en y déjeunant d'un sandwich[2].

Comme le dira plus tard Yves Guéna: «Ce jour-là Pasqua a été le Lucien Bonaparte de l'affaire; sans lui rien ne se serait passé...»

Nous nous rendons ensuite au conseil national, où sont réunis, depuis le matin, cinq cents militants impatients. Mes adjoints ont informé nos amis et pris le pouls de la salle, si l'on peut dire.

Jacques Chirac est prévenu; je connais tous ces militants. Quelques minutes de tension et de brouhaha, puis l'enthousiasme général lorsqu'il s'adresse à ses nouveaux compagnons en sa qualité de secrétaire général!

Les contestataires du matin renoncent même à intervenir tant ils savent que leur démarche serait vaine. À quelques

1. Jacques Chirac: 57 voix; Jacques Legendre: 27 voix; 6 abstentions. J'avais l'accord de 60 membres du comité central, je disposais également des procurations de douze membres absents.

2. En compagnie de Pierre Juillet et de Marie-France Garaud, qui nous y attendent.

amis qui lui demandent de le faire, Jacques Chaban-Delmas répond : « C'est inutile, Pasqua a fait la salle. »

Ce qui avait conquis cette salle, c'est la hardiesse de la manœuvre, la jeunesse du Premier ministre, sa volonté affirmée de reconstruire un grand mouvement gaulliste. Les militants avaient retrouvé un leader, un chef, ils étaient rassurés et heureux.

Restait à informer le président de la République. Le soir même, Jacques Chirac l'appela et lui annonça qu'il avait dû prendre le secrétariat général afin de garder le mouvement gaulliste dans la majorité. Valéry Giscard d'Estaing en fut très heureux et l'en félicita, persuadé que le mouvement gaulliste lui était apporté en dot.

Quelle méprise !

De son côté, Jacques Chirac a cru que sa position de Premier ministre se trouvait renforcée et qu'ainsi il pourrait peser sur les choix du président. Le comportement des proches de celui-ci, notamment les assauts répétés de Michel Poniatowski contre l'UDR et le Premier ministre, apportera vite la preuve contraire.

Autre méprise !

Ainsi se termina cette année 1974, qui, si terrible qu'elle fût, permit de restaurer l'unité du mouvement gaulliste et de mettre à sa tête Jacques Chirac, dont l'âge et le dynamisme étaient porteurs d'espérance pour l'avenir, pensions-nous.

CHAPITRE 3

Les Atrides

Valéry Giscard d'Estaing…

Alors même que la plupart de nos hommes politiques pourraient se recommander de Janus, la référence au dieu bicéphale s'avérera insuffisante pour lui tout au long de son septennat.

Sept années durant nous assistâmes à un combat ininterrompu dont il était le protagoniste aux trois visages.

Valéry, tout d'abord ! Homme jeune, méritant et courageux ; éternel adolescent, ministre en pull-over, ou, postulant à la succession de Georges Pompidou, promenant ses longues jambes sur un terrain de football en « culottes courtes », comme aurait pu le dire le général de Gaulle, une fois de plus visionnaire, ou bien encore joueur d'accordéon impénitent, en qui la France profonde pouvait se reconnaître…

Qui aurait pu ne pas l'aimer ?

Giscard, ensuite ! Qui, sitôt à la barre, entreprit de montrer combien il était resté simple, qui, de petits déjeuners en compagnie des éboueurs de son quartier en repas pris chez des Français de base, voulut prouver combien il était proche des gens. Président faisant le mur pour se détendre de journées quelquefois fatigantes passées à écouter la leçon de ses

Machiavel en chambre, Ornano et Poniatowski, toujours prompts à occire du gaulliste. Pédagogue, toujours, ne rechignant pas à se mettre au niveau de ses concitoyens, lui, « un des meilleurs économistes de France », pour leur expliquer l'alpha et l'oméga de l'économie, ce qui n'eut pas l'heur de plaire à François Mitterrand un soir de débat télévisé. Grand chasseur devant l'éternel, qui entreprit de traquer sur le continent africain toutes sortes de gibiers. Ce complet vert porté un soir de réception, prémonitoire d'une autre réception en habit vert ; Giscard toujours, dont l'interrogation obsédante sept années durant fut « M'aime-t-on ? », et que la réponse des Français désespéra un temps.

D'Estaing enfin, le mystérieux. Qui a poussé Giscard à vouloir ressusciter une étiquette d'un autre siècle, qui l'a conduit dans une quête jamais finie d'une ascendance improbable, l'amenant jusqu'aux Amériques afin d'y demander une admission au sein des Cincinnati, obtenue en tant que président de la République, et qui finalement, l'a poussé à racheter le château berceau de la famille d'Estaing[1].

Valéry Giscard d'Estaing, dont chacun put apprécier plus tard le courage, une fois sa déception surmontée, lorsqu'il fallut repartir de rien, avec le soutien de sa seule famille. Valéry Giscard d'Estaing, dont l'intelligence fit merveille dans les interventions brillantes, les démonstrations implacables dont la cible souvent atteinte, mais jamais nommément désignée, était Jacques Chirac et la politique qu'il conduisait.

« Pourquoi ne m'avez-vous pas aimé comme je vous ai aimés ? » Telle est la question qui taraude, depuis la fin de

1. L'ordre des Cincinnati fut créé le 10 mai 1783, dans le but de rassembler les officiers ayant combattu pendant la guerre d'indépendance des États-Unis, ainsi que leurs descendants ; la première assemblée générale de la branche française se tint le 4 juillet 1784, au domicile du vice-amiral d'Estaing. Valéry Giscard d'Estaing en devint membre honoraire en 1976.

son septennat, Valéry Giscard d'Estaing... Mon combat, lui, fut strictement politique ; il n'alla jamais au-delà.

Lorsque Jacques Chirac rencontra Valéry Giscard d'Estaing après son élection au secrétariat général de l'UDR, il lui tint à peu près ce langage : « Monsieur le président, je vous apporte l'UDR non pas pour que vous lui coupiez le cou, mais pour qu'elle soit à part entière dans votre majorité, avec tous ses droits et ses devoirs [1]. »

Le président de la République et son fidèle Michel Poniatowski s'en étaient réjouis.

Le quiproquo était total. Nous avions installé Jacques Chirac à la tête du mouvement gaulliste afin de le sauver et de le rénover. Il pensait, comme Pierre Juillet, que Valéry Giscard d'Estaing ferait siennes la tradition et la pratique institutionnelle qui voulaient que le Premier ministre soit le chef de la majorité parlementaire et son leader naturel dans la perspective des échéances électorales à venir.

Telle n'était pas la vision de Michel Poniatowski, qui ne faisait pas mystère de son intention de provoquer une cassure au sein de l'UDR afin de créer une majorité giscardienne.

Par son arbitrage, le président de la République permettrait-il qu'un équilibre soit trouvé ? Pierre Juillet était persuadé qu'une bonne entente était possible, d'autant que la loyauté de Jacques Chirac envers le président ne pouvait être mise en doute. N'avait-il pas déclaré en gage de bonne foi lors d'un entretien télévisé : « Le Premier ministre exécute la politique telle que l'a définie le président de la République. S'il y a divergences de vues, si faibles soient-elles, le Premier ministre doit s'en aller [2] » ?

1. Référence aux propos de Michel Poniatowski, qui avait déclaré, faisant allusion à l'UDR : « Il faut plumer la volaille gaulliste. »

2. Le 2 juillet 1974.

N'avait-il pas défendu les projets de loi souhaités par celui-ci, même lorsqu'il n'en approuvait pas le fond ou l'opportunité, alors que nombre de ceux-ci avaient heurté la majorité parlementaire et n'avaient été adoptés que grâce aux voix de l'opposition[1] ? N'en avait-il pas été ainsi de la loi sur l'interruption volontaire de grossesse défendue par Simone Veil, de l'éclatement de l'ORTF[2] en sept sociétés se concurrençant ?

Plus encore, n'en avait-il pas été ainsi du plan sur l'économie, dont on attribuait la paternité à Jean-Pierre Fourcade, qui se traduisait par l'encadrement du crédit, la majoration de l'impôt sur les sociétés et les contribuables les plus importants, la hausse des tarifs publics, l'instauration de prélèvements exceptionnels, tout cela étant destiné à abaisser le taux de l'inflation ?

Or, ce plan d'austérité Giscard d'Estaing-Fourcade, qui faisait siennes les recommandations de la Commission de Bruxelles de ne pas utiliser les monnaies nationales comme instrument de relance économique, eut pour conséquence immédiate l'accroissement du chômage. La priorité monétaire décidée ici deviendrait désormais la règle de la Commission de Bruxelles, la monnaie unique étant le but à atteindre. Qu'on le veuille ou non, ce fut la première des atteintes à la souveraineté nationale.

Notre pays semblait frappé par un nouveau mal, le « syndrome de la réformite ». Il touchait les secteurs les plus divers de la société sans qu'aucune cohérence puisse être discernée dans les textes soumis à l'approbation de la représentation

1. À l'exception de celui concernant l'abaissement de l'âge de la majorité à 18 ans, que les parlementaires appartenant à l'UDR avaient amendé, le trouvant trop frileux, allant ainsi au-delà des souhaits du président de la République.

2. Office de radiodiffusion-télévision française.

parlementaire ; les entreprises, le système éducatif, les collectivités locales étaient concernés. Des mesures plus lourdes de conséquences pour l'économie seraient adoptées ; elles aboutiraient à pénaliser les entreprises créatrices d'emplois, telle la transformation de la patente en taxe professionnelle.

En point d'orgue, le président de la République avait déclaré, citant notamment comme exemplaire la pensée de Léon Blum : « Dans l'action réformatrice libérale avancée beaucoup d'idées de gauche ont leur place… »

S'étaient ajoutées à tout cela des mesures touchant les symboles de la République, la couleur du drapeau, le rythme de l'hymne national, ainsi que des gestes inconsidérés : sa visite dans deux prisons, suivant la création d'un secrétariat à la Condition pénitentiaire, précédant ou suscitant des émeutes dans le milieu carcéral, et la suppression des cérémonies commémoratives du 8 mai 1945.

En tant que Premier ministre, Jacques Chirac avait dû assumer l'ensemble de ces mesures, mais la désapprobation de l'électorat de la majorité apparaissait dans tous les sondages d'opinion, tandis que les réactions relayées par les parlementaires à chaque retour de leurs circonscriptions étaient toutes négatives.

Les conséquences de cette politique seraient désastreuses pour le pays si le président de la République poursuivait dans cette voie ; elles le seraient également pour les formations politiques de la majorité lors des prochaines échéances électorales. Était-il possible de lui faire entendre raison ? Pouvait-on apaiser les relations dans la majorité afin qu'elle soit plus unie ?

Compte tenu de la situation préoccupante dans laquelle se trouvait la majorité, je proposai à Jacques Chirac de rencontrer les cadres du mouvement gaulliste afin qu'il les rassure.

Confronté à leurs interrogations et à leurs inquiétudes, il leur déclara qu'il était certes le secrétaire général de l'UDR, mais qu'en sa qualité de Premier ministre il était aussi le leader de la majorité présidentielle ; il leur rappela que, dans la perspective d'échéances électorales futures, il serait le défenseur des idées pour lesquelles tous combattaient et que c'est à lui qu'il appartiendrait de donner les investitures lors des prochaines élections. Nos compagnons avaient apprécié.

Michel Poniatowski allait se charger de les ramener à la réalité giscardienne du moment ; rejetant toute idée de *leadership* de Jacques Chirac sur la majorité, il se faisait élire président des Républicains indépendants, parti du président, ce qui lui assurait la prééminence, théorisa-t-il.

Concomitamment, il entreprit de constituer une nébuleuse centro-radicalo-libérale avec certains de ses alliés qui faisaient partie du gouvernement, dupliquant en quelque sorte ce qu'avait fait, en son temps, François Mitterrand ; leur opposition au gaullisme leur tenait lieu de programme, tous faisant assaut de déclarations haineuses à l'égard des gaullistes[1].

Époque singulière que celle pendant laquelle une grande partie des ministres du gouvernement attaque et vilipende sans relâche le parti du Premier ministre et, hypocrisie ultime, lui dénie le rôle de chef de la majorité puisque étant lui-même chef de parti. Le secrétariat général de l'UDR est devenu un handicap : il nous faut en prendre acte.

Le débat est désormais ouvert entre ceux qui croient encore qu'ils arriveront à influencer Valéry Giscard d'Estaing afin qu'il mène une politique plus conforme aux souhaits de la majorité des Français et ceux qui, comme moi, ne croient pas à une évolution positive et durable de la manière dont il entend conduire les affaires du pays.

Je pense qu'il faut, au contraire, se préparer à l'affrontement qui ne manquera pas de se produire tôt ou tard et que,

1. Durafour et Rossi, Stasi et Achille Fould, Lecanuet et Servan-Schreiber.

dans cette perspective, nous devons montrer notre force et notre vitalité retrouvées.

Quelle meilleure occasion que des assises nationales, pour que soit réaffirmée notre fidélité aux principes essentiels du gaullisme, et nos objectifs clairement définis pour les années à venir[1] ?

L'organisation de ces assises à Nice me comble, d'une part parce que le département des Alpes-Maritimes nous est très favorable, d'autre part parce que c'est là que j'ai commencé à servir, à militer, et que nous avons enregistré nos premiers succès avec le RPF[2].

Je veux, bien entendu, faire de ce congrès national une manifestation éclatante de notre renouveau et de notre dynamisme, mais je veux qu'il soit la preuve de notre implantation populaire et qu'il marque aussi l'intronisation de notre champion. Ce sera une grande fête, mais aussi la preuve que nous avons surmonté nos difficultés. La réussite est au rendez-vous. Près de dix mille participants à l'enthousiasme extraordinaire adhèrent totalement à notre démarche, et à la surprise que nous réservons à nos amis… et aux autres.

Certes, Jacques Chirac va abandonner le secrétariat général de l'UDR. Il n'en a plus besoin : le mouvement lui est acquis. Il sera disponible désormais pour diriger l'ensemble de la majorité si le président de la République le souhaite.

Mais, pour nous, ces assises doivent permettre de redéfinir les grandes lignes d'une politique gaulliste pour la France, quitte à se démarquer de celle du chef de l'État. Nous[3] appor-

1. Dans les différents mouvements gaullistes, les assises nationales sont un congrès ouvert aux militants, contrairement au comité central qui ne concerne que ses membres élus ou de droit.

2. En 1947.

3. Pierre Juillet, Marie-France Garaud, Yves Guéna et moi.

tons un soin tout particulier au discours que prononcera Jacques Chirac : il deviendra un élément de référence.

En indiquant les voies du redressement, nous sortons de la nasse dans laquelle Valéry Giscard d'Estaing et les giscardiens avaient voulu nous faire entrer. Mon but est atteint : nous prenons date. Les observateurs politiques ne s'y tromperont pas.

Le Premier ministre espère que cette fois le message de la composante la plus importante de sa majorité parlementaire aura été compris et qu'il lui donnera une certaine latitude dans la définition de l'action gouvernementale. Rien n'est moins sûr.

Plus le mécontentement se développe dans le pays et dans toutes les catégories sociales – le PIB est en dessous de zéro, le chômage explose, l'inflation est de 12 % –, plus je suis ancré dans la conviction qu'à terme l'affrontement avec le président de la République est inévitable. Le pays semble au bord de l'explosion. Au comité central qui suit la rentrée parlementaire, la tonalité générale est à la condamnation de Valéry Giscard d'Estaing et de son libéralisme avancé. Je suis le plus modéré, ce qui est paradoxal[1].

Allons, il faut se préparer et cesser de tergiverser ; il nous faut indiquer que notre objectif est de porter Jacques Chirac à la présidence de la République, le moment venu.

J'organise donc au Bourget une rencontre avec les jeunes du mouvement qui acclament Jacques Chirac aux cris de « Chirac président ! » afin qu'il n'y ait plus d'équivoque. Un des jeunes les plus enthousiastes auquel j'ai demandé d'intervenir à la tribune s'appelle... Nicolas Sarkozy ; c'est à cette occasion qu'on le remarque pour la première fois[2].

1. André Bord a succédé à Jacques Chirac au secrétariat général de l'UDR.

2. Le 5 décembre 1975.

La suite est connue. Loin de prendre conscience de la situation, Valéry Giscard d'Estaing s'oppose à ce que le Premier ministre devienne le chef de sa majorité. Jacques Chirac veut un gouvernement resserré. Trente-sept ministres, c'est trop… Le président de la République en nomme six de plus[1].

C'est la balkanisation du gouvernement entre trois forces sensiblement égales, les gaullistes, les républicains indépendants et les centristes, qui est en marche. La république des partis est de retour.

Les conséquences de tout cela seront immédiates. La majorité présidentielle subit une véritable déroute lors des élections cantonales, en mars 1976. Les formations de la majorité réalisent leur plus mauvais score depuis le début de la Vᵉ République, tandis que la gauche recueille 53 % des suffrages. Les Français n'ont pas fait de différence entre Jacques Chirac et Valéry Giscard d'Estaing : la condamnation est globale et sans appel.

Je suis moi-même battu à Levallois-Perret, dans le canton dont j'étais l'élu. Je l'ai trop négligé pour m'occuper du mouvement et certains ont compris l'intérêt qu'il pouvait y avoir à m'abattre. Les libelles n'ont pas manqué ; un candidat giscardien s'est présenté au premier tour contre moi, un report insuffisant de voix a fait le reste. Bah ! on n'en meurt pas. J'ai de la mémoire, nous réglerons nos comptes plus tard.

Pierre Juillet et Marie-France Garaud me manifestent leur amitié, tout en voyant dans ce revers personnel un avantage pour la conduite du mouvement : je serai encore plus disponible ! Puisqu'ils le disent…

Le résultat de ces cantonales a affligé le président de la

1. Jean Lecanuet, ministre de la Justice, Garde des Sceaux, devient ministre d'État.

République. Pourtant, n'avait-il pas déclaré lui-même que ces élections n'étaient pas politiques et seraient sans conséquences pour le pays ? Cette défaite lui fait mal ; c'est engoncé dans un costume sombre qu'il apparaît sur les écrans de télévision pour annoncer d'une voix tout aussi sombre qu'il confie à Jacques Chirac le soin de coordonner la majorité. Pour mieux le perdre sans doute... Il est trop tard, monsieur le président ! Et sans doute changerez-vous encore...

Pour nous, la démonstration est faite : le Premier ministre est au mieux un alibi, au pire un otage pour Valéry Giscard d'Estaing. Il faut donc partir pendant que Jacques Chirac conserve dans l'électorat de la majorité une bonne cote de popularité. La décision est prise.

Ayant fait part de son intention de remettre la démission de son gouvernement le 21 juillet, le président lui demanda de la différer car il devait aller chasser en Afrique. Étrange conception de son rôle de chef d'État. Valéry Giscard d'Estaing voulait-il montrer à son Premier ministre qu'une partie de chasse passait avant sa démission, ultime mauvaise manière ou inconscience d'un homme complètement déconnecté des réalités du moment ? Lui seul connaît la réponse.

Auparavant, les images prises à l'occasion d'une revue navale avaient frappé les esprits. Certes, le Premier ministre accompagnait le président de la République, mais il se tenait à quelques pas de lui, le visage fermé, regardant ostensiblement ailleurs. C'était la preuve avant l'heure que quelque chose était cassé dans leurs relations. La rupture était annoncée[1].

Comme il le souhaitait, la démission de Jacques Chirac interviendra au premier des Conseils des ministres suivant la

1. Le 12 juillet 1976, le président de la République rejoint Nice à bord du porte-avions *Clemenceau*, où il est accueilli par le Premier ministre. C'est à bord de ce navire qu'ils assisteront à la revue navale.

rentrée du mois d'août. Le texte de la lettre de démission, communiqué bien entendu à l'avance au président de la République, ne suscita aucune observation de sa part[1].

Mais tout serait dans le ton. Ce ton et le visage du Premier ministre vont dramatiser ce départ et créer un vrai choc dans le pays.

Pierre Juillet décide alors de battre le fer tant qu'il est chaud. Le moment est venu, profitant de cette émotion et de ce départ qui libère Chirac et le lave du péché de giscardisme, de recréer un grand mouvement gaulliste enraciné dans le peuple.

Qu'il prenne quelques vacances en Écosse, à défaut de l'Irlande, puis retrouvons-nous à Pujudeau, pour préparer la création d'un grand rassemblement populaire, héritier du Rassemblement du peuple français. Ainsi sera renoué le fil de l'histoire nationale[2].

1. Conseil des ministres du 25 août 1976.

2. Thébaïde de Pierre Juillet dans la Creuse, où nous allons nous retrouver, Marie-France Garaud, Jacques Friedman, Jérôme Monod, Yves Guéna et moi, autour de Jacques Chirac.

CHAPITRE 4

L'illusion

L'annonce de sa démission, les raisons qu'il a données de son départ ont lavé Jacques Chirac des accusations de trahison du gaullisme et d'inféodation à Valéry Giscard d'Estaing. D'un seul coup, d'un seul, nous lui avons fait renouer avec le gaullisme ; de nombreux Français placent à nouveau leurs espoirs dans les idées que nous défendons.

Convaincus qu'il faut sans tarder préparer la suite, nous pensons, Pierre Juillet et moi, que les conditions sont réunies pour dépasser l'UDR et, partant du socle qu'elle constitue, créer un grand mouvement gaulliste.

L'analyse que nous faisons de la situation est que, compte tenu de la gravité avec laquelle Jacques Chirac a annoncé sa démission, tout le monde attend de lui une démarche nouvelle ; il ne faut pas décevoir.

Dans un communiqué rendu public le 13 septembre, une brève analyse des risques qu'une victoire du collectivisme entraînerait pour le pays précède l'annonce d'initiatives qu'il compte prendre « prochainement ».

Quarante-huit heures plus tard, *La Lettre de la Nation* publiait une adresse de Jacques Chirac aux « compagnons » qui livrait quelques indices sur ce que serait sa démarche dans un proche futur: « À mon tour je vous le dis, c'est l'heure du rassemblement et du renouveau. » Cela me vaut une algarade avec Yves Guéna, qui a du mal à accepter que, prenant ainsi la nomenclature de l'UDR par surprise pour des raisons de confidentialité, j'aie pu faire publier directement ce texte[1].

De cet incident je conclus qu'il faut surveiller de près caciques et « barons » car il serait logique qu'ils tentent quelque chose. Jacques Chirac n'est plus Premier ministre; il est engagé dans une campagne électorale qui doit lui permettre de reconquérir son siège de député. C'est pour eux une opportunité.

À Rocamadour, où vont se tenir, en son absence, les journées parlementaires, je ne puis que constater le travail de sape qui a été entamé. Mais, parallèlement, l'espoir que le communiqué de Jacques Chirac a fait naître est palpable. C'est contre moi qu'une offensive va être lancée: les « barons » demandent mon départ à Yves Guéna et lui proposent de se joindre à eux pour renouer avec Valéry Giscard d'Estaing. Peine perdue car, comme je le supposais, Yves Guéna refuse leur offre par conviction politique, les idées de Valéry Giscard d'Estaing ne le séduisant pas; mais il le fait aussi par réalisme car il connaît mon lien direct avec les fédérations du mouvement.

Pierre Juillet et moi sommes conscients qu'il nous faut forcer les feux. Seule une démarche positive nous permettra de remporter la partie; je conseille donc que Jacques Chirac écrive une lettre aux parlementaires; Guéna la leur communiquera. Aussitôt dit, aussitôt fait.

Dans cette lettre, il demande au secrétaire général de préparer la convocation d'assises nationales extraordinaires afin de permettre à tous les adhérents de participer à un grand

1. Le 15 septembre 1976. *La Lettre de la Nation* est l'organe de presse de l'UDR.

débat sur l'avenir du mouvement. Des assises départementales qui se tiendront en Corrèze, en lieu et place d'une réunion électorale, seront pour lui l'occasion d'expliquer plus en détail sa démarche. La satisfaction est générale, sauf chez les comploteurs qui se sentent pris de vitesse[1].

Mais il reste maintenant à organiser ce qui, dans mon esprit, doit être une étape essentielle vers le but que je me suis fixé : la régénération du mouvement gaulliste, seule capable d'assurer le succès de nos idées.

D'une réunion électorale à Égletons, nous voici passés à une manifestation politique dont l'enjeu dépasse largement le cadre corrézien. Dans cette ville, la seule salle qui puisse permettre l'accueil de plusieurs milliers de personnes et de l'ensemble de la presse nationale est encore en construction dans l'enceinte de l'école des travaux publics. Beaucoup d'éléments jouent en notre défaveur ; pourtant, en dépit des conditions atmosphériques qui ont transformé en cloaque les abords des nouveaux équipements, malgré le peu de temps dont nous disposons, la salle sera terminée et ses abords rendus à peu près praticables.

Des cadres et des militants fidèles sont venus d'un peu partout pour m'aider afin que rien ne soit laissé au hasard car l'enjeu est considérable[2]. Dans notre esprit la manifestation d'Égletons doit annoncer la création du grand rassemblement populaire que nous préparons.

Le discours doit être le pendant de celui de Strasbourg[3] – rien

1. Assises départementales de l'UDR à Égletons, le 3 octobre 1976.

2. Notamment Pierre Camy-Peyret, Jacques Oudot, Roland Vernaudon et d'autres, dont les militants des Hauts-de-Seine.

3. « Il est temps que se forme et s'organise le Rassemblement du peuple français qui, dans le cadre des lois, va promouvoir et faire triompher, par-dessus les différences des opinions, le grand effort de salut commun et la réforme profonde de l'État. Ainsi, demain, dans l'accord des actes et des volontés, la République française construira la France nouvelle ! » Charles de Gaulle, Strasbourg, 7 avril 1947.

de moins –, dans lequel le général de Gaulle avait annoncé la création du Rassemblement du peuple français en 1947. Ces assises départementales d'un mouvement gaulliste que les observateurs sentent à la fois revigoré et en pleine mutation sont un très grand succès. L'enthousiasme est au rendez-vous. Devant plusieurs milliers de personnes, la création d'un nouveau rassemblement est lancée. La presse ne s'y trompe pas, qui titre « L'envol d'Aigletons ». Cette petite ville, dont le maire, M. Spinasse, ancien socialiste rallié aux autorités de Vichy, sanctionné pour cela, puis blanchi, réélu maire, est devenu l'ami de Jacques Chirac, entre ainsi dans l'histoire politique du pays.

Tout a été dit et écrit sur cette période. Le vrai et le faux. La réalité est simple. Sous l'inspiration de Pierre Juillet qui se souvenait de la création du RPF, à laquelle il avait participé auprès du général de Gaulle, il s'agissait de recréer un grand mouvement populaire.

Dans notre esprit, il était clair qu'il fallait renouer avec les principes et les idées formulés et défendus par le général de Gaulle, dans lesquels notre engagement politique à ses côtés avait trouvé son origine. Espoir en l'avenir, foi dans une plus grande justice sociale, conviction du rôle que la France pouvait et devait jouer dans le monde, fierté d'une indépendance et d'une souveraineté retrouvées, voilà les principes qu'il nous fallait réaffirmer !

De son côté, Valéry Giscard d'Estaing, dont personne ne contestait l'intelligence toute technocratique, n'était pas parvenu à se hisser à la hauteur des fonctions qu'il occupait. Préférant des postures d'un autre siècle à un changement qu'il avait prétendu incarner, gaspillant son énergie dans des querelles politiciennes révolues dont l'origine était à trouver dans l'opposition de toujours de son entourage au général de Gaulle, il avait perdu de vue l'essentiel.

Élu président de la République grâce aux suffrages des

tenants des idées du général de Gaulle, contraint de s'appuyer sur la représentation parlementaire gaulliste pour conduire les affaires du pays, dès lors qu'il n'avait pas dissous l'Assemblée nationale au lendemain de son élection, il ignorait les souhaits des uns et les préoccupations des autres.

Pis, de cet aveuglement qui le conduisait à considérer ces éléments de sa majorité comme des adversaires avérés il tirait la conviction que la victoire de la gauche était inéluctable, source de renoncement et annonce d'une fin de septennat pathétique tant l'incompréhension était grande.

Pouvait-il encore incarner l'avenir et le redressement tant espéré ? Non.

Dès lors, c'est à nous qu'il appartenait de le préparer.

Pierre Juillet, profondément imprégné de la pensée du général de Gaulle, n'avait aucun mal à en restituer l'esprit et la forme : il s'était donc chargé de la préparation des discours que Jacques Chirac prononcerait dans la campagne éclair que nous avions décidé de lancer au lendemain d'Égletons.

Les réunions que j'organise à travers la France attirent toujours plus de participants. Jacques Chirac, de son côté, est au mieux de sa forme dans ces campagnes qu'il faut mener au pas de charge ; pas d'états d'âme, les formules font mouche...

Les foules qui se pressent ont trouvé un leader, jeune, plein d'allant, qui réserve l'essentiel de ses attaques au programme commun de la gauche. Le gaullisme est de retour, et ceux qui partagent nos idées ont le sentiment d'avoir le chef qui leur faisait défaut. L'opinion ne s'y trompe pas, les sondages le prouvent, nous sommes prêts.

Les débats que j'ai lancés dans les fédérations démontrent que l'adhésion à la création d'un nouveau mouvement est totale. Les statuts que nous[1] avons préparés s'inspirent des

1. Pierre Juillet, Yves Guéna et moi.

principes qui régissent la Ve République : un président élu par tous les adhérents, duquel découlent tous les pouvoirs.

Au cours d'une réunion avec Jacques Chirac, Marie-France Garaud, Jacques Friedman, Jérôme Monod et moi fixons la date de la création du mouvement : le 5 décembre sera le grand jour. Le matin, des assises nationales extraordinaires prendront acte du fait que l'UDR a cessé d'exister et décideront du transfert de tout son actif à un mouvement nouveau qui sera porté sur les fonts baptismaux l'après-midi.

Reste à choisir le nom. Pierre Juillet et moi insistons pour que soit retenu le mot « rassemblement ». Finalement, ce sera le Rassemblement pour la République.

J'apporte tous mes soins à la préparation de ces deux manifestations décisives, programmant la mobilisation de nos militants, qui, comme d'habitude, fourniront le fond de salle. Nous tablons sur vingt mille personnes le matin aux assises de l'UDR et espérons cinquante mille participants l'après-midi pour la création du Rassemblement pour la République. Tout se déroulera au même endroit, porte de Versailles. Tout est étudié et planifié dans les moindres détails ; ce sera de l'avis général particulièrement réussi.

Le matin, lors de la réunion des assises de l'UDR, nous apprendrons que Michel Poniatowski avait fait évacuer les locaux d'un quotidien occupé par des grévistes depuis plusieurs semaines. Les participants applaudirent cette décision énergique. En réalité, Michel Poniatowski, fidèle à son habitude, l'avait prise pour nous nuire : il savait que son initiative entraînerait une grève immédiate, ce qui empêcherait la presse écrite de relater l'événement, la création du RPR. C'était mesquin ; ce fut raté[1].

1. Le 5 décembre 1976, évacuation par les forces de l'ordre des grévistes qui occupaient les locaux du *Parisien libéré*. La grève qui s'ensuivit dura quarante-huit heures.

Nous avons tout fait pour que le dynamisme de ce nouveau mouvement soit éclatant. Son siège a été aménagé dans la tour Montparnasse, symbole, à l'époque, du modernisme ; celui de la rue de Lille a été abandonné.

Dès la création effective du RPR l'après-midi, tout sera opérationnel, jusques et y compris l'accueil téléphonique.

Jérôme Monod sera le secrétaire général du nouveau mouvement, Anne-Marie Dupuy et moi les secrétaires généraux adjoints[1].

Le discours que prononce Jacques Chirac l'après-midi annonce clairement ce que sera notre démarche : le mouvement sera totalement dans la majorité, mais exercera son droit de critique envers la politique du président de la République et de son gouvernement. Jacques Chirac espère encore amener ainsi Valéry Giscard d'Estaing à s'entendre avec nous.

Nous avons au sujet du positionnement du RPR un débat assez vif : je souhaite en effet que le mouvement se situe en dehors de la majorité ; ma perception des choses est celle de la plupart de nos militants. Pierre Juillet et Jacques Chirac, s'ils reconnaissent que cette démarche aurait le mérite de la clarté, la trouvent incompatible avec l'objectif prioritaire de la majorité qui demeure la défaite de l'union de la gauche.

Nous devons donc, quoi qu'il nous en coûte, être le fer de lance de la majorité et aider le président de la République, malgré lui.

Alors même que tous deux s'accordent à reconnaître la justesse de mes analyses politiques, ils décident pour la seconde fois de ne pas en tenir compte. Mon action se situera, à partir de cet instant, à l'intérieur du mouvement gaulliste. Je tenterai donc d'obtenir, grâce à la pression des militants et

1. Anne-Marie Dupuy avait été chef de cabinet de Georges Pompidou.

des sympathisants, ce à quoi je ne suis pas arrivé par le raisonnement et la dialectique : la définition d'une ligne politique cohérente. Tout retard apporté à cette clarification conduira inéluctablement, j'en suis persuadé, à l'échec de la démarche de Jacques Chirac.

Pour l'heure, la création du Rassemblement est un succès ; l'adhésion des Français à notre démarche va aller en s'amplifiant.

Les foules gaullistes sont de retour, mais leur ressentiment à l'égard du président de la République est perceptible. Olivier Guichard en fait l'expérience, lui qui a accepté d'être ministre dans le gouvernement Barre. Valéry Giscard d'Estaing va-t-il comprendre et s'entendre avec le RPR ?

La réponse sera connue, en fait, le 12 décembre. Sortant d'un entretien avec le président de la République, Michel d'Ornano, son meilleur ami et son fidèle conseiller, déclare qu'il sera candidat à la mairie de Paris.

Cela est ressenti par nous tous comme une agression d'autant plus inadmissible qu'un accord était intervenu avec les Républicains indépendants pour que le maire de Paris soit l'un des leurs, Pierre-Christian Taittinger, un proche du président de la République. Une fois de plus, comme souvent depuis 1974, un accord à peine conclu est foulé aux pieds. Tout est remis en cause, car le choix de Michel d'Ornano, qui s'est toujours distingué par un antigaullisme viscéral, est une indication qui ne trompe pas.

Ayant joint téléphoniquement Jacques Chirac, alors en Corrèze, je l'incite à réagir, de tels procédés étant inacceptables. La candidature de Christian de La Malène est donc décidée, pour occuper le terrain.

Mais, début janvier, Michel d'Ornano franchit un degré supplémentaire ; il annonce simultanément sa propre candidature contre Bernard Lafay, candidat du RPR dans le 17e arrondissement de Paris, et celle de Françoise Giroud, secrétaire d'État à la Culture, contre Nicole de Hauteclocque. Ultime provocation, il déclare que lui seul est habilité à représenter la majorité, précisant que, s'il n'y avait que le seul RPR, Paris basculerait à gauche.

Réunis rue Vaneau, nous envisageons différentes possibilités jusqu'à la conclusion de Pierre Juillet : il faut que Jacques se présente à son tour. Avec lui nous sommes sûrs de gagner, ce sera une première grande victoire pour le RPR ; nous savons qu'ailleurs il y aura une poussée de la gauche[1].

Marie-France Garaud et moi trouvons l'idée excellente. Reste à convaincre Jacques Chirac, qui n'y a pas pensé et qui nous déclare tout à trac qu'il songeait à briguer la mairie... d'Égletons, où la succession du sieur Spinasse lui est assurée, ce qui conforterait son implantation corrézienne. Cruel dilemme... Nous nous regardons, consternés, conscients de l'ampleur de la tâche qui nous attend : l'amener à revenir sur ses ambitions corréziennes.

Au-delà, c'est le fossé existant entre notre foi, nos idées, nos convictions, le destin que nous imaginions pour lui et ses propres ambitions qui nous est révélé.

Après une demi-heure, la patience de Pierre Juillet, la véhémence de Marie-France Garaud, ma force de conviction auront raison de ses réticences : il sera candidat à la mairie de Paris.

Reste à fixer les formes que prendra l'annonce de cette décision. Pierre Juillet considère qu'il faut en informer le président de la République. Jacques Chirac ne souhaitant pas le faire, c'est donc à Raymond Barre que cette tâche incombera.

1. Le 15 janvier 1977 ; Jacques Chirac, Marie-France Garaud et moi chez Pierre Juillet.

Valéry Giscard d'Estaing n'a pas prévu cette riposte qui le déstabilise. Un échange épistolaire s'ensuivra par Premier ministre interposé[1]. Une solution Edgar Faure est même envisagée par les proches du président ; elle sera vite réduite à néant par Lucie Faure.

Il faut sortir de cet imbroglio. Le 19 janvier, Jacques Chirac, après avoir annoncé sa décision à Raymond Barre, convoque la presse dans les bureaux du Palais-Bourbon et rend sa décision publique. C'est un coup de tonnerre. Jacques Chirac va se présenter contre Michel d'Ornano et croiser le fer pour la première fois avec Valéry Giscard d'Estaing, même si c'est par personne interposée. Sans cette provocation maladroite que fut la candidature d'Ornano, il ne l'aurait jamais fait.

Il faut encore choisir l'arrondissement dans lequel Jacques Chirac se présentera. Pour préparer les décisions à venir notre état-major reçoit le renfort de Christian de La Malène, Roger Romani et Jean Tiberi. Nous devons arrêter la composition des listes ; Pierre Juillet s'y consacre activement. Jacques Chirac se présentera dans le 5e arrondissement ; Jean Tiberi, qui n'imaginait pas qu'un autre que lui puisse être tête de liste dans ce secteur, y consentira… après mûre réflexion. Le reste se met en place sans grandes difficultés. Les personnalités ne manquent pas : dix-sept parlementaires sur trente et un sont issus de nos rangs[2].

Pour ma part, malgré l'insistance de Pierre Juillet et de Jacques Chirac, je refuse d'être candidat à Paris. Je n'entends pas quitter le département des Hauts-de-Seine, et par ailleurs je n'envisage pas de me consacrer à la gestion municipale.

1. Ainsi que le raconte Marie-France Garaud.

2. Dont Rocher, Marette, Nicole de Hauteclocque, pour ne citer que ceux-là.

Cette bataille pour la mairie de Paris va être l'occasion pour Jacques Chirac de révéler à ceux qui ne les connaissaient pas les qualités et le charisme qui sont les siens lorsqu'il s'engage totalement dans une campagne électorale.

Elle va être l'occasion pour le Rassemblement pour la République de montrer ce qu'est une organisation politique tout entière tournée vers la conquête d'un objectif, portée par ses adhérents et ses sympathisants. C'est dans cet esprit que nous mettons sur pied une campagne dynamique et ardente avec les responsables parisiens. Je m'y consacre pleinement et accompagne Jacques Chirac partout.

Dans le même temps, il apparaît que Françoise Giroud, tête de liste Ornano-Giscard dans le 15ᵉ arrondissement contre Nicole de Hauteclocque, dont l'action pendant la guerre ne peut susciter qu'admiration et respect, s'est prévalue à tort d'avoir obtenu la médaille de la Résistance. Cette découverte jettera le discrédit sur les listes Ornano dans tous les arrondissements de la capitale.

De leur côté, certaines officines giscardiennes laissent entendre que les moyens importants dont paraît bénéficier le RPR sont la conséquence directe, comme lors de sa création, des amitiés irakiennes de Jacques Chirac, sans en apporter la moindre preuve.

Il est vrai aussi que Jacques Chirac n'avait pas fait mystère, lors de son passage à l'Hôtel Matignon, de l'admiration qu'il avait pour Saddam Hussein, allant même jusqu'à m'indiquer avec ingénuité un peu plus tard que ce dernier l'avait présenté à sa mère comme un frère, et mettait à sa disposition « une maison dans son village natal, Tikrit ». Ah, Jacques !...

Peu importe, cette campagne aboutit à un succès éclatant : les listes conduites par Jacques Chirac obtiennent 54 sièges,

Ornano, 15, lui-même étant battu dans le 17e arrondissement, et la gauche, 44[1].

Pour Valéry Giscard d'Estaing, qui avait voulu que la Ville de Paris ait un maire, c'est un désastre électoral, qui se double d'un échec de la majorité sur l'ensemble de la France[2].

Le triomphe de Jacques Chirac à Paris constitue le premier succès éclatant du Rassemblement pour la République. Je résumerai la nouvelle donne avec cette formule à l'emporte-pièce: «Chirac gagne à Paris, Giscard perd la France.» L'analyse du scrutin confirme l'échec de la politique suivie par le président de la République et son idée de libéralisme avancé.

Au comité central du RPR qui se réunit au printemps, on constate le ralliement des «barons» à Jacques Chirac. Celui-ci, de ses bureaux parisiens, comprenant qu'il ne peut plus faire de sentiments à un an des élections législatives de 1978, franchit un nouveau pas en déclarant qu'il conduirait, s'ils y consentaient, «tous ceux qui entendent s'opposer au risque de servitude communiste».

La réplique de Valéry Giscard d'Estaing, furieux, ne se fit pas attendre, qui déclara qu'il appartiendrait à Raymond Barre de conduire la majorité présidentielle lors des élections législatives; tout aussi furieux, Raymond Barre brocarda le RPR. Ainsi, ce qui avait été refusé à Jacques Chirac lorsqu'il était Premier ministre devenait chose normale pour tout autre que lui[3].

1. J'avais insisté auprès de Jacques Chirac pour que Jean Tiberi qui l'avait accueilli dans le 5e arrondissement soit son premier adjoint, et que Roger Romani qui s'était dépensé sans compter soit questeur. Jacques Chirac, quoique modérément enthousiasmé par cette proposition, avait donné son accord *in fine*.

2. Le Parti socialiste l'emporte dans 35 villes de plus de 35000 habitants.

3. Raymond Barre avait succédé à Jacques Chirac à l'Hôtel Matignon en août 1976.

Chaque mois qui passe ne fait que confirmer mon analyse et l'exaspération de notre électorat. Je presse une fois de plus les uns et les autres de sortir de cette situation ambiguë et intenable. Cette majorité n'existe pas sans nous ; son autre composante passe pourtant son temps à nous humilier. Je rappelle qu'à l'exemple de Paris, quand le RPR est lui-même, c'est-à-dire gaulliste, et attaque sous ses propres couleurs, il bat la gauche.

Mais Jacques Chirac décide de maintenir la ligne arrêtée avec Pierre Juillet : il faudra donc faire gagner Valéry Giscard d'Estaing malgré lui. Dans ce but, il tente d'organiser un pacte majoritaire avec les Républicains indépendants, les centristes, les réformateurs, le Centre national des indépendants.

Las, dans le même temps, à la demande du chef de l'État, Raymond Barre reçoit, dans le plus grand secret, les mêmes au pavillon de musique de l'hôtel Matignon, avec comme objectif la constitution d'un front anti-RPR.

Au-delà de l'hypocrisie, il s'agit là d'une faute politique majeure – car il ne peut y avoir de majorité sans nous. Valéry Giscard d'Estaing ne veut toujours pas voir cette réalité. La preuve en sera apportée au mois de septembre par Jean-Jacques Servan-Schreiber, qui annoncera que lors des législatives il y aura partout des candidats giscardiens en face de ceux du RPR. La démarche du président de la République est claire : il s'agit de tenter de neutraliser Jacques Chirac.

J'explique encore et toujours à ce dernier qu'il est nécessaire de rompre au plus tôt tout lien avec Valéry Giscard d'Estaing, la politique conduite par Raymond Barre, sous ses directives, étant fondamentalement opposée aux idées auxquelles nous croyons. Les tenants des idées gaullistes, les plus nombreux dans la majorité, doivent faire face quotidiennement aux offensives et aux avanies des giscardiens.

J'indique clairement à Jacques Chirac qu'en ce qui me

concerne je n'accepte plus de soutenir une politique incohérente, contraire aux idées de ceux qui nous ont fait confiance, le libéralisme avancé ressemblant de plus en plus à un socialisme rampant. Je le convaincs, je ne laisserai rien passer ; la presse apprécie mes répliques et mes mots à l'emporte-pièce, révélateurs d'une liberté que j'entends conserver.

Mais je pense aussi qu'il faut occuper le terrain. C'est pourquoi, durant les derniers mois de cette année 1977, nous allons sillonner le pays à la rencontre des Français. Partout, c'est le même accueil enthousiaste. Notre foi, le charisme des uns et des autres, notre fougue font merveille.

L'analyse de la situation telle que nous la présentons – la décadence, le ralentissement économique, la montée du chômage, le poids de la bureaucratie et de la technocratie – est contrebalancée par notre message d'espoir. Non, rien de tout cela n'est inéluctable, pas plus que la victoire de la gauche.

Valéry Giscard d'Estaing vient de préciser sa vision de l'avenir proche dans deux discours, dont celui de Verdun-sur-le-Doubs[1]. S'agissant d'une victoire éventuelle de la gauche, il a déclaré que, même s'il ne pouvait s'opposer à l'application de son programme, il n'abandonnerait pas ses fonctions mais s'installerait à Rambouillet, ne revenant à Paris que pour les Conseils des ministres. Tout cela devient absurde.

Mais au-delà, cette démarche constituait une rupture totale avec l'esprit des institutions de la République et théorisait une cohabitation future. Cela confortait ma conviction qu'il ne serait jamais possible de s'entendre avec lui, ancré qu'il était dans des convictions trouvant leur origine dans une république disparue. Tel n'était pas l'avis de Jacques Chirac, qui gardait toujours l'espoir de pouvoir le faire en cas de succès

1. Le 27 janvier 1978.

de notre part aux législatives ; il est vrai que le compromis est toujours plus facile que le combat.

Mon élection au Sénat sur la liste conduite par Michel-Maurice Bokanovski dans le département des Hauts-de-Seine me permet de retrouver une tribune. Obtenue sous les auspices du gaullisme, elle ne doit rien à Jacques Chirac, qui, contrairement à ce qui a pu être écrit ici ou là, n'a pas été consulté. Il a même trouvé cela bizarre. Elle s'avérera à terme très importante compte tenu des nuages qui s'amoncellent au-dessus de la majorité présidentielle, mais sera tout aussi essentielle sur un plan personnel, en ce qu'elle consacre mon autonomie[1].

1. Michel Maurice-Bokanovski me demanda de succéder au sénateur Jean Fleury, qui avait décidé de ne pas se représenter. Nous appartenions, Jean Fleury et moi, au réseau de la France Libre Phratrie ; il fut également le 1er adjoint d'Achille Peretti, à la mairie de Neuilly. Élu au Sénat, je devins vice-président de la commission des Affaires culturelles (en charge notamment de l'information), comme il l'avait été lui-même. Il trouvait logique qu'un ancien de la France Libre lui succède. Jacques Chirac, de son côté, aurait préféré me compter au nombre de ses obligés, à Paris.

CHAPITRE 5

Une victoire… pour rien

L'enjeu des élections législatives qui s'annoncent au début de l'année 1978 est capital pour l'avenir de la Ve République. Une victoire de François Mitterrand aurait comme conséquence, nous en sommes convaincus, l'anéantissement de l'œuvre du général de Gaulle et le retour au régime des partis, tant il s'y est consacré avec constance et détermination.

Ce rendez-vous doit donc mobiliser toutes les forces de la majorité afin d'engager la bataille dans la clarté. Face au prince de l'équivoque, malgré la rupture du programme commun survenue quelques mois auparavant, le danger est grand[1].

Mais tout se passe comme si la nécessaire prise de conscience faisait défaut.

Au niveau du chef de l'État, tout d'abord. Il est, en raison de la pratique constitutionnelle, le chef de la majorité ; son élection au suffrage universel lui confère certes des droits, mais aussi des devoirs. Compte tenu de la gravité de l'enjeu, il devrait s'engager et mettre les Français en garde contre les risques de dérive et conduire la majorité à la bataille.

1. En septembre 1977, cette rupture est provoquée par l'échec de la tentative de remise à jour du programme commun de gouvernement.

Pourtant, depuis le discours de Verdun-sur-le-Doubs, il est devenu évident que Valéry Giscard d'Estaing ne s'engagera pas et ne mettra pas son mandat en jeu. Si la gauche l'emporte, certes il ne quittera pas son poste, mais il se retirera, ne venant à Paris que par nécessité. Pis, il prétend ne disposer d'aucun moyen pour s'opposer à l'application du programme de la gauche, alors que c'est faux : il n'est pas démuni pour peu qu'il veuille s'impliquer, François Mitterrand en fera la démonstration quelques années plus tard.

À Pierre Juillet, qui lui avait rendu visite à l'automne précédent, il avait clairement indiqué son état d'esprit. Loin de lui la volonté de s'engager et de combattre ; il acceptait le principe de la cohabitation et, ce qui était un comble, il révélait par avance son jeu à l'adversaire !

Cette attitude était sans aucun doute préjudiciable à la majorité. Voir le président de la République prisonnier du modèle mathématique qu'il avait inventé, la recherche du rassemblement de deux Français sur trois, merveilleuse utopie, comme toutes les autres, condamnée à l'échec, était un handicap.

La division de la majorité constituait quant à elle le second handicap.

Tandis que Jacques Chirac multipliait les contacts avec les différentes formations pour mettre sur pied, de concert, un plan de bataille contre la gauche, elles se réunissaient en même temps en catimini à l'hôtel Matignon sous la houlette du Premier ministre, Raymond Barre, promu par le président de la République, chef de guerre contre... le RPR. Principal parti de la majorité, disposant du groupe parlementaire le plus nombreux à l'Assemblée nationale, le RPR était l'ennemi. C'est contre lui, contre les parlementaires sortants que se réalisait l'union entre les centristes, les Républicains indépendants et les radicaux qui présenteraient un candidat unique au titre de la majorité présidentielle. Manifestement, tous avaient oublié les enseignements de la Bible qui veulent que toute maison divisée contre elle-même périsse.

Je suis excédé car je reçois les doléances des militants et des cadres du mouvement gaulliste qui nous exhortent à sortir de cette majorité qui nous hait, qui ne partage pas nos idées et qui, selon eux, va nous conduire au naufrage. Je me fais le porte-parole de ces réactions auprès de Pierre Juillet et Jacques Chirac.

Le mouvement gaulliste est prêt; il est rassemblé; il rêve d'en découdre... L'exemple de Paris en est la preuve: seuls, nous gagnons! Tous les deux le reconnaissent: nos «alliés» nous entraînent vers l'abîme, mais quitter la majorité est impossible, disent-ils en substance, la priorité étant de battre François Mitterrand. Je demande, et j'obtiens, que la bataille soit alors conduite sur notre propre projet. Un hochet pour Charles sans doute...

Quoi qu'il en soit, nous rencontrerons partout un accueil enthousiaste, signe d'un grand élan. Mais l'obstacle auquel nous nous heurtons constituera notre troisième handicap: les Français ont du mal à nous distinguer du reste de la majorité et du gouvernement.

Plus grave, le bilan de la politique économique et sociale conduite par les «meilleurs économistes de France» est franchement mauvais. De 600000 en 1975, le nombre des chômeurs est passé à 1200000, la hausse des prix avoisine 10%, le déficit du commerce extérieur est proche de 20 milliards de francs, la croissance du PIB en 1977 est inférieure à 3%. Dès lors, comment s'étonner que la gauche soit créditée de 55% d'intentions de vote dans les enquêtes d'opinion?

Puisqu'il le faut, nous allons engager la bataille; nous y mettrons toutes nos forces. Avec nos militants, nos cadres, la foi en nos idées, notre confiance en Jacques Chirac, nous avons, pour reprendre un terme de rugby, le meilleur pack ; nous allons relever le défi. En trois mois, nous visiterons plus de quatre-vingts départements, organiserons plus de six cents réunions publiques ; nous rencontrerons des centaines de milliers de Français.

Je veux que l'apothéose de cette campagne soit une grande réunion nationale ; je l'organise à Paris[1] ; j'ai pris toutes les dispositions pour réunir plus de cent mille personnes aux halles de Pantin. Trente-six trains, des centaines de bus vont faire déferler vers Paris une foule bigarrée. Ce sera tellement important que personne ne pourra l'ignorer ! Ce doit être le tournant de la campagne, et la confirmation de la volonté des Français de battre la gauche. Ça le sera. Cela devra être aussi une démonstration de force à destination de ceux qui, depuis l'élection de Valéry Giscard d'Estaing, ne nous ont pas traités en alliés loyaux. Ça le sera.

Je ne laisse à personne le soin de superviser l'organisation de cet événement. Dans le froid polaire qui règne dans la grande halle, mes équipes et mes adjoints contrôlent tout. J'ai l'habitude de ce type d'organisation où l'on se demande jusqu'à la dernière minute si l'on va terminer les préparatifs dans les temps, mais où, chaque fois, le tour de force est réussi. Cette fois-ci, cependant, les limites semblent atteintes.

J'invite les fidèles Pierre Juillet et Marie-France Garaud à venir visiter le chantier. Ils en ressortent consternés, persuadés que rien ne sera prêt en temps et heure, pétrifiés par le froid et abasourdis par les clauses de franchise des compagnies d'assurances qui ne nous garantissent pas, pour un tel rassemblement, « au-delà de dix morts ».

Après un whisky, un double whisky peut-être, ils se ressaisissent. Pragmatiques, ils me conseillent de louer tous les

1. Le 11 février 1978.

générateurs de chaleur disponibles : pour les tranquilliser, j'acquiescerai en souriant, sachant que tout cela ne servira à rien, la verrière et la toiture étant à moitié ouvertes.

La déferlante tricolore sera au rendez-vous ; dans les gares parisiennes, les stations de métro, les arrêts de bus, les mines réjouies et enthousiastes des militants font merveille ! C'est la France profonde qui dit son refus de la gauche, son espoir, et sa confiance dans le RPR et Jacques Chirac. C'est le gaullisme tel qu'en lui-même depuis l'origine : tout à la fois populaire et bourgeois, demandeur d'ordre et de justice sociale, frondeur et conservateur, révolutionnaire et profondément attaché à la nation et à ses attributs, ignorant des races, des couleurs, des classes sociales.

Tous les observateurs le reconnaîtront, là est le tournant de cette campagne ! L'espoir changea de camp, le combat changea d'âme. La foi emporte tout, submerge tout, garantit contre tout. Bien que dans la halle centrale la température soit proche de zéro degré, cette bataille ne se soldera que par quelques rhumes.

Le 19 mars 1978 au soir, contre toute attente, la majorité l'emporte avec 290 sièges, contre 200 à la gauche. Le soir même, Pierre Juillet m'offre un fusil d'honneur du Premier Empire, Jacques un pistolet de marine datant de la même époque, en souvenir de cette victoire et pour la part décisive que j'y ai prise.

Jacques Chirac a honoré l'engagement pris devant le mouvement gaulliste : 153 députés se réclamant du RPR sont élus ou réélus ; l'UDF, de son côté, obtient 137 sièges.

Mais, contrairement à ce que Chirac espérait, et conformément à ce que je ne cessais de dire depuis des mois, Valéry Giscard d'Estaing n'aura aucun geste ou aucun mot de remerciements pour la part gaulliste de sa majorité, alors même qu'il sait qu'il ne doit cette victoire qu'à l'engagement du RPR dans la bataille électorale.

Nous nous sommes donc battus pour le roi de Prusse ; il nous reste trois ans pour clarifier les choses et faire en sorte que nous ne soyons pas les « dindons de la farce » lors des prochaines élections présidentielles, en 1981.

Au lendemain de ces législatives, une réorganisation du RPR est donc décidée par Jacques Chirac. Il remplace Jérôme Monod, qui semblait avoir épuisé tous les attraits que pouvait avoir la politique, par un jeune agrégé, Alain Devaquet. De leur côté, les éléments giscardiens de la majorité ne semblent pas avoir tiré la leçon des élections législatives, ils retrouvent immédiatement leurs mauvaises manières et leur vocabulaire choisi à l'égard des gaullistes[1].

Le président de la République, toujours à la recherche d'une majorité dont il dispose pourtant, lance une offensive en direction du centre gauche, pour nous marginaliser et essayer de nous diviser. Ce sera l'époque de la « décrispation ».

L'élection du président de l'Assemblée nationale va lui fournir une nouvelle occasion de pousser ses pions. Deux candidats s'affrontent en vue de la succession d'Edgar Faure : Jacques Chaban-Delmas, qui s'est réconcilié avec Jacques Chirac, et Edgar Faure lui-même. Jacques Chirac ne sait qui soutenir. Il hésite...[2]

Valéry Giscard d'Estaing, percevant l'intérêt supposé ou réel d'une telle manœuvre, poussa Jacques Chaban-Delmas, qui fut élu grâce aux voix de l'UDF et à celles d'une quarantaine de députés RPR. Cela s'appelle l'arroseur arrosé.

Cette élection est en elle-même la démonstration que les

1. Alain Devaquet était censé représenter les nouvelles catégories d'adhérents.

2. Jacques Chirac soutenait en sous-main Edgar Faure, bien que Jacques Chaban-Delmas soit issu des rangs du RPR, car il ne s'était pas présenté contre lui lors des municipales à Paris. Pierre Juillet et Marie-France Garaud de leur côté, n'avaient pas oublié le fiasco de 1974.

intentions de Valéry Giscard d'Estaing restent identiques : tenter de diviser les parlementaires gaullistes, dans le but de provoquer la dislocation du mouvement, prélude à une recomposition du paysage politique. Tout se passe comme s'il feignait d'ignorer que les élections présidentielles se rapprochent : cela pèsera lourd dans la balance, le jour venu.

Mais dans ce pays sans cesse en campagne électorale, le moment était venu de préparer les élections européennes. Là encore, le président de la République poursuivait son action en faveur d'une Europe fédérale, sans se soucier du reste.

En 1967, déjà, il ne s'était pas trouvé grand monde pour s'opposer aux propositions de Léo Tindemans qui visaient, entre autres, à faire élire les députés européens au suffrage universel. Cette réforme soulevait en réalité un problème de fond. L'élection des députés européens au suffrage universel apparaissait en effet aux élus gaullistes comme un abandon de souveraineté ; de leur point de vue, seule une désignation par les deux Assemblées aurait permis de l'éviter[1].

Cette réforme devant être mise en œuvre, les gaullistes ne peuvent que s'y opposer, car c'est bien du maintien de la souveraineté nationale de chaque État qu'il est question, le choix apparaissant en filigrane étant entre la création d'une confédération européenne et la marche forcée vers une Europe fédérale. Loin d'être anodin, ce scrutin est crucial pour l'avenir du pays.

Jacques Chirac a demandé à Pierre Juillet de sortir de sa thébaïde pour l'aider avec Marie-France Garaud à concevoir

1. En 1974, le sommet de Paris avait chargé Léo Tindemans, fédéraliste convaincu, qui venait d'être nommé Premier ministre de Belgique « de définir une conception d'ensemble de l'Union européenne ». En décembre 1975, le « Rapport sur l'Union politique de l'Europe » était présenté au Conseil européen ; il sera publié en janvier 1976. Le traité de Maastricht s'inspirera largement des propositions contenues dans ce texte.

sa campagne européenne de 1979. Ils ont accepté l'un et l'autre, et animent un petit groupe de réflexion afin de choisir les thèmes et les grands axes de cette nouvelle bataille[1].

Un projet de discours est établi et un congrès national est convoqué pour entériner notre position. Malheureusement, Jacques Chirac est victime en Corrèze d'un grave accident de la route. À l'hôpital Cochin, où il est transporté, Bernadette Chirac me dit en me rencontrant: « Voyez dans quel état je vous ramène Jacques ![2] »

Cet épisode malencontreux est pour nous une catastrophe, car il ne pourra pas animer la campagne telle que nous l'avons conçue. Pierre Juillet décide alors de transformer en appel le discours qu'il devait prononcer au congrès. Nous sommes tous d'accord sur le principe, à commencer par Jacques Chirac, mais la question que nous nous posons est de savoir si le message contenu dans ce texte sera entendu. Nous nous interrogeons même sur le fait de savoir s'il est assez fort; certains, dont je suis, en doutent.

Loin d'être un texte imposé à un Jacques Chirac affaibli et incapable de réagir face aux initiatives de ses conseillers, l'appel de Cochin a eu son approbation pleine et entière. Il marquait en fait sa volonté d'en finir avec Valéry Giscard d'Estaing et le giscardisme, en créant l'irréparable. Entendu, l'appel de Cochin le fut, certes !

Mais il fut mal ressenti, et personne ne pressentait qu'il allait donner l'occasion à Jacques Chirac de s'émanciper un peu plus; son entourage familial laissait clairement entendre que ses conseillers lui avaient fait faire un pas de clerc.

Le terme « parti de l'étranger », qui recouvrait une analyse

1. Ce groupe de réflexion était composé de Pierre Juillet, Marie-France Garaud, Yves Guéna, Claude Labbé et moi.

2. Le 26 novembre 1978, Jacques Chirac est victime d'un accident de la route qui se solde par une fracture du fémur et diverses contusions.

historique et politique fut pris comme une attaque personnelle en direction de Valéry Giscard d'Estaing[1].

La sanction fut sans appel : la liste du RPR aux élections européennes fit un très mauvais score, arrivant même derrière la liste du Parti communiste. Les adversaires de toujours de Jacques Chirac se déchaînèrent, lui-même s'appliquant à donner l'impression de mal vivre cette défaite.

Ces élections européennes avaient été l'occasion de dissiper une équivoque politique, la défaite lui permettait de se séparer de ses mentors.

Le soir même, Pierre Juillet et Marie-France Garaud, qu'il avait lui-même rappelés, se retirèrent, victimes expiatoires de l'appel de Cochin qu'il avait lancé en toute connaissance de cause. Ils ne revinrent jamais.

Bernadette Chirac, qui supportait de moins en moins l'ascendant supposé des uns et des autres sur « son » Jacques, n'était peut-être pas tout à fait étrangère à cela.

Je suis le dernier des conseillers historiques de Jacques Chirac à être encore en place. Mais ne nous y trompons pas. De fait, l'équipe que nous formions autour de lui n'existe plus, depuis longtemps, tant les déceptions ont été grandes.

Peut-être nous étions-nous aveuglés, en parant celui que nous avions pressenti comme champion des idées gaullistes de qualités qu'il n'avait pas.

Peut-être aussi avions-nous été abusés, tant sa capacité à faire entendre à chacun ce qu'il souhaitait entendre était grande.

Peut-être, enfin, étions-nous lassés de ses trucs et de ses ficelles, d'être obligés de devoir consacrer du temps à rattraper des situations dans lesquelles quelqu'un dont l'ambition est de diriger la France ne se met pas.

1. Voir en annexe le texte de l'appel de Cochin.

Chacun d'entre nous avait réagi à sa manière.

Pierre Juillet, qui avait servi le général de Gaulle, puis Georges Pompidou, peu disert, allait trouver, entre autres qualités, beaucoup d'intelligence à ses moutons à tête noire ; il quitterait de moins en moins la province. Pénétré de la grandeur de la France, animé par un amour quasi charnel pour son pays, il constatait que sa quête pour trouver un successeur à l'œuvre entreprise par tous ceux qui avaient fait sa grandeur avait été vaine. Bien que sa déception fût à la mesure de ses espoirs passés, il ne la ferait partager à personne.

Marie-France Garaud, de son côté, irait jusqu'au bout de son engagement, en se présentant lors des élections présidentielles de 1981, apparaissant en quelque sorte comme le négatif, ou plutôt comme le positif, d'une photographie qu'elle avait contribué à créer. Elle le fit sans illusions. Mais nous savions, Pierre Juillet et moi, qu'elle avait l'étoffe et la stature dont on fait les chefs d'État. Elle aurait pu être la Margaret Thatcher française.

Quant à moi, par fidélité à mes engagements de jeunesse, par devoir envers tous ceux que j'avais convaincus de suivre le chef que je leur avais désigné, il ne pouvait être question de m'arrêter au milieu du gué. Par fidélité toujours, je choisirais plus tard la rupture – quel qu'en soit le prix à payer...

Les attaques contre moi se multiplient donc ; une contestation des élections au comité central vient à point, permettant de me mettre en cause.

Mieux encore, d'anciens dirigeants du mouvement rappellent à Jacques Chirac le rôle prééminent du président de la République dans les institutions et l'invitent à respecter ce principe. Ont-ils oublié que ce président n'a poursuivi qu'un seul but depuis son élection : marginaliser le mouvement gaulliste pour mieux le détruire ? Peut-être plus prosaïquement se préparent-ils à rejoindre Valéry Giscard d'Estaing.

Comme il est évident que les attaques vont se concentrer sur moi, qui suis le dernier obstacle aux menées des opposants de toujours, j'explique à Jacques Chirac que mon retrait, qu'ils n'espèrent pas, les laissera désarmés. Il le comprend sans difficulté, quel que soit son chagrin de me voir quitter officiellement la direction du mouvement dont j'ai été l'un des fondateurs, obligé qu'il va être d'assumer seul son orientation et sa direction. Tout cela ne me trompe pas...

D'un commun accord il est décidé que, installé place du Palais-Bourbon, je vais mettre en place une équipe restreinte dans le but de préparer les élections présidentielles de 1981.

C'est à cette occasion, dans le cadre du grand débat national qui s'ouvrira, que nous pourrons le mieux présenter notre projet et proposer aux Français un autre choix que le libéralisme avancé des uns ou le programme commun des autres.

L'enjeu est certes exaltant; mais dans l'immédiat et pour préparer l'échéance, il va falloir dénoncer les carences et les incohérences de la gestion giscardienne. Cette tâche me réjouit et je l'accomplirai avec quelque talent, reconnaîtra-t-on plus tard.

Laissant les faibles se lamenter sur l'échec que constituent ces élections européennes, je puise dans celui-ci une volonté renouvelée de convaincre et de l'emporter lors des élections présidentielles.

Chapitre 6

Allons à Messine…

Dès mon installation place du Palais-Bourbon, j'entrepris de préparer les élections présidentielles de 1981.

Tout ce que nous avions initié depuis 1974, le sauvetage puis la prise de contrôle de l'UDR, la création en 1976 d'un grand mouvement populaire, le RPR, la conquête de la mairie de Paris, le succès acquis lors d'élections législatives où nous avions combattu et gagné pour le roi de Prusse, l'appel de Cochin, notre engagement lors des élections européennes, trouve là son sens.

Nous allons devoir présenter aux Français une véritable alternative, car si le choix se résume en un face-à-face entre Valéry Giscard d'Estaing et le candidat de la gauche, quel qu'il soit, le président sortant sera battu.

Il le sera, car une partie de l'électorat gaulliste sera tentée de ne pas voter pour lui, tant, depuis 1974, ses amis et lui ont donné l'impression que leur principal adversaire était le RPR, et la cible qu'ils privilégiaient Jacques Chirac.

Mais, au-delà des problèmes politiciens, l'essentiel est ailleurs ; il est dans la vision que nous avons de la France et dans la conception que nous avons du rôle du président de la République. Les points de convergence entre Valéry Giscard d'Estaing, la fraction giscardienne de sa majorité et nous sont si peu nombreux qu'à la limite, si l'on voulait cultiver le paradoxe, il y aurait plus d'idées communes entre l'électorat de gauche et l'électorat gaulliste qu'avec le sien.

Jacques Chirac ne s'est jamais posé la question de sa candidature lors des élections présidentielles ; en tout cas nous n'avons jamais eu ce débat, tellement le problème posé était simple : s'affirmer ou disparaître. D'autres étaient hostiles à cette idée, je le savais, mais nul ne m'en a jamais parlé[1].

Je voulais que les gaullistes dirigent à nouveau le pays. Tout ce que nous avions entrepris n'avait eu qu'un seul objectif, amener le candidat du mouvement gaulliste à la tête de l'État ; ce serait Jacques Chirac, pensais-je. Tel était le pacte non écrit qui me liait à lui.

Tout débat était inutile dès lors qu'un accord tacite existait entre nous.

Dès 1979, Xavier Marchetti, ami personnel de Jacques Chirac et éditorialiste au *Figaro*, écrivait : « La démarche chiraquienne découle de la loi d'airain des institutions. Toute audience politique nationale porte vers le pouvoir, et c'est la conquête du pouvoir qui le justifie. *A contrario*, tout renoncement au pouvoir altère et condamne cette audience[2]. »

Fort de cette certitude, j'avais commencé à rassembler les équipes capables de préparer cette bataille, en puisant, dans un premier temps, dans le vivier que constituait le Rassemblement pour la République.

Très vite, les bureaux de la place du Palais-Bourbon étant devenus exigus, nous avions transféré notre quartier général opérationnel dans de plus vastes locaux, avenue de Messine.

1. Notamment Bernadette Chirac, Denis Baudouin, Alain Juppé, Jacques Friedman.

2. Cité par Pierre Pélissier, *Pasqua*, Lattès, 1987.

Je m'y installai, au milieu de l'année 1980, en compagnie de ceux qui allaient se consacrer à la conception et à la préparation d'une campagne électorale ardente, dynamique, forte, de nature à assurer le succès de notre candidat. Là, il était habituel de croiser Michel Caldaguès, chargé de la préparation et de l'exécution d'un budget, William Abitbol, dont les idées et la plume allaient se révéler bien utiles pour insuffler dynamisme et cohérence dans les professions de foi et les discours, les publicistes Bousquet et Patrick Salomon, Dominique Vescovali, responsable de tout ce qui était informatique, Jean-Jacques Guillet, responsable du secteur études d'opinion et sondages, Joël Gali, à l'organisation des manifestations.

Nous essayons de ne rien laisser au hasard, même sur le plan technique. Helmut Newton, venu des États-Unis, réalise une magnifique photographie « présidentielle » de notre candidat derrière sa table de travail... Nous la retenons pour le journal électoral de Jacques Chirac, qui sera tiré à plusieurs millions d'exemplaires. Il me demandera à quelque temps de là, en pleine nuit, d'arrêter l'impression de ce journal, car il souhaite remplacer la photo choisie par celle d'un photographe corrézien, contre l'avis de tous. Bah ! Petits aléas d'une campagne électorale[1].

D'autres photos, plus *glamour*, avaient été réalisées par un photographe de mode à l'immense talent, Gilles Bensimon, au cap d'Antibes, dans une magnifique résidence en bord de mer, Médi Roc[2].

Pendant ce temps-là, les rumeurs concernant la disgrâce de « ce pauvre Charles » allaient bon train, relayées par certains de mes « amis », déjà !

1. Une série de tests avait été faite au préalable ; ils avaient tous confirmé notre choix.

2. C'est Camille Rayon, camarade de la France libre, qui nous y avait accueillis.

Les structures qui apparaîtraient sitôt que Jacques Chirac aurait officiellement annoncé sa candidature sont définies ; des locaux, destinés à abriter un quartier général de campagne, sont réservés rue de Tilsitt, à proximité immédiate de la place de l'Étoile.

Pierre Messmer sera le président du comité national de soutien ; Jacques Boyon en sera le trésorier, Henri Lecorno, qui vient de l'administration judiciaire, le directeur de campagne, Jean Colonna étant son directeur adjoint ; Alain Juppé, Jean Méo, Jacques Toubon auront la charge de la préparation des dossiers et discours ; Philippe de Beausset et Lydie Gerbaud assureront les rapports avec la presse, tout comme Michel Laporte, responsable de l'écoute et comptage télévision et radio. À la mairie de Paris, auprès de Jacques Chirac, Édouard Balladur et Jérôme Monod donneront le cas échéant un visa définitif.

Lorsque Jacques Chirac annonce officiellement sa candidature, tout est prêt : nos différentes équipes sont opérationnelles, des comités de soutien sont prêts à se constituer depuis des mois dans toute la France[1].

Mais, à mon sens, cette déclaration arrive trop tard, au lendemain de la désignation officielle de François Mitterrand par le Parti socialiste. De plus, faite à Paris, elle est en contradiction avec la démarche conduite depuis des mois, qui tendait à susciter partout en province un mouvement irrésistible en faveur de Jacques Chirac, auquel il aurait répondu.

L'avantage que Valéry Giscard d'Estaing retirait de son statut de président sortant était indéniable ; cela était confirmé par toutes les enquêtes d'opinion.

Dès lors seule une campagne de longue haleine, structurée,

1. L'annonce officielle de la candidature de Jacques Chirac aux élections présidentielles est faite le 3 février 1981.

cohérente, pourrait assurer la présence de notre candidat au second tour des élections présidentielles. Nous l'avions préparée ; le Rassemblement pour la République, mouvement puissant, populaire, en serait le relais idéal. Las, les hésitations, les tergiversations, le souci de ménager la chèvre et le chou ne permirent pas de la lancer comme il était prévu.

Comme il le fera souvent, Jacques hésite, consulte tout le monde, fait semblant d'approuver l'un ou l'autre, alors qu'en fait les choix ont été arrêtés depuis longtemps.

Enfin, le rôle joué dès cette époque par certains de ses conseillers à la mairie de Paris, et par certains élus, ne contribue pas à clarifier la situation. Depuis l'élection de Jacques Chirac, en 1977, un conflit couve en effet entre le mouvement gaulliste et ceux qui, à l'hôtel de ville, entendent substituer une légitimité de proximité à une légitimité idéologique. Ceux-là, apôtres doucereux d'une opposition molle, le confortent dans son approche.

Mais au plus profond de moi je sais que le problème est ailleurs : englué dans un quotidien politico-clientéliste, Jacques Chirac n'est pas prêt à consacrer l'essentiel de son temps à ce qui, pour un homme de conviction, est le but ultime, la conquête du pouvoir afin de pouvoir peser sur l'avenir de son pays.

Cela, il le refusera toujours, car il a l'impression que deux mois de campagne électorale sont suffisants, et qu'une course effrénée de soixante jours, soutenue par des moyens financiers importants, peut remplacer un travail de fond.

Ne plus délivrer chaque jour un message de félicitations au sportif qui s'est classé troisième d'une course de cent dix mètres haies, ne plus décerner la médaille de la Ville de Paris à l'obscur réalisateur d'un film à la mode, ne plus décorer le M. Barbemolle du jour, bref ne plus coller aux faux événements, c'est ne plus exister. Mais cela, je ne puis le partager avec personne.

Le champ a donc été laissé libre à deux candidatures, celles de Michel Debré et de Marie-France Garaud. Plus encore que les suffrages qu'elles vont retirer à Jacques Chirac, ces candidatures vont nuire à la lisibilité de la sienne, comme sera nuisible, mais à un moindre niveau, l'engagement de dix ministres RPR du gouvernement en faveur de Valéry Giscard d'Estaing, ce qui était prévisible.

Plus grave, les candidatures du Parti socialiste et du Parti communiste sont apparues comme les seules candidatures d'opposition à la politique conduite par Valéry Giscard d'Estaing. L'effondrement du Parti communiste ne s'expliquera que par la volonté de ses électeurs de voir la victoire changer de camp.

Les élections législatives partielles qui se déroulèrent à la fin du mois de novembre constituaient un signal. Le Parti socialiste conservait ses deux sièges et en gagnait deux autres, sur les sept qui étaient à renouveler.

Oui, François Mitterrand, qui avait annoncé sa candidature dès le mois de novembre 1980, apparaissait crédible aux Français quand il disait « vouloir changer la vie ».

Non, notre candidat ne l'était pas lorsqu'il prétendait, après avoir voulu incarner le « travaillisme à la française », être le chantre de la libération économique reaganienne. Plus tard encore, il dénoncerait la « fracture sociale », et finirait cette course éperdue d'un bord à l'autre du spectre des idées politiques en « rempart contre l'extrémisme et l'intolérance ».

Son deuxième mandat présidentiel achevé, il resterait tout à la fois comme celui qui aurait démantelé la Constitution de la Ve République, ce que François Mitterrand n'avait pas osé faire, et comme celui qui aurait fait disparaître le mouvement gaulliste de la scène politique, ce que Valéry Giscard d'Estaing n'avait pas réussi à faire. Mais chaque chose en son temps.

Pour ma part, j'avais assumé, et même au-delà, ce que Jacques Chirac pouvait attendre de moi.

J'avais supervisé l'organisation de la campagne, sa planification, présidé à la constitution de groupes de travail spécifiques capables de répondre à toute demande ; approuvé des projets de textes sur différents sujets ; tout cela lui avait été transmis, sans qu'aucune critique ne soit formulée en retour. J'avais quelquefois l'impression de lui avoir remis un projet de campagne « clés en main », même s'il paraissait se désintéresser de cette campagne électorale.

Mais j'avais aussi assumé un autre rôle, qui était celui d'attaquer le président sortant et de le décrédibiliser. Ainsi, dès 1980, j'avais dénoncé, dans une série d'interviews, le libéralisme avancé de Valéry Giscard d'Estaing, le qualifiant de « socialisme rampant »[1].

En attaquant le gouvernement et en dénonçant le double langage dont usaient les uns et les autres, je me situais dans la continuité de ce que j'avais commencé à dire en 1979, lorsque je dénonçais une phraséologie et une attitude dignes des pays totalitaires. J'opposais, également, à l'ouverture prônée par le président de la République une alternance sans risques avec Jacques Chirac, reprenant ainsi à mon compte une idée développée en 1974 par Valéry Giscard d'Estaing... contre Jacques Chaban-Delmas.

En 1980, je constatais combien il était triste pour les gaullistes de voir jusqu'où s'était abaissée la France, jusqu'où s'était abaissé l'État. Le bilan du septennat était désastreux : « Giscard fait à la fois la guéguerre au RPR et des œillades à la gauche ; il a laissé depuis sept ans se développer un collectivisme sournois. »

Ces attaques s'inscrivaient dans un plan que nous avions

1. Dans *Le Matin de Paris*.

élaboré, car il fallait d'abord battre Valéry Giscard d'Estaing au premier tour des élections présidentielles avant de songer à battre le candidat de la gauche, vraisemblablement François Mitterrand, au second tour.

En annonçant sa candidature à la présidence de la République, Jacques Chirac indiquait ce que seraient les idées fortes de sa campagne électorale. L'inspiration générale du message préparé à son intention était sans aucun doute possible gaulliste, il était surtout un appel au sursaut qui permettrait le redressement :

« La France est riche d'histoire et de culture. Elle a les moyens de la grandeur, et pourtant elle s'affaiblit. Son économie vacille, ses positions dans le monde s'effritent. La lassitude et le doute s'insinuent au cœur des Françaises et des Français. Il faut arrêter ce processus de dégradation. Aucune fatalité ne condamne notre pays au repliement. Seules lui manquent aujourd'hui l'ambition du rang et la volonté de l'effort.

« À condition de le vouloir, la France peut, en libérant son économie, assurer du travail à tous et créer la solidarité agissante qui fera d'une collectivité d'individus une vraie communauté d'hommes et de femmes, et redonnera l'espoir aux familles de notre pays.

« À condition de le vouloir, la France peut renforcer sa sécurité et sa présence dans le monde, et porter son message de dignité et de paix à tous les peuples qui veulent continuer à disposer d'eux-mêmes.

« À condition de le vouloir, la France peut montrer l'exemple de la vraie démocratie en refusant toute complaisance à ceux qui bafouent la loi par la violence, en exerçant sans faiblesse l'autorité républicaine qui garantit la liberté et la sécurité du citoyen.

« C'est pour engager la nation sur ce chemin que j'ai décidé d'être candidat à la présidence de la République... »

Il est paradoxal de constater que cet appel reste plus que jamais d'actualité. Pourtant vingt-cinq ans se sont écoulés, Jacques Chirac a assuré la conduite des affaires du pays pendant douze ans. Cruel constat d'échec...

Le 10 février 1981, il reprenait dans une conférence de presse l'idée du changement sans risque, car cette fois-ci l'homme nouveau, c'était lui[1].

Les idées-forces de sa démarche économique, suggérées notamment par Édouard Balladur, sont d'inspiration libérale. S'agissant de ces propositions un chroniqueur écrit : « Comme M. Reagan, M. Chirac accable l'État trop autoritaire, trop centralisateur et surtout trop interventionniste. C'est parce que nous vivons dans une sorte de "collectivisme rampant" que l'économie se porte mal [...]. Si rien n'est fait pour renverser cette tendance à la socialisation, a déclaré en substance M. Chirac, les Français travailleront bientôt un jour sur deux pour payer leurs impôts et leurs cotisations sociales[2]... »

La comparaison est juste ; car c'est bien l'analyse de Ronald Reagan et de son équipe de Californiens non conformistes qui a été retenue ; les accroches de la campagne, « Chirac maintenant » et « C'est Chirac qu'il nous faut », le confirment[3].

Les grands axes de la campagne étaient décrits dans un document intitulé « Le collectivisme rampant ». Dans notre esprit, il s'agissait avant tout de redonner à la France sa place et son autorité dans le monde, car la politique suivie par Valéry Giscard d'Estaing et ses formules avaient été destructrices[4].

1. André Passeron, « M. Chirac reprend à son compte la formule giscardienne du changement sans risque », *Le Monde*, 12 février 1981.

2. Alain Vernholes, « Ces idées venues de l'Ouest », *ibid.*

3. En référence à *Reagan now*.

4. Dans une de ses interventions, Valéry Giscard d'Estaing avait déclaré que la France était un petit pays. Sa formation de polytechnicien le conduisit durant tout son septennat à mettre en avant tout ce qui était quantifiable et

Il s'agissait aussi d'affirmer que la démocratie devait s'exercer avec suffisamment d'autorité pour que la liberté et la sécurité des citoyens soient garanties. La liberté d'entreprendre devrait être la règle dans l'économie, la lutte contre le chômage devenant une priorité afin de réduire l'inflation ; la politique sociale serait redynamisée par le biais de la participation, notamment.

L'accueil réservé à la candidature de Jacques Chirac et à ses propositions est globalement favorable. La campagne engagée dans le pays se déroule dans d'excellentes conditions : les comités de soutien enregistrent une forte poussée.

Mais la confrontation est dure, très dure. Valéry Giscard d'Estaing traîne comme un boulet depuis des mois l'incroyable affaire des « diamants de Bokassa », dont il a mésestimé les conséquences. Des diamants géants sont appliqués sur ses affiches électorales ; bien que les giscardiens voient là la main de ceux qui supportent Jacques Chirac, c'est Jacques Séguéla, l'ordonnateur de la campagne de François Mitter rand, qui en revendiquera la paternité bien plus tard[1]...

Une grande réunion publique au parc des Princes clôture cette campagne : l'enthousiasme est immense, tout le monde croit en la victoire... sauf nous.

En effet, dans les derniers sondages d'opinion, Jacques Chirac est crédité de moins de 20 % des voix.

La politique qui a consisté à critiquer le président de la République, pour finalement voter les textes législatifs du gouvernement, a fini par enlever beaucoup de crédibilité à son positionnement.

---

pouvait se traduire par des chiffres. Une autre de ses marottes fut l'opposition systématique du quantitatif et du qualitatif.

1. La polémique fut déclenchée par les révélations du *Canard enchaîné*, peu après un coup de force contre Jean-Bedel Bokassa.

Faire campagne sur le thème du libéralisme contre Valéry Giscard d'Estaing conduisait aussi à cumuler les handicaps.

Le soir du premier tour les résultats sont sans appel : Jacques Chirac est crédité de moins de 18 % des suffrages. Beaucoup considèrent ce score comme médiocre ; mais les faits sont là. Il ne fera jamais beaucoup plus. Le second tour se jouera donc entre Valéry Giscard d'Estaing et François Mitterrand ; la suite est connue. Le président sortant se rend compte un peu tard que sans les gaullistes il va être battu.

Jacques Chirac indique dans une déclaration *a minima* que lui même votera en sa faveur. Dans cette perspective, il me demande de rencontrer Jean-François Deniau, qui est chargé par le président de la République de demander notre aide. Ses diverses propositions, dont la plus concrète consisterait à inviter à déjeuner les parlementaires et les cadres du mouvement gaulliste, un signal fort pour les Français dans son esprit, montrent à quel stade d'incompréhension nous en sommes. Je ne puis rien faire, et d'ailleurs je ne le souhaite pas.

Dans le même temps, Jacques Chirac, diront certains, va rencontrer François Mitterrand, par l'intermédiaire de Jean de Lipkowski[1].

Si le comité central du RPR laisse leur liberté de vote aux adhérents du mouvement, un certain nombre de personnalités et de cadres appellent à voter en faveur du candidat de la gauche[2]. Je peux les comprendre. Je ne les gênerai pas ; je m'abstiendrai.

Sitôt la défaite de Valéry Giscard d'Estaing acquise, la plu-

1. Valéry Giscard d'Estaing, *Le Pouvoir et la Vie, tome 3, Choisir*, Cie 12, 2006.

2. Dont Philippe Dechartre, Jean de Lipkowski, Christian Poncelet, futur président du Sénat.

part des députés giscardiens se précipitent sans vergogne à l'hôtel de ville de Paris pour se mettre sous l'aile protectrice de Jacques Chirac dans la perspective d'investitures futures. La plupart de nos amis sont désespérés, abattus ; pas moi.

De son côté, Valéry Giscard d'Estaing ne comprend pas, et aujourd'hui encore n'a toujours pas compris, les raisons de son échec.

Plutôt que d'analyser les erreurs qu'il a pu commettre, il préfère mettre sa défaite sur le compte d'une trahison dont il aurait été victime de la part de Jacques Chirac ; ce dernier, fidèle à lui-même, la main sur le cœur, assure que si trahison il y a eu, elle n'était pas de son fait. Suivez mon regard...

Pour qu'il y ait trahison, il eût fallu que les protagonistes soient dans le même camp. Tel était le cas en 1974, où l'apport d'une partie des voix gaullistes avait été décisif dans le succès de sa candidature obtenu à la marge ; pourtant il ne l'avait pas pris en compte.

Tel n'était plus le cas en 1981. Après avoir nommé Jacques Chirac Premier ministre, décision logique et de bon sens, Valéry Giscard d'Estaing n'eut de cesse de limiter son action et de le marginaliser.

Quant au mouvement gaulliste, dès lors qu'il eut repris une certaine vigueur, il fit l'objet d'attaques incessantes de la part de son entourage ; les déclarations hostiles à son égard ne cessèrent de se multiplier.

La mobilisation de notre électorat avait permis de battre la gauche lors des élections législatives de 1978 ; cela ne suscita aucune reconnaissance.

Si duplicité et trahison ont existé, c'est bien à cette époque, comme elles avaient existé en 1969.

Les griefs que notre électorat nourrissait contre Valéry Giscard d'Estaing étaient réels ; pourtant, au second tour des élections présidentielles, les voix qui s'étaient portées sur Jacques Chirac se reportèrent massivement sur son nom.

François Mitterrand fut certes élu grâce au report des voix communistes, mais surtout grâce au vote des abstentionnistes du premier tour, un million deux cent mille d'entre eux se présentant dans les bureaux de vote lors du second tour.

Les choses pourtant auraient pu être différentes si le président de la République, d'entrée de jeu, s'était appuyé sur la composante gaulliste de son camp. Il aurait alors disposé d'une majorité cohérente et solide, dont personne n'aurait pu lui contester le *leadership*. Si... si... Mais on ne refait pas l'histoire.

Valéry Giscard d'Estaing continue, depuis, à rechercher les preuves de la trahison et d'un complot destinés à l'abattre. L'arithmétique appliquée aux résultats des élections présidentielles permettrait sans aucun doute au polytechnicien qu'il est d'établir que trahison il n'y eut. Mais ce serait reconnaître sa responsabilité dans cet échec magistral et prévisible, tant il avait joué le rôle de diviseur au sein de sa majorité et de son électorat.

Pour moi, au lendemain de cette élection, un autre combat commence, pour la France, avec un adversaire sectaire, arrogant, clairement identifié, la gauche socialo-communiste.

C'est donc à l'inventaire de nos forces qu'il nous faut procéder afin de nous réorganiser, sans états d'âme, et conduire une fois de plus le combat pour la survie et la victoire de nos idées. Car ne nous y trompons pas, les batailles seront rudes.

CHAPITRE 7

Vive la vie…

L'élection de François Mitterrand à la présidence de la République était annonciatrice sans aucun doute de secousses tant dans la vie politique du pays que dans son économie.

Lors du congrès de Metz, alors que les élections présidentielles se profilaient à l'horizon, il n'était devenu majoritaire au sein du Parti socialiste qu'en rassemblant autour de lui une majorité hétéroclite composée des tenants d'une ligne « droitière », dont Gaston Defferre était le chef de file, et de ceux d'une ligne dure, regroupés au sein du Ceres de Jean-Pierre Chevènement.

Pour ce faire, il avait dû prononcer un discours annonçant notamment une rupture avec le capitalisme ; c'est à ce prix qu'il l'avait emporté face aux motions plus modérées présentées par Pierre Mauroy et Michel Rocard[1].

Sa stratégie, telle qu'il l'avait annoncée, serait celle de

1. Le congrès de Metz se déroula du 6 au 8 avril 1979 ; il fut marqué par l'affrontement qui opposa François Mitterrand à Michel Rocard. Ceres : Centre d'études, de recherches et d'éducation socialiste, fondé en 1966. Motion A (Mitterrand) : 40,10 % ; motion B (Mauroy) : 13,61 % ; motion C (Rocard) : 20,51 % ; motion D (Defferre) : 6,89 % ; motion E (Ceres) : 14,42 % ; motion F (Pierret) : 3,08 % ; motion G (Femmes) : 0,30 %.

l'union de la gauche, même si le Parti socialiste et lui devaient être seuls à l'incarner dans un premier temps.

L'échec de la remise à jour du programme commun de gouvernement avait été la cause de la rupture entre le Parti socialiste et le Parti communiste en 1977 ; pour avoir une chance de l'emporter deux ans plus tard, il lui faudrait faire campagne sur un programme très orienté à gauche. C'est à ce prix qu'il pourrait espérer bénéficier d'un report des voix communistes au second tour des élections présidentielles.

Ayant pris connaissance des « cent propositions » du Parti communiste, François Mitterrand demanda téléphoniquement à Michel Charasse s'il pourrait lui préparer « quelque chose du même genre », précisant même qu'il apprécierait de pouvoir disposer du résultat de ses réflexions... le lendemain matin à 8 heures chez François de Grossouvre, dans l'Allier[1].

Le jour dit à l'heure dite, Michel Charasse livrait le résultat de ses travaux sous la forme de près de trois cents propositions qui trouvaient leur origine dans les documents dont il disposait : le document du Parti communiste, les travaux du Parti socialiste, le programme de 1972.

C'est ce projet réalisé dans l'urgence qui allait servir de base à un groupe de travail animé par Pierre Bérégovoy pour la rédaction des « cent dix propositions[2] ». C'est toujours dans la perspective de rallier le maximum de suffrages à gauche que ce texte allait être adopté par le Parti socialiste à la fin du mois de janvier au congrès de Créteil[3] ; le candidat allait les faire siennes, bien entendu.

Malheureusement pour notre pays, ce catalogue, largement

1. Le 8 janvier 1981, Michel Charasse se trouvait à Puy-Guillaume dans le Puy-de-Dôme.

2. Entretien de l'auteur avec Michel Charasse.

3. Au congrès de Créteil, le 24 janvier 1987, François Mitterrand est désigné comme candidat du Parti socialiste aux élections présidentielles.

inspiré d'un programme vieux de dix ans, ne prenait en compte ni les changements intervenus depuis dans notre société, ni les nouvelles réalités économiques et financières[1].

Pierre Mauroy, que l'on supposait être le futur Premier ministre, avait lancé à trois reprises sur un plateau de télévision un « Vive la vie ! » plein d'émotion aux Françaises et aux Français, le 10 mai au soir.

Il aurait dû se rappeler que François Mitterrand n'était devenu majoritaire au sein du Parti socialiste, et présidentiable, qu'en ralliant les plus durs de ses camarades.

Il aurait dû se rappeler ce que déclarait le secrétaire général du Parti communiste à la question de savoir s'il lui faisait confiance, posée par un journaliste : « Si je fais confiance à François Mitterrand, Alain Duhamel ? ! Est-ce que vous m'avez déjà vu rouler gratuitement ?... »

Indubitablement, le prix à payer pour le ralliement des communistes serait élevé, comme le serait le tribut à payer aux idéologues du Parti socialiste.

Les mois qui allaient suivre feraient comprendre à Pierre Mauroy les difficultés de l'exercice qu'il avait reçu mission de conduire.

La réappropriation le 10 mai par « le peuple de gauche » de la place de la Bastille, que Valéry Giscard d'Estaing avait un temps colonisée, fut une des étapes symboliques du changement qui s'annonçait. La mise en scène de la visite de François Mitterrand au Panthéon le 21 mai, rose à la main, en fut une autre.

Il en appelait ainsi aux mânes de Jaurès et de Schoelcher, tandis que d'autres, plus romantiques, rêvaient à Léon Blum et au Front populaire dont ils entendaient être les continuateurs, oubliant tout simplement certaines péripéties de l'histoire

1. *Changer la vie*, programme du Parti socialiste, 1972.

de notre pays. Quelques mois plus tard, pour un certain Paul Quilès la référence serait la Révolution française et Thermidor. Il fallait que les choses changent... Elles allaient changer.

Les élections législatives consécutives à la dissolution de l'Assemblée nationale, prononcée sitôt le nouveau président de la République investi, allaient-elles permettre à la majorité sortante de se ressaisir ?

Pierre Mauroy et ses ministres, à peine nommés, s'engagent pleinement dans cette nouvelle bataille ; sevrés de la conduite des affaires du pays depuis vingt-trois ans, la quasi-totalité d'entre eux n'a aucune expérience ministérielle. N'ayant aucune mesure concrète à mettre en œuvre pendant cette période transitoire, ils vont substituer incantations et imprécations à une politique qui de toute manière n'existe pas.

Tout le paradoxe de cette époque réside dans le fait que Pierre Mauroy, qui représentait la minorité modérée du Parti socialiste, va devoir mener une politique directement tirée des « cent dix propositions » de François Mitterrand, afin de montrer très rapidement à l'électorat de gauche que les choses allaient changer.

La politique économique et financière qui va être suivie, avec les résultats que l'on sait, est un autre paradoxe. Elle est contestée au sein du Parti socialiste, notamment par Michel Rocard et Jacques Delors qui la considèrent inadaptée à la situation économique et financière du pays. C'est pourtant à ce dernier qu'il appartiendra de la mettre en œuvre en sa qualité de ministre de l'Économie et des Finances.

François Mitterrand n'en a cure : il a été élu par le « peuple de gauche » et a renoué avec le Parti communiste, Pierre Mauroy devra donc conduire une politique permettant de satisfaire les uns et les autres, quelles qu'en soient les conséquences. Dans le même temps, comme toujours, le président de la République s'appliquera à donner l'impression aux Français d'être au-dessus de la mêlée, alors même que la politique que le gouvernement doit conduire est la conséquence de ses alliances tant à l'intérieur qu'à l'extérieur du Parti socialiste.

Pour ma part, je ne crois pas à un sursaut du corps électoral, et les faits sont là : ce que certains voient comme un troisième tour des élections présidentielles se transforme en une sorte de nouvelle Berezina ! La gauche obtient la majorité absolue à l'Assemblée nationale, le RPR et l'UDF sont laminés [1].

Pierre Mauroy va donc former un nouveau gouvernement chargé de mettre en œuvre les « cent dix propositions » : quatre ministres communistes en feront partie, nouveau gage donné au « peuple de gauche » [2].

Ainsi, alors que François Mitterrand et ses alliés reprochaient à Valéry Giscard d'Estaing d'avoir divisé le pays, et qu'ils se proposaient de le rassembler, ils redonnent vie en quelques semaines à des combats d'un autre âge. Loin de se rassembler, les Français se divisent. Ces excès portent en eux les germes de la défaite ; elle interviendra cinq ans plus tard.

L'inventaire des forces de l'opposition est assez rapide à faire : à l'Assemblée nationale, les députés, malgré leur détermination et leur volonté de s'opposer à la mise en œuvre de mesures qui, ils en étaient sûrs, seraient désastreuses pour le pays, étaient largement minoritaires. Restait le Sénat, où l'opposition était majoritaire.

1. Élections législatives de 1981, résultats en sièges : Parti socialiste, 269 ; Parti communiste, 44 ; MRG, 14 ; DVG, 6 ; UDF, 61 ; RPR, 85 ; DVD, 6 ; CNIP, 3.

2. Charles Fiterman (ministre des Transports), Anicet Le Pors (ministre de la Fonction publique), Jack Ralite (ministre de la Santé), Marcel Rigout (ministre de la Formation professionnelle). Les communistes refuseront de participer au gouvernement formé par Laurent Fabius au mois de juillet 1984.

Sénateur des Hauts-de-Seine depuis 1977, vice-président du groupe RPR, je suis sans doute l'un des seuls à avoir compris à ce moment le rôle que pouvait jouer le Sénat face à une Assemblée nationale entièrement entre les mains d'une majorité de gauche. Bénéficiant de l'image de défenseur des valeurs républicaines, il peut et doit devenir le bastion de l'opposition. Il faut donc le préparer à réagir.

Très tôt en 1981 je vais suppléer, à sa demande, Pierre Carous, alors président du groupe RPR, dans les réunions des présidents de groupes de la majorité sénatoriale[1].

Mon analyse est simple: il faut nous préparer à une bataille parlementaire de tous les instants et, dans cette optique, remettre en question les comportements de temps de paix.

Face à l'attitude sectaire de la gauche à l'Assemblée nationale, je bataillai ferme et obtins que toutes les présidences de commissions qui jusqu'alors étaient réparties à la proportionnelle soient tenues par des membres de la majorité sénatoriale; quelques-uns s'en souviendront plus tard et seront nos fidèles alliés[2].

Une anecdote illustrera mieux qu'une savante analyse l'esprit qui régnait alors au Sénat.

La présidence de la commission des affaires économiques ayant été attribuée au RPR, il nous appartenait de proposer un candidat. Marc Jacquet, ancien ministre du général de Gaulle, ancien rapporteur général du budget à l'Assemblée nationale, nous paraissait être l'homme idoine. Les commissaires de la majorité sénatoriale refusèrent au prétexte qu'il était un « nouveau »: il avait en effet été élu un an plus tôt. Nous dûmes

1. Pierre Carous, sénateur-maire de Valenciennes, président du Mouvement national des élus locaux.

2. Notamment Jacques Larché, sénateur de la Seine-et-Marne, qui devint président de la commission des lois.

donc choisir un autre président, Marc Jacquet en conçut une certaine amertume.

Au Sénat, les lauriers obtenus dans une autre assemblée ou un passage au gouvernement n'impressionnent personne, bien au contraire. Si l'on ajoute à cela le conseil donné aux sénateurs fraîchement élus par leurs anciens: «La première année n'intervenez pas, écoutez, regardez, apprenez», on comprendra mieux les différences existant entre les deux Assemblées. Ne dit-on pas d'ailleurs que l'Assemblée nationale est celle des emballements et des outrances, du Sénat que c'est celle de la mesure et de la réflexion?

Plus simplement, si l'on s'en tient à l'atmosphère sécrétée par les murs, je dirais qu'au Palais-Bourbon le bruissement, dans l'air, des poignards est perceptible, tandis qu'au Sénat c'est le poison dans les breuvages. La brutalité des mots chez les uns, la mesure du verbe chez les autres ne doivent pas faire douter de l'efficacité. François Mitterrand et ses différents gouvernements en feront l'expérience tout au long de la législature. Certains se souviennent encore de leurs cuisants échecs.

Une autre anecdote permet d'illustrer le climat qui régnait à cette époque au Sénat et qui y règne, quelquefois, encore.

Je vois comme si c'était hier la venue au Sénat de Laurent Fabius, secrétaire d'État au Budget de Pierre Mauroy.

Je le revois encore, jeune homme fringant, pétri de certitudes, montant à la tribune, promenant sur notre vénérable assemblée un regard surpris et condescendant, avant de nous présenter les grandes lignes d'un budget caractérisé par l'augmentation massive de la dépense publique, celle des impôts, les nationalisations et autres mesures d'une autre époque dont il donnait le sentiment de croire qu'elles allaient changer la vie des Français et des classes populaires, comme l'on disait alors.

Pour lui répondre, la commission des finances avait délégué deux de ses vice-présidents ; tout d'abord M. Descours-Desacres, polytechnicien, dont l'alacrité des propos, à peine tempérée par un visage souriant et un regard apparemment bienveillant, en avait fait trébucher plus d'un. Il devait se surpasser. « Ah, monsieur le ministre, dit-il, c'est toujours un moment d'intense émotion lorsque se révèle à notre Assemblée un nouveau talent. » Après avoir laissé à Laurent Fabius le temps d'apprécier ses propos, il devait enchaîner : « Mais c'est pourquoi nous n'en serons que plus sévères devant ce budget qui n'est ni fait ni à faire, cumule toutes les fautes, les erreurs, et conduira à l'échec. »

Le second vice-président à monter à la tribune fut Geoffroy de Montalembert. Il jouissait dans notre Assemblée d'une grande considération, ayant été élu pour la première fois avant la Seconde Guerre mondiale. Lui aussi aimable, souriant, très vieille France, mais très ferme dans ses convictions, s'adressa à Laurent Fabius dans ces termes : « Décidément, jeune homme, vous autres socialistes ne changerez jamais ! Je suis obligé de vous faire aujourd'hui, sur votre projet de budget, les mêmes observations que je faisais à Léon Blum en 1936... » Laurent Fabius, confronté à un contemporain de Léon Blum, était blême et quelque peu désemparé ; il venait tout à coup de comprendre que l'avenir dans cette Assemblée ne serait pas de tout repos.

Très vite la bataille va commencer contre ce gouvernement qui, d'entrée de jeu, multiplie effets d'annonce et mesures, sans se préoccuper de leur financement comme si le temps lui était compté. Comme l'explique aujourd'hui ingénument un ancien conseiller économique de François Mitterrand : « [...] les choix économiques de 1981 ont obéi à une logique de politique intérieure. Il s'agissait, notamment par une forte revalorisation du pouvoir d'achat des ménages à faibles revenus, de montrer que la gauche accomplissait sa tâche historique et, au passage, de prouver aux électeurs communistes qu'ils avaient eu raison de faire confiance à un président socialiste. Le problème est venu de ce que cette stratégie politique a été mise en œuvre à un moment défavorable[1]... »

Les socialistes imaginaient, en fait, trouver une solution rapide au problème du chômage grâce à une politique de relance de l'économie. Cette relance devait être obtenue à la fois par une augmentation directe de la consommation des ménages découlant du relèvement d'un certain nombre de minima sociaux ou d'aides, ainsi que par un important programme de nationalisations, le secteur public devant se substituer au secteur privé défaillant.

C'est dans ce cadre que s'inscriraient le relèvement de 10 % du SMIC (1er juin 1981, avant les élections législatives), l'augmentation de 20 % du minimum vieillesse (1er juillet 1981), l'augmentation de 25 % des allocations familiales (1er juillet 1981), la revalorisation de l'allocation logement (de 50 % en deux fois au cours de l'année 1981). C'est dans ce contexte que se situeraient les nationalisations.

De fait, en cette fin d'année 1981, tous les indicateurs passaient au rouge : chômage en hausse – le chiffre de deux millions de chômeurs serait atteint au mois de décembre 1981 –, endettement sans cesse croissant, fuite des capitaux, perte de confiance. Ce qui paraissait à tous inéluctable depuis le mois de juin survint : une première dévaluation du franc eut lieu le 4 octobre. Trois autres suivraient.

La politique conduite par Pierre Mauroy, sous la férule de François Mitterrand, débouchait sur un désastre économique et financier.

Quelques jours plus tard s'ouvrit à l'Assemblée nationale

1. François Stasse, *Affronter la crise*, Institut François-Mitterrand, 21 mars 2005.

le débat sur le projet de loi de nationalisation, cœur du dispositif économique de la coalition gouvernementale. Il s'agissait, ni plus ni moins, de nationaliser la quasi-totalité des établissements bancaires et les cinq groupes industriels les plus importants.

Ainsi qu'il a été dit et redit, cette loi de nationalisation datait, puisqu'elle était directement inspirée du programme socialiste de 1972. De surcroît, elle ne correspondait plus à la situation économique et financière du moment, qui était caractérisée par une forte inflation et une croissance nulle.

Convaincue du caractère néfaste de ces mesures pour le pays, l'opposition allait se battre pied à pied au Parlement afin d'essayer, sans trop d'illusions, d'empêcher leur adoption. L'Assemblée nationale fut le théâtre quinze jours durant, au mois d'octobre, d'une bataille d'amendements, le Sénat opposant quant à lui l'irrecevabilité ou la question préalable. Jean Foyer, pour l'opposition, Michel Charzat, rapporteur spécial, André Laignel et le Garde des Sceaux Robert Badinter, pour la majorité, allaient être les principaux acteurs de la première partie de cette bataille constitutionnelle et juridique.

L'exaspération de la majorité socialo-communiste face à la résistance de l'opposition ne faisait que croître. C'est ainsi qu'à bout d'arguments André Laignel lança à Jean Foyer le désormais célèbre « Vous avez juridiquement tort car vous êtes politiquement minoritaires » !

C'est dans cette atmosphère électrique que s'ouvrit pour le Parti socialiste le congrès de Valence[1].

Une nouvelle fois Pierre Mauroy dut écouter tout et son contraire, et indiquer que le cap serait maintenu. Pour beaucoup d'élus socialistes, l'échec économique ne devait rien à l'anachronisme de la politique qu'ils avaient suivie, à son

1. 24-25 octobre 1981.

inadaptation à la conjoncture internationale ; il était tout simplement le résultat des menées de l'ennemi de l'intérieur.

Mieux que de longs discours, les propos tenus par certains responsables socialistes pendant ce congrès témoignent de l'état d'esprit régnant à l'époque. Ils sont devenus des morceaux d'anthologie.

Le 25 octobre, intervenant au *Club de la presse* d'Europe 1, Louis Mermaz déclarait qu'il « serait nécessaire de prendre des sanctions contre ceux qui s'opposent à la volonté populaire, au changement voulu par la majorité du pays ».

Pour Paul Quilès, « la naïveté serait de laisser en place des gens qui sont déterminés à saboter la politique voulue par les Français (recteurs, préfets, dirigeants d'entreprises nationales, hauts fonctionnaires). Il ne faut pas non plus dire "Des têtes vont tomber" comme Robespierre à la Convention, mais il faut dire lesquelles, et le dire rapidement ».

De son côté, le ministre de l'Intérieur Gaston Defferre s'indigne : « Certains n'acceptent pas le verdict populaire. S'ils n'avaient pas été nationalisés, ils n'auraient pas hésité à saboter la politique économique et financière du gouvernement pour nous chasser du pouvoir... »

Le Ceres ne pouvant paraître en retrait des représentants des autres courants du Parti socialiste, Georges Sarre se devait de renchérir : « Les partis de droite crispés sur la défense des privilèges ne reculent pas devant des combats d'arrière-garde. Qui peut douter qu'il n'y ait pas en leur faveur des complicités de la part des hauts services du ministère de l'Économie et des Finances ? Il faut que le gouvernement agisse. Il faut se séparer de certains hauts fonctionnaires qui sont des politiques... [1] »

Le 26 octobre, le projet de loi sur les nationalisations est adopté en première lecture à l'Assemblée nationale. Mais les

1. *Le Monde*, 24, 25 et 26 octobre 1981.

outrances, les débordements de certains élus socialistes, ainsi que les mesures prises par le gouvernement de Pierre Mauroy commencent à faire comprendre aux Français ce qui leur est proposé.

Le remplacement des responsables de toutes les stations de radio et chaînes de télévision au profit de partisans de la nouvelle majorité, la régularisation de cent trente mille immigrés en situation irrégulière, l'abolition de la peine de mort, l'accroissement des déficits, l'augmentation massive des dépenses vont avoir des conséquences immédiates.

Dès janvier 1982, les quatre sièges qui étaient à pourvoir lors d'élections législatives partielles sont gagnés par le RPR ; les élections cantonales sont une véritable déroute pour la gauche, le RPR gagnant cent quatre-vingt-dix-neuf sièges, l'UDF quatre-vingt-neuf ; l'opposition remporte aussi huit présidences de conseils généraux.

Dans le même temps, tant pour tenir des engagements électoraux que dans l'espoir d'obtenir une baisse du chômage, le gouvernement décide par voie d'ordonnance la diminution du temps de travail sans diminution de salaire (trente-neuf heures) et instaure une cinquième semaine de congés payés. Ces mesures, si elles constituent une avancée sur le plan social, n'aboutiront pas au résultat escompté. La loi sur les nationalisations des groupes industriels sera promulguée au mois de février.

Mais l'expérience tentée par les apprentis sorciers du Parti socialiste touche à son terme : les déficits se creusant, le chômage continuant à progresser, un changement de politique est inévitable ; il interviendra au mois de juin avec l'adoption d'un plan de rigueur, accompagné d'un blocage des salaires et des prix, d'un relèvement de la TVA, d'une tentative de diminution des dépenses. Ce plan sera accompagné d'une deuxième dévaluation, suivie d'une troisième.

François Mitterrand et ses amis auraient fait aussi bien que Léon Blum et les siens.

À mi-parcours de la législature dominée par les socialistes, qui détiennent la majorité absolue des sièges, le Parti socialiste tient son congrès à Bourg-en-Bresse[1].

Le climat était morose ; l'heure n'était plus aux envolées lyriques et aux mesures de « progrès social ». La rigueur, tel était le nouveau maître mot du gouvernement. Il était indispensable d'offrir aux Français l'image d'un parti rassemblé : il ne fallut pas moins de onze heures à Lionel Jospin pour aboutir à une synthèse entre les différents courants, un record !

Le message que le président de la République adressa à ses camarades pouvait se résumer à trois mots : garde à vous !

François Mitterrand écrivait notamment : « [...] les premiers signes du redressement apparaissent [...], viendront alors les jours meilleurs ; la nation saura reconnaître, soyez-en sûrs, ceux qui l'auront servie pour le présent et pour l'avenir... » Il était sans aucun doute le seul à le croire, si ce n'est à les apercevoir.

Tous furent à l'unisson. Lionel Jospin, de son côté, déclara qu'il était encore trop tôt pour dire quand serait refermée la parenthèse de la rigueur.

Pierre Mauroy, le Premier ministre, se risqua, dans un effort méritoire, à un numéro de funambulisme et d'équilibre : « [...] il n'y a pas d'alternative à la politique actuelle, sinon celle de la droite [...]. Convenons que nous pratiquons une politique de compromis économique et social ; il ne peut en être autrement. » Et encore : « La rigueur est une méthode, ce n'est pas la finalité d'une politique. La rigueur est nécessaire pour que notre politique réussisse. Elle ne constitue pas notre politique... »

1. 28-30 octobre 1983.

Aucun dirigeant du Parti socialiste ne voyait comment renouer avec la confiance des Français ; la perspective de devoir affronter les électeurs lors des prochaines élections législatives, en 1986, avec le record absolu de deux millions huit cent mille chômeurs, en angoissait plus d'un.

En réponse, je déclarai :

« [...] les responsables de l'exaspération actuelle sont ceux qui ont fait croire aux Français qu'ils avaient des recettes magiques pour résoudre les problèmes ; non seulement les problèmes ne sont pas résolus, mais dans un certain nombre de domaines ils ont tendance à s'aggraver. Les électeurs envoient à chaque élection un message au président de la République [...].

« M. Mauroy a appelé à la mobilisation et à la lutte des classes ; devant tant d'aveuglement et de sectarisme, je ne puis que dire que pour l'opposition le meilleur gouvernement, c'est celui de M. Mauroy ; la meilleure équipe de propagande pour l'opposition, c'est celle qui se réunit tous les mercredis matin à l'Élysée. Pour la France il serait préférable de la changer, pour nous il est préférable qu'elle reste... »

La réponse de la coalition au pouvoir allait être la radicalisation, dans une tentative désespérée de remobiliser son électorat sur des thèmes qui lui étaient chers. Peine perdue ; à la fin du mois de septembre, la gauche perdait douze sièges lors des élections sénatoriales.

Parallèlement à mon action nationale, je dirige la fédération RPR du département des Hauts-de-Seine depuis 1973. La formation en vue de l'émergence de nouveaux talents est une priorité. Elle porte ses fruits ; un certain nombre de villes sont conquises sur le Parti socialiste ou le Parti communiste : Antony par Patrick Devedjian, Châtillon par Jean-Pierre Schostek, Levallois-Perret par Patrick Balkany, Le Plessis-Robinson par Philippe Pemzec, Suresnes par Christian Dupuy ; suivraient Châtenay-Malabry par Georges Siffredi, Colombes par Nicole Gonetta ; il faudra ajouter à cette génération nouvelle Jean-Jacques Guillet, premier adjoint au maire de Sèvres, et Nicolas Sarkozy, devenu maire de Neuilly-sur-Seine après quelques péripéties. Cette génération de jeunes élus montrerait tout son talent dans les années qui allaient suivre[1]...

Mais ces succès ne doivent pas nous faire oublier le combat à mener au Parlement pour essayer d'empêcher la mise en œuvre de mesures que nous considérons funestes pour le pays. Élu président du groupe RPR, en remplacement de Marc Jacquet qui souhaite se retirer, je comprends que mes collègues sentent la nécessité de disposer d'un chef de guerre. Ils m'ont connu à la tête de l'organisation du RPR, leurs attentes ne seront pas déçues. Mais rien ne pourra se faire sans que se nouent entre le président du Sénat, Alain Poher, et moi des relations d'amitié et de confiance. Des événements imprévus vont le permettre ; dès lors, le Sénat livrera contre François Mitterrand et ses gouvernements de grandes batailles. Il les obligera à reculer[2].

Dans cette perspective, il me faut également renforcer les liens avec les principaux présidents de groupes : Daniel Hoeffel pour l'union centriste, Philippe de Bourgoin pour les Républicains indépendants.

1. Nicolas Sarkozy fut élu maire de Neuilly après le décès de mon ami Achille Peretti, grand résistant, compagnon de la Libération, président de l'Assemblée nationale, après un épisode aussi inélégant qu'inutile.

2. Un élément du passé nous réunissait, Alain Poher et moi, comme il continue à tisser des liens invisibles et incompréhensibles pour certains, c'était notre appartenance à la résistance contre les nazis et leurs complices. Plus tard, Alain Poher avait certes défendu le Sénat contre les projets de révision constitutionnelle du général de Gaulle, mais il l'avait fait dignement et sans les excès de son prédécesseur, Gaston Monnerville (président du Sénat de 1959 à 1968).

Deux personnalités joueront également un rôle décisif lors des futures batailles, Jacques Larché, président de la commission des lois, et Étienne Dailly, constitutionnaliste éminent, vice-président du Sénat, et chef de file des radicaux de droite.

Auprès du président Poher, son principal collaborateur et ami Pierre Bordry sera un lien particulièrement efficace avec moi ainsi qu'avec le nouveau secrétaire général du groupe que je viens de recruter, Jean-François Probst, ancien collaborateur de Jérôme Monod à la Lyonnaise des eaux. Il s'acquittera avec efficacité de la tâche qui lui a été confiée, dotant le groupe de moyens matériels modernes et recrutant une équipe de collaborateurs capables de produire études et documents qui permettront l'information des membres du groupe, ainsi que l'élaboration des projets d'intervention. Cette machine de guerre nous permettra dès lors d'être les plus performants pour intervenir et conduire les débats.

Alain Poher avait gardé de son action passée bien des amitiés. Il était en particulier très lié avec Jean-Louis Vigier, ancien sénateur des Pyrénées-Orientales, qui lui avait sauvé la vie sous l'Occupation.

François Mitterrand, qui venait de le promouvoir dans l'ordre de la Légion d'honneur en lui attribuant la grand-croix, avait décidé de la lui remettre à l'Élysée. Alain Poher était invité, moi aussi, en ma qualité de président du groupe parlementaire auquel avait appartenu Vigier. Mes collègues souhaitaient que je n'y assiste pas. Mais je décidai de m'y rendre : après tout, le président de la République était le grand maître de l'ordre auquel j'appartenais moi-même.

L'épisode qui s'ensuivit devait peser de tout son poids plus tard. Les discours de réception terminés, je coupai court aux congratulations habituelles en de telles circonstances et allai au buffet. Le temps de commander un verre d'eau minérale et je me trouvai en tête-à-tête avec le président de la République.

Nous parlâmes de la Résistance. Il me dit tout à trac avoir été en contact avec mon père et notre réseau de la France libre par l'intermédiaire d'un ami commun, Pierre Merli, en juillet 1944. Nous continuâmes à deviser, les invités se tenant à distance et le président Poher se rapprochant peu à peu jusqu'à ce que le président Mitterrand lui dise : « Alors, monsieur le président, vous vous demandez ce que peuvent bien se dire le président de la République et ce terrible M. Pasqua ? Eh bien, c'est simple, ils se sont connus dans la Résistance ! »

Cela avait laissé Alain Poher pantois. Il en avait déduit que le président et moi étions amis et que nous nous tutoyions, ce qui était exagéré ; quant aux amis politiques du chef de l'État, cela les avait laissés perplexes.

Ceux qui, quelques années plus tard, dans mon propre camp, susurreraient insidieusement, tels des hiérarques byzantins, que mon arrivée au ministère de l'Intérieur n'était pas vue d'un bon œil, l'ignoraient.

Ils ne pouvaient pas imaginer non plus que plus tard, lors de réunions informelles, nous traiterions en tête-à-tête de sujets dont nous estimions, l'un et l'autre, qu'ils ne devaient pas faire l'objet de quelque exploitation politicienne que ce soit, dans l'intérêt même du pays.

Ainsi, par touches successives, mon image avait changé. Grâce à Patrick Devedjian, avocat de talent, je cumulais les succès dans les plaintes que je déposais, l'un des plus appréciés ayant été la condamnation de Gaston Defferre, ministre de l'Intérieur, pour diffamation la veille des élections municipales. La commission d'enquête sur le Service d'action civique, que j'avais quitté quelque temps après le décès du général de Gaulle, n'avait rien pu retenir contre moi non plus.

J'avais donc l'esprit libre pour consacrer mon temps et mes réflexions à faire du Sénat le haut lieu et le bastion de l'opposition.

Par un de ces clins d'œil dont la vie politique de notre pays est coutumière, le Sénat, que le général de Gaulle avait voulu réformer, allait se transformer en une formidable machine de guerre contre ceux-là mêmes qui s'y étaient opposés, au premier rang desquels François Mitterrand.

Chapitre 8

Le Sénat, garant des libertés

Depuis le succès de la gauche en 1981, les idéologues du Parti socialiste s'étaient tout d'abord consacrés, avec le succès que l'on sait, à la remise en ordre du secteur économique et financier. Ils souhaitaient maintenant s'attaquer à trois autres domaines.

Leur offensive porterait sur des sujets figurant dans les « cent dix propositions » de François Mitterrand pour les élections présidentielles de 1981, dans le chapitre III de ce manifeste – au titre éminemment généreux : « La liberté : des femmes et des hommes responsables »[1].

Pour ceux des Français auxquels la politique conduite par Pierre Mauroy, sous la houlette de François Mitterrand, n'avait pas ouvert les yeux, les textes sur lesquels la représentation parlementaire aurait à se prononcer en 1984 allaient servir de révélateur. Ils débouchaient directement sur une remise en question de la liberté de l'enseignement, de la liberté de la

1. Sous les rubriques « Des contre-pouvoirs organisés : un État décentralisé » (proposition 58, peuples de l'outre-mer français), « Une éducation de qualité » (propositions 90-93), « Une information libre et pluraliste » (propositions 94-96).

presse et du droit de nos compatriotes de Nouvelle-Calédonie à rester français.

Le texte présenté par le ministre de l'Éducation nationale, Alain Savary, lui-même ancien premier secrétaire du Parti socialiste, avait été mis en chantier dès 1982. Une large concertation avait été engagée tant avec l'épiscopat qu'avec les syndicalistes les plus intransigeants de l'Éducation nationale. Si l'on s'en tenait à la lettre du manifeste du Parti socialiste, il s'agissait, ni plus ni moins, de « mettre en place un véritable service public de l'éducation ».

Le fragile équilibre et le consensus patiemment atteints, après maints et maints débats, depuis le début du siècle étaient soudainement remis en cause, alors même que la liberté de l'enseignement était un droit fondamental pour beaucoup de Français, ainsi que pour la hiérarchie catholique.

Soucieux de ne pas rallumer une guerre scolaire, l'épiscopat français avait donné son accord sur le projet de loi tel qu'il fut présenté au Conseil des ministres, le considérant comme un moindre mal.

C'était compter sans l'attitude ambiguë du chef de l'État et les incantations des doctrinaires du Parti socialiste, ceux-là mêmes qui avaient donné de la voix à Bourg-en-Bresse lors du congrès de leur parti. Un des députés, qui s'était déjà illustré lors du débat sur les nationalisations, obtint l'accord de Pierre Mauroy sur une série d'amendements dénaturant le texte du ministre de l'Éducation nationale. Sans doute François Mitterrand et Pierre Mauroy, qui avaient eu du mal à faire accepter aux élus socialistes le changement de politique économique et leur plan de rigueur, entendaient-ils les laisser se défouler sur ce texte[1].

Cette attitude fut analysée comme une trahison et une

1. Amendements déposés par André Laignel, avec l'accord de Pierre Mauroy.

déclaration de guerre par ceux qui, depuis deux ans, s'étaient efforcés de calmer les esprits, du chanoine Guiberteau à Pierre Daniel, de Mgr Lustiger à Guy Guermeur. Elle fut aussi interprétée comme une tentative de réduire l'influence de la hiérarchie catholique ou d'empêcher le libre choix de l'école par les parents, ce qui était considéré par nombre de nos concitoyens comme une atteinte aux libertés.

Alain Savary, en homme d'honneur, refusa de son côté de défendre le texte ainsi amendé, en vertu du principe de la parole donnée. C'était donc à Pierre Mauroy qu'il appartiendrait de le faire.

Pour faire pression sur le pouvoir, des manifestations étaient organisées un peu partout en France ; le nombre des manifestants ne cessait de croître, passant de cent mille personnes avec Mgr Lustiger à huit cent mille participants à Versailles, dont nombre de parlementaires mêlés à la foule, comme moi ; la mobilisation s'amplifiait, la colère grondait.

Le pouvoir n'en tint aucun compte. Le Premier ministre, Pierre Mauroy, soudainement devenu sourd et aveugle, s'entêtait. Manifestement, Alain Savary, grand résistant, compagnon de la Libération, bien que venant de l'aile gauche du Parti socialiste, était, lui, marginalisé.

Au Sénat, Alain Poher suivait tout cela avec une certaine inquiétude ; il était évident que ce texte sur l'école serait voté en dernière lecture par l'Assemblée nationale.

Il décida alors de faire rédiger quelques amendements sauvegardant l'essentiel du droit à une école libre, et alla demander son accord à François Mitterrand, afin de désamorcer la crise. Il était dans son rôle en effectuant cette démarche. Pourtant, je doutais fort d'une acceptation : je ne me faisais pas trop d'illusions quant à son succès, lui non plus.

En cas de refus, que pourrions-nous faire pour que cette loi liberticide soit définitivement rejetée ?

J'avais bien étudié cette question et réfléchi à une solution imparable. La consultation des Français par voie référendaire me paraissait la seule possible.

Voir le Sénat appeler au référendum [1], alors que le rejet de la réforme le concernant par cette même procédure avait entraîné le départ du général de Gaulle, ne manquerait pas de sel. L'adoption de cette démarche heurterait peut-être certains, mais je ne voyais pas d'autre alternative.

Mais tout dépendrait d'abord du président Poher. Était-il par principe hostile à cette démarche ? Il n'en était rien, « mais, me répondit-il, cela nécessitera bien des précautions car les susceptibilités de nos collègues sont grandes ».

Afin de préparer la suite, le refus de François Mitterrand me paraissant probable, je m'entretins séparément avec Jacques Larché et Étienne Dailly afin de recueillir leurs points de vue. Ils se montrèrent enthousiastes devant cette perspective et me promirent l'un et l'autre le secret.

Le projet de loi sur l'Éducation nationale était devenu pour les idéologues du pouvoir une question de principe. André Laignel reçut donc à l'Assemblée nationale l'appui de ses frères présents ou futurs, au premier rang desquels Jean Poperen, Lionel Jospin, premier secrétaire du Parti socialiste, mais surtout Pierre Joxe, à qui l'on doit ces mots inoubliables : « À école publique fonds publics, à école privée fonds privés. » Le texte amendé fut adopté le 22 juin par l'Assemblée nationale.

Le combat était toutefois en train de changer d'âme car, dans la quasi-totalité des médias, presse écrite, parlée ou télévisuelle, il était de plus en plus fait référence à l'avenir de l'« école libre ».

1. En application de l'article 11 de la Constitution.

Le dernier rassemblement qui eut lieu à Paris réunit une véritable marée humaine : rues et trottoirs furent envahis, sans heurts ni bousculades, par un million de personnes. La pression ne cessait de monter dans le pays ; Guy Guermeur, ancien député breton qui était mon lien avec l'enseignement privé, me le confirmait [1].

Qu'allait faire le président de la République ? Recevant le président du Sénat, second personnage de l'État de par la Constitution de la Ve République, quelques minutes seulement et avec un minimum d'égards, il rejeta tout accommodement, tout amendement au projet de loi, et, faisant référence au référendum de 1969, conclut sèchement : « Vous avez fait partir un président de la République, vous n'en ferez pas partir un second. »

De sa voiture, sortant du palais de l'Élysée, Alain Poher me demanda d'aller le voir dès son arrivée, ce que je fis. Il était encore abasourdi par la manière abrupte dont le chef de l'État l'avait reçu, et me dit qu'il fallait mettre en application mon idée.

Il fut donc décidé qu'une réunion des présidents de groupe de la majorité devrait entériner ce choix. La position du président Poher serait déterminante. Je rencontrai Jacques Larché et Étienne Dailly : je fis mine de leur révéler mon idée, qu'ils approuvèrent, naturellement. Le président Poher réunit donc les présidents de groupe de la majorité ; il leur raconta son entrevue avec le président de la République et leur affirma sa décision de s'opposer à ce texte ; pour finir, il me donna la parole afin de présenter ma démarche.

Soutenue d'emblée par le président de la commission des lois et Étienne Dailly, approuvée par le président du Sénat, elle fut adoptée. La technique de la démarche était simple ; je

1. Manifestation en faveur de l'école libre à Paris, 24 juin 1984.

fus désigné comme porte-parole de la majorité pour soutenir la motion référendaire.

Au cours de mes recherches, je découvris qu'en 1832 le père Lacordaire et le jeune comte de Montalembert avaient été poursuivis pour la création de la première école catholique devant la justice ordinaire du roi. En effet, comme sous l'Empire, l'enseignement était public et relevait uniquement de l'État. Mais la Chambre des pairs – le Sénat d'aujourd'hui –, considérant que les conditions étaient réunies pour que le jeune Montalembert soit reçu comme pair de France à l'âge de 25 ans, se saisit du dossier de la création de la première école libre. À l'ouverture de la séance, les tribunes étaient naturellement combles ; élégantes, héritiers de la noblesse française côtoyaient gazetiers et représentants du clergé. L'intervention du jeune Montalembert, passionnée, argumentée, pleine de générosité, allait permettre de révéler son immense talent. Je la rappelai de la tribune le 5 juillet 1984, dans le discours prononcé pour défendre la motion référendaire contre la loi Savary :

« Ce n'est pas la première fois que, dans cette enceinte, des voix s'élèvent pour prendre la défense de la liberté scolaire menacée par l'État. Voilà cent cinquante-trois ans, en 1832, le comte de Montalembert comparaissait ici même devant la Chambre des pairs, accusé d'avoir fondé avec Lacordaire la première école catholique. Il s'adressait ainsi à ses juges : "Je sens monter en moi tout ce qu'il y a d'indignation s'accumuler sur un pouvoir qui prétend aujourd'hui enchaîner l'intelligence et la pensée, c'est-à-dire enchaîner ce qui a toujours été solennellement affranchi par la loi suprême et fondamentale de mon pays..." Soixante ans plus tard, le 30 octobre 1902, c'est Georges Clemenceau qui interpellait, de cette tribune, le gouvernement Combes sur le même sujet, en des termes qui pourraient être adressés tels quels au gouvernement d'aujourd'hui : "Quand je parle de la liberté de l'enseignement, disait-il, je ne puis pas me dissimuler qu'un certain nombre de républicains ont une opinion contraire. Les tentations sont grandes pour un parti qui est au pouvoir. Je sais bien que M. le président du Conseil nous a dit : 'Nous avons la force et le droit.' Il n'a certainement pas entendu dire qu'il dût employer la force autrement qu'au service du droit."

« Oui, ces paroles, nous pouvons les reprendre entièrement à notre compte car le débat est bien le même. Il s'agit une fois encore de savoir si oui ou non une famille a le droit de choisir l'éducation de ses enfants. Pour nous, c'est là un droit culturel fondamental auquel on ne peut toucher sans attenter, du même coup, à l'ensemble des libertés garanties par la loi, la Constitution, la Déclaration des droits de l'homme, parce que la liberté ne se divise pas. Tel est aussi l'avis du Conseil constitutionnel, qui dans sa décision du 23 novembre 1977 définissait la liberté de l'enseignement comme l'un des principes fondamentaux reconnus par les lois de la République [...]. Dans sa lettre adressée aux instituteurs de France, le 17 novembre 1883, Jules Ferry écrivait : "Ne touchez jamais cette chose sacrée : la conscience de l'enfant. Au moment de proposer aux élèves un précepte, une maxime quelconque, demandez-vous s'il se trouve à votre connaissance un seul honnête homme qui puisse être froissé de ce que vous allez dire. Demandez-vous si un père de famille, je dis un seul, présent à votre classe et vous écoutant, pourrait, de bonne foi, refuser son assentiment à ce qu'il entendrait dire. Si oui, abstenez-vous." »

Je conclus mon propos par les mots suivants : « Les Français seront juges. Si la majorité gouvernementale refuse de donner démocratiquement la parole au peuple souverain dans les formes prévues par la Constitution, chacun comprendra qu'elle a désormais peur du suffrage universel. »

Cette intervention, prononcée au milieu des vociférations des élus socialistes et communistes, que les références à Jules Ferry, à Clemenceau, à l'esprit de la Constitution, au suffrage universel exaspéraient, produisit l'effet escompté : la motion référendaire fut adoptée par la majorité sénatoriale.

Le piège se refermait sur ceux-là mêmes qui avaient voulu continuer le travail de démolition entrepris depuis trois ans avec l'approbation de François Mitterrand.

Le président de la République comprit immédiatement que, s'il persistait dans cette voie, les élections législatives de 1986 seraient perdues pour sa majorité. Il fit donc ce que tout Florentin aurait fait à sa place : expliquant à ses proches qu'il n'avait jamais soutenu ce projet, il annonça le 12 juillet aux Français le *retrait* de la loi, et un improbable référendum sur le référendum, provoquant *ipso facto* la démission d'Alain Savary. Le premier fusible avait sauté ; un second n'allait pas tarder à sauter à son tour[1].

La question préalable ayant été adoptée lors de ce débat malgré les efforts du Garde des Sceaux Robert Badinter, il devint évident que ce projet de loi ferait une autre victime. Lors de la traditionnelle réception du 14 Juillet dans le parc de l'Élysée, François Mitterrand alla plus loin encore : il annonça la *disparition* de la loi Savary.

Dès lors qu'il avait fait savoir que la paternité de ce texte ne pouvait lui être attribuée, il devint clair pour Pierre Mauroy qu'il devait à son tour démissionner, puisqu'il était désavoué. C'est ce qu'il fit le 17 juillet 1984.

Le rôle joué par la presse dans toute cette affaire était indéniable. Elle avait pu, pour une large part, servir de relais et aider à la mobilisation de ceux qui refusaient l'arbitraire. De

1. Rapporté par Jacques Attali, « L'Art de gouverner », *L'Express*, 3 novembre 2005.

son côté, la majorité socialiste avait pu compter sur le soutien d'une presse d'opinion traditionnellement plus à gauche. Mais l'appui apporté par les titres du groupe de presse de Robert Hersant à la défense de l'école libre fut la provocation ultime pour les plus sectaires des socialistes. Déjà en 1983, l'acquisition du groupe *Dauphiné libéré* par celui-ci avait agacé les élus socialistes de la région Rhône-Alpes, au premier rang desquels Louis Mermaz. Alors qu'il envisageait de reprendre un quotidien d'inspiration socialiste en situation délicate, *Le Courrier de l'Ain*, avec l'accord du Parti socialiste, Pierre Mauroy avait annoncé lors du congrès de Bourg-en-Bresse l'élaboration d'un projet de loi sur la presse. La réponse de Robert Hersant avait été cinglante, puisqu'il abandonnait son projet de rachat, « laissant le soin au Parti socialiste devenu le contrôleur de tous les quotidiens de régler le problème ».

Ce projet fut présenté à l'Assemblée nationale au mois de novembre 1983. Personne ne pouvait prévoir que deux gouvernements allaient s'épuiser dans des débats qui dureraient plus d'un an. Ce texte, dont il était dit qu'il visait « à limiter la concentration et à assurer la transparence financière et le pluralisme des entreprises de presse », ne visait en réalité que le groupe fondé par Robert Hersant. Personnage infréquentable selon certains en raison d'engagements politiques de jeunesse qu'il ne cherchait pas à dissimuler, Robert Hersant avait constitué à partir du succès de *L'Auto-Journal* un groupe de presse puissant. Au milieu des années 1970, il avait pu acquérir *Le Figaro* et *France-Soir*, deux titres qui étaient les fleurons de son groupe. Craint par les uns, courtisé par les autres, entouré de collaborateurs fidèles, au fond de lui-même il avait un certain mépris pour la classe politique, toutes opinions confondues. Il lui reprochait de ne pas avoir voulu par lâcheté et par faiblesse remettre en cause les ordonnances de 1944 sur la presse, comme si elles étaient les tables de la loi. Paradoxalement, ses rapports avec la CGT et le Syndicat du livre n'étaient pas aussi mauvais qu'on aurait pu l'imaginer, compte tenu de leur rôle exorbitant et anachronique dans la presse française. Lui-même ne manquait jamais une occasion de dire où allaient ses préférences, indiquant par exemple lors d'un entretien : « Certains mènent le bon combat à la tête de partis politiques, moi à la direction d'importants moyens d'information[1]. »

Ancien parlementaire, il s'était présenté sans succès aux élections législatives à Neuilly, ce qui l'avait dissuadé pour un temps de briguer un nouveau mandat électif. Figurant sur la liste de Valéry Giscard d'Estaing un peu plus tard, il lui avait été reproché par ses détracteurs de vouloir rechercher une immunité parlementaire. Déjà…

Papivore, boulimique d'acquisitions, menace pour la liberté, disaient certains, qui passaient sous silence sa présence, un temps, à la Fédération de la gauche démocrate et socialiste. Je le voyais plutôt comme un collectionneur de titres, dont la fidélité à ses amis n'avait jamais été prise en défaut.

Cependant, la ligne éditoriale du *Figaro*, de *France-Soir* et de ses quotidiens régionaux était devenue insupportable à la majorité gouvernementale. Consciente de son échec économique et financier, elle entendait, au lieu de s'attaquer aux causes de cet échec, empêcher de s'exprimer ceux qui le dénonçaient. Au-delà des grands principes et des bons sentiments – la liberté de la presse –, c'est la perspective de devoir s'engager dans les batailles électorales futures avec le handicap d'une presse quotidienne critiquant journellement sa politique qui la motivait.

Les élus de la majorité socialiste étaient certes favorables à

1. Bernard Lalanne, « Hersant ou la volonté de puissance », *L'Expansion*, 6-19 avril 1984.

une presse d'opinion, mais à condition, et à cette condition seulement, qu'elle soit en phase avec ses idées et ses choix politiques. Cette loi était donc une loi *ad hominem*. Elle ne visait qu'un homme, elle n'avait qu'un seul but : lui interdire toute nouvelle acquisition de titre, réduire son influence et provoquer le démantèlement de son groupe de presse.

Une bataille homérique s'engagea à l'Assemblée nationale ; des milliers d'amendements furent déposés, et quelques centaines d'entre eux ayant été adoptées, elle fut transmise au Sénat.

Nous décidâmes alors de la modifier de fond en comble et d'en faire un contre-projet, ce qui, après tout, était le rôle de l'opposition. À la fureur des défenseurs du projet gouvernemental, je réussis même à faire adopter un article premier qui pourtant aurait dû emporter l'adhésion de tous : « La presse est libre. »

Le projet, de retour du Sénat, fut adopté après de multiples incidents, grâce à l'engagement de responsabilité du gouvernement. Le Conseil constitutionnel, saisi à notre initiative, allait sanctionner la plupart des articles, le rendant inapplicable et le vidant de ses dispositions les plus anticonstitutionnelles.

L'opposition, qui durant trois ans avait cherché de quelle manière elle pourrait s'opposer à la politique partisane et sectaire conduite par la majorité socialo-communiste, comprit alors, et pour une large part grâce à moi, que le Sénat de la République pouvait être une redoutable machine de guerre.

Chapitre 9

Du droit des peuples…

Concomitamment à l'examen du texte portant création d'un « grand service public de l'enseignement », le gouvernement avait déposé à l'Assemblée nationale le 9 mai 1984 un projet de loi « portant statut du territoire de la Nouvelle-Calédonie et dépendances ».

Le débat sur la liberté de l'enseignement avait quelque peu relégué au second plan l'examen de ce texte, le huitième pour ce territoire depuis la loi-cadre de 1956.

Ce projet en fait était la concrétisation des idées exprimées par les socialistes et leur premier secrétaire avant 1981 sur la Nouvelle-Calédonie et le « peuple kanak ». Peut-être François Mitterrand entendait-il aussi solder ainsi le compte des élections présidentielles de 1981, puisque Valéry Giscard d'Estaing l'avait emporté largement en Nouvelle-Calédonie avec 65 % des voix.

Plus prosaïquement, il se situait dans la continuité du travail de sape et de déstabilisation entamé par Christian Nucci, député socialiste de l'Isère, Haut Commissaire en Nouvelle-Calédonie, dès 1981. En 1982, c'est à la suite de ses manœuvres et d'alliances politiques contre nature que le leader indépendantiste Jean-Marie Tjibaou était devenu vice-président du Conseil de gouvernement; la conséquence en avait été la démission du leader du RPCR, Jacques Lafleur, qui entendait ainsi protester: il devait être réélu avec plus de 90 % des voix[1].

Mais ce texte s'inspirait aussi des conclusions d'une table ronde organisée par le secrétaire d'État aux DOM-TOM d'alors, Georges Lemoine, à Nainville-les-Roches en 1983. Elles n'avaient été approuvées que par une partie des participants, au premier rang desquels les responsables indépendantistes Éloi Machoro et Jean-Marie Tjibaou[2].

Le 10 juillet 1984, au Sénat, Dick Ukeiwé, chef coutumier mélanésien, qui avait assisté à ce qu'il considérait être une « embuscade », après avoir dénoncé la manipulation du droit coutumier par le pouvoir politique, contrairement à l'article 75 de la Constitution, dans le but d'amener, malgré lui, le territoire à l'indépendance, déclarait: « [...] les calédoniens veulent rester maîtres de leur propre destin dans le cadre du droit que leur offre la Constitution [...]. La majorité des calédoniens toutes ethnies confondues vous demande de ne pas les offrir en holocauste sur l'autel de l'indépendance canaque[3]... »

L'adoption du « statut Lemoine » accordait certes une très large autonomie au territoire, mais les arrière-pensées qui avaient guidé sa rédaction et ses dispositions électorales allaient cependant provoquer une succession de troubles sans précédent. Comme l'avait indiqué un autre élu lors de ce débat: « On a l'impression qu'aujourd'hui un air de braderie souffle sur l'ensemble français et que quelquefois des fonctionnaires ou des chargés de mission s'en vont vers ces ter-

1. Rassemblement pour la Calédonie dans la République; mouvement trouvant son origine dans le Rassemblement pour la Calédonie, fondé en 1977 par Jacques Lafleur, devenu RPCR après son affiliation au RPR.

2. Le RPCR avait refusé de signer ce texte.

3. *Journal des débats*, Sénat, séance du 10 juillet 1984, p. 2133.

ritoires [...] avec la prétention d'y donner des leçons et d'y semer des idées qui vont trop souvent à l'encontre du vœu profond et atavique des populations... »

Nous ne nous y trompions pas : c'est l'indépendance du territoire qui était programmée, il y était fait expressément référence, le scrutin d'autodétermination envisagé ne présentait aucune garantie, la composition du corps électoral appelé à se prononcer sur le sujet en 1989 n'étant pas clairement définie.

Ainsi, voulant laisser une trace dans l'œuvre de décolonisation, les socialistes et François Mitterrand engageaient le territoire à marche forcée vers l'indépendance, sans se préoccuper des sentiments réels de la population.

Pis, faisant de la minorité canaque indépendantiste leur interlocuteur privilégié, ils proposaient une fiction à nos concitoyens, un mauvais film avec d'un côté les « gentils » canaques, de l'autre les « affreux » caldoches du RPCR, colons blancs vivant grassement du travail des autres, le soutien qui leur était apporté par la droite parlementaire réactionnaire le confirmant.

La réalité calédonienne est tout autre, puisque les canaques étaient, et sont, doublement minoritaires : minoritaires démographiquement, car ne représentant que 40 % de la population, et minoritaires politiquement, car isolés, alors que le RPCR regroupe des calédoniens de toutes origines, caldoches certes, mais aussi Chinois, Mélanésiens, Vietnamiens, Wallisiens...

Pour les indépendantistes, la seule chance d'accéder à l'indépendance résidait dans le fait de pouvoir eux-mêmes déterminer la composition du corps électoral appelé à se prononcer ! De là découlait le principe de la primauté de l'ethnie canaque sur toutes les autres.

La faute de François Mitterrand, et plus tard de son successeur, est de les avoir confortés dans cette idée, qui est la négation du principe fondamental de la démocratie : « Un homme, une voix. »

Vingt-cinq ans après, nous en subissons encore les conséquences. Les contorsions constitutionnelles de nos gouvernants en sont la preuve, les déclarations de certains de nos parlementaires en témoignent : « Ce n'est pas sur la nature du suffrage universel que nous devons nous prononcer, mais simplement sur son degré d'appréciation[1]. »

Malgré une féroce bataille au Parlement, cette loi fut adoptée par l'Assemblée nationale en dernière lecture[2]. Un recours devant le Conseil constitutionnel et une censure partielle qui s'ensuivit n'empêchèrent pas sa promulgation[3].

Le processus infernal se mettait en route !

Le RPCR s'engagea de toutes ses forces avec l'appui de l'opposition parlementaire dans la préparation des élections qui devaient se dérouler au mois de novembre : elles devaient permettre, pour la première fois, l'élection d'un exécutif au suffrage universel en Nouvelle-Calédonie.

De leur côté, les indépendantistes annonçaient le 24 septembre la création du Front de libération national kanak socialiste[4].

Jean-Marie Tjibaou et ses amis, parfaitement conscients de leur faible poids lors d'une consultation électorale, appelèrent alors à l'abstention. Éloi Machoro, de son côté, décida de s'engager parallèlement à cette démarche dans une série d'actions violentes. Dès lors les troubles allaient s'enchaîner,

1. Éric Raoult, Assemblée nationale, deuxième séance du mercredi 13 décembre 2006.

2. Le 31 juillet 1984. Elle disposait notamment que désormais il faudrait 4700 voix à Nouméa pour élire un conseiller territorial, contre 2000 dans les zones mélanésiennes.

3. Loi 84-821 du 6 septembre 1984.

4. Création du FLNKS le 24 septembre 1984.

des urnes étant détruites le jour du scrutin, sous l'œil complaisant de la presse étrangère.

Le Haut Commissaire Jacques Roynette, enseignant de formation, militant socialiste passé par le PSU, ancien président du Conseil général de Seine-et-Marne, nommé sur le territoire en 1982, était manifestement dépassé par la situation. Il allait aussi perdre toute crédibilité, lui qui avait été le fidèle relais des apprentis sorciers socialistes auprès de la minorité canaque indépendantiste.

Les loyalistes, en effet, remportaient trente-quatre sièges sur quarante-deux. Dick Ukeiwé, partisan du maintien de la Nouvelle-Calédonie dans la France, était élu président du Conseil de gouvernement du territoire[1].

Le taux d'abstention, s'il approcha 50 %, ne représentait certes pas le poids des indépendantistes, comme certains voulurent le faire croire, et se rapprochait plutôt de celui enregistré pour d'autres scrutins[2].

Les indépendantistes les plus excités déclenchèrent alors une véritable insurrection : barrages sur les routes, incidents violents à Kanala. Pour finir, Éloi Machoro et ses amis occupèrent Thio, sans que les gendarmes présents interviennent. Des fermes furent attaquées. Incendies, exactions, voies de fait se succédaient : occupation de bâtiments officiels, désarmement de gendarmes, prise en otages de fonctionnaires. Une escalade sanglante allait s'ensuivre. Devant le manque de réaction des autorités, Jean-Marie Tjibaou, pensant son heure venue, alla même jusqu'à proclamer un gouvernement de la « Kanaky socialiste ». Mieux même, anticipant sur une victoire probable de l'opposition aux élections législatives de 1986, il pressa le gouvernement d'organiser un référendum

1. Le 23 novembre 1984.
2. Élection présidentielle de 1981, premier tour : abstentions, 32 %.

avant cette date, le corps électoral, lors de cette consultation, devant être exclusivement canaque.

Les puissances régionales, Australie et Nouvelle-Zélande, que la poursuite des essais nucléaires en Polynésie exaspérait, n'avaient pas été mécontentes, dans un premier temps, de l'agitation entretenue dans le territoire par les canaques. Sans les soutenir ouvertement, elles avaient prêté une oreille complaisante à leurs revendications, leur offrant même une tribune ; peut-être s'agissait-il aussi pour elles de faire oublier le sort réservé aux aborigènes chez l'une et aux peuples premiers chez l'autre. Le fait que la Nouvelle-Calédonie recèle une partie importante des réserves mondiales de nickel n'avait bien entendu rien à voir avec leur attitude[1]... Les indépendantistes ayant cependant complaisamment révélé qu'une vingtaine d'entre eux avaient été invités en Libye afin d'y suivre divers stages, la perspective d'avoir un foyer d'agitation à leur porte commençait à les faire réfléchir.

Le Premier ministre, Laurent Fabius, nomma alors Edgard Pisani délégué du gouvernement en Nouvelle-Calédonie, dans le but avoué de trouver rapidement une solution politique au problème et d'imaginer un nouveau statut pour le territoire, le but initial n'ayant pas été atteint[2].

François Mitterrand avait-il des arrière-pensées en faisant nommer à ce poste l'un de ceux qui avaient incité Michel Rocard à briguer l'investiture du Parti socialiste lors des élections présidentielles ? Peut-être...

Dans le même temps, en Corse, un gendarme était tué, deux autres grièvement blessés. L'amnistie complétant le statut de la Corse imaginé par Gaston Defferre s'avérait un échec.

1. 30 % des réserves mondiales de nickel se trouvent en Nouvelle-Calédonie.

2. Le 2 décembre 1984.

Dans le but de rassurer nos compatriotes, et de leur apporter la preuve que le Sénat, bastion de l'opposition et des libertés, défendrait le droit, le président du Sénat décida d'envoyer en Nouvelle-Calédonie une commission d'enquête conduite par Yvon Bourges. Une fois sur place, celle-ci apprit que les forces de l'ordre avaient reçu l'ordre de ne pas intervenir, quand elles n'avaient pas été désarmées, que des collaborateurs du délégué du gouvernement Roynette avaient prévenu les indépendantistes des opérations envisagées ou des interventions prévues par le GIGN.

Il s'agissait là de trahison pure et simple, d'autant que, dans le même temps, Edgard Pisani n'hésitait pas à demander l'intervention des forces armées contre ceux qui, à Nouméa, protestaient contre le laxisme des autorités, ce que le général Franceschi, commandant supérieur des forces françaises refusa, s'opposant violemment à lui...

Pouvait-on imaginer que le délégué du gouvernement agisse de son propre chef, ou sur sa propre initiative ? Certes non, puisqu'il ne rendait compte, théoriquement, qu'au Premier ministre, et ce dernier au président de la République !

Colère, amertume, aveuglement alimentaient les tensions.

Aveuglement de quelques-uns qui s'accrochaient à un *statu quo* d'un autre âge qui perdurerait jusqu'aux accords de Matignon.

Aveuglement aussi de théoriciens irresponsables, méconnaissant le droit des peuples à disposer d'eux-mêmes, les principes de la souveraineté nationale, ainsi que le respect du suffrage universel.

Colère et amertume de ceux qui estimaient avoir été dupés par leurs interlocuteurs socialistes en 1983.

Colère et amertume de ceux qui, toutes ethnies et toutes origines confondues, avaient combattu pour la France, à différentes époques, dans les rangs du bataillon du Pacifique.

Colère et amertume de ceux qui, vivant en brousse la même vie que celle de leurs employés, avaient le sentiment d'être abandonnés de tous.

Rudes et rugueux, fiers de leur travail, peu diserts, ils n'étaient pas prêts à accepter de voir leurs familles menacées et molestées, leurs modestes fermes partir en fumée, leur bétail volé ou abattu, eux que l'on comparait dans certains médias aux colons de la Mitidja. Les événements allaient confirmer nos craintes : Hienghène, Le Fao, Nouméa, du sang, des victimes ; l'état d'urgence était décrété par Edgard Pisani... au lendemain des manifestations loyalistes de Nouméa.

François Mitterrand, mélangeant une fois de plus la rhétorique socialiste et le rôle qui aurait dû être celui du président de la République, déclara : « Ce n'est pas sous mon septennat que les gouvernements de la République soumettront des populations par la force injuste de la loi. »

Il oubliait simplement qu'il avait été l'inspirateur de cette loi qui avait été votée par sa majorité.

En réponse à ces propos, j'intervins avec force au Sénat, dénonçant les dérives, les abandons, les lâchetés, les compromissions, allant jusqu'à menacer de demander la traduction du président de la République devant la Haute Cour pour trahison[1].

Face aux abandons annoncés, je proposai à la majorité et au RPR de conduire le combat en priorité en Nouvelle-Calédonie. Notre assistance, notre appui et notre soutien seraient sans faille. Jean-François Probst, accompagnant sur place Dick Ukeiwé, allait aider nos amis à mobiliser des moyens de toute nature pour conforter les populations loyalistes dans leur combat et aussi les convaincre de développer au maximum contacts et relations avec les Mélanésiens afin de ne pas laisser le champ libre aux indépendantistes.

1. Le 18 décembre 1984.

Dans le but de tenter d'obtenir un minimum d'objectivité de la part de la radio et de la télévision nationales sur place, je décidai de me rendre moi-même en Nouvelle-Calédonie. C'est à Nouméa, devant une assistance enthousiaste et déterminée, que je devais lancer ces mots qui firent sursauter ceux qui n'avaient rien compris : « La défense de Bastia commence à Nouméa[1]. »

De fait, sans que le président de la République et son gouvernement n'y prennent garde, l'enjeu de ce combat était devenu national, car il témoignait des excès et outrances engendrés par le dogmatisme de certains socialistes.

L'infléchissement du discours présidentiel lors d'un déplacement aussi bref qu'inutile en Nouvelle-Calédonie n'y changea rien, bien au contraire. Douze heures de présence en face de cent cinquante ans de vie commune, le compte n'y était pas. Ce déplacement à la sauvette fut perçu par beaucoup comme un camouflet.

Face à Edgard Pisani, dont la crédibilité s'effritait chaque jour un peu plus, empêtré qu'il était dans le projet indépendantiste, Dick Ukeiwé présenta le plan que nous avions préparé ensemble, fondé sur le maintien de la Nouvelle-Calédonie dans l'ensemble français, la reconnaissance de la diversité et de la personnalité de chaque région, l'unité du territoire.

Qui, mieux que lui, pourrait incarner au Sénat le combat de ceux qui veulent rester français, lui qui détient la double légitimité de chef coutumier canaque et de président élu de l'autorité territoriale ?

Les mots simples adressés du haut de la tribune du Sénat à ceux qui veulent décider à leur place de l'avenir de nos concitoyens de Nouvelle-Calédonie par le vote d'une loi

1. Je me rendis en Nouvelle-Calédonie mandaté par la commission des affaires culturelles du Sénat, en charge des problèmes d'information.

instaurant l'état d'urgence dans le territoire, l'émotion qu'il réussit à faire partager à tous a un effet dévastateur pour les boutefeux socialistes. Il n'est pas inutile de les rappeler ici[1] :

« Confrontés à cette ultime provocation [la création d'un gouvernement de Kanaky socialiste], le gouvernement et son délégué n'ont rien fait pour mettre un terme aux activités de l'autorité se disant gouvernement provisoire. Mieux, ils ont noué avec ses dirigeants des relations privilégiées. Mais il y a plus encore : votre gouvernement a ajouté au désordre en ne respectant pas les lois de la République, même pas celles qu'il avait lui-même conçues. Vous avez renié le statut Lemoine que vous aviez vous-mêmes fait adopter par le Parlement voilà six mois et qui n'est toujours pas complètement entré en application. Vous avez vous-mêmes considéré comme nulles et non avenues les élections territoriales que vous aviez vous-mêmes organisées le 18 novembre, donnant ainsi raison à ceux qui les avaient boycottées par la violence... »

S'agissant du rôle trouble joué par Edgard Pisani, il rappelle : « L'homme qui a été désigné par le gouvernement de la République pour réconcilier les frères séparés, pour élaborer de nouvelles règles de vie commune, s'est très rapidement fourvoyé dans une impasse : au lieu de rechercher avec tous les acteurs de la vie locale, avec toutes les forces vives de mon pays, et d'abord avec ceux qui ont été démocratiquement élus, les chemins difficiles mais prometteurs d'un large consensus, il a choisi de ne s'adresser qu'à ceux qui avaient décidé de sortir de la légalité et de tenter d'imposer par la violence à tout un peuple la loi d'une minorité. Je le dis solennellement, et je pèse chacun de mes mots : M. Edgard Pisani a trompé la confiance des calédoniens. Il a fait de l'État arbitre un État partisan. Il a altéré dans nos cœurs l'image de la

1. Le 24 janvier 1985.

République et de ses lois. Il a blessé la France en nous. Il n'a plus qualité aux yeux des calédoniens pour conduire nos affaires et préparer notre destin... »

Le Sénat ne s'y trompa pas: il proposa l'affichage de ce discours dans toutes les mairies de France.

Ce projet de loi « relatif à l'état d'urgence en Nouvelle-Calédonie et dépendances » fut adopté par l'Assemblée nationale en dernière lecture quarante-huit heures après son dépôt, le Conseil constitutionnel ayant statué dans les vingt-quatre heures qui avaient suivi notre recours. Mais les troubles et les désordres continuaient sur le territoire, montrant que rien n'était réglé.

L'action énergique conduite tant au Sénat que localement avait fait provisoirement échouer le coup de force législatif et constitutionnel projeté. Pourtant, au mois d'août 1985, le président de la République faisait saisir le Parlement en urgence d'un autre texte prévoyant un nouveau statut pour la Nouvelle-Calédonie.

Si Edgard Pisani avait troqué son ancien titre pour celui de ministre chargé de la Nouvelle-Calédonie, ses intentions restaient les mêmes ! Le statut Fabius-Pisani, dès lors qu'il confiait l'exécutif du territoire à un Haut Commissaire, considérait comme nuls et non avenus les résultats des élections de novembre 1984 ; ils ne correspondaient pas à ses attentes. Reprenant une des revendications des indépendantistes, il avançait la date du scrutin d'autodétermination qui devrait se dérouler avant le 31 décembre 1987. Il ne manquait plus aux indépendantistes pour atteindre le but qu'ils s'étaient fixé que la victoire des socialistes aux élections législatives de 1986 et, bien entendu, une définition du corps électoral appelé à y participer conforme à leurs critères.

Interpellant le gouvernement au Sénat, après avoir rappelé que la Nouvelle-Calédonie était indissociablement liée à la

France, que la souveraineté nationale n'était pas négociable et que l'idée d'indépendance canaque était raciste, j'ajoutai : « L'enjeu du débat qui concerne la Nouvelle-Calédonie, c'est le maintien de l'unité nationale. Nous ne transigerons pas [mon groupe et moi]. Quant à ceux, Premier ministre, ministres ou hauts fonctionnaires, qui ont prêté la main ou laissé se dérouler une action subversive au mépris des responsabilités que leur confèrent les institutions, la loi ou leur appartenance à la haute administration, ils auront, le moment venu, à rendre des comptes car nul n'est au-dessus des lois de la République[1]... »

Malgré son rejet par le Sénat, ce texte fut adopté ; il devait être complété par ordonnance au mois de septembre. Mais il était clair que cette succession de débats, qui trouvaient leur origine dans la volonté de la majorité socialiste et de ses alliés communistes de passer outre à celle d'une majorité de Français, aurait des conséquences lors des prochains scrutins. De par leur entêtement et leur aveuglement, la Nouvelle-Calédonie serait un des enjeux des élections législatives de 1986.

J'avais été le principal organisateur et l'animateur de ces trois combats ; trois échecs retentissants pour le gouvernement et le président de la République. Chacun reconnaissait désormais mon talent et mon rôle de leader de l'opposition. Mes adversaires ne s'y trompèrent pas et me réservèrent l'essentiel de leurs coups après les législatives de 1986. Mes « amis » non plus, qui firent de même après 1995.

1. *Journal des débats*, Sénat, séance du 26 juillet 1985, p. 2069.

Chapitre 10

D'une cohabitation l'autre

Depuis 1983, au lendemain des municipales, Édouard Balladur était apparu en pleine lumière. Manifestement, le rôle de mentor ou de conseiller dans lequel il avait été cantonné depuis le départ de Pierre Juillet et de Marie-France Garaud ne lui convenait plus. Nul mieux qu'un membre du sérail ne pouvait croquer cette époque: «Les rayons de soleil inondent l'immense bureau du maire de Paris, grand comme un appartement, doré comme une bonbonnière. Chirac en jean, pull à col roulé et mules. Autour de la table ovale, enjuponnée de feutrine bleue, Alain Juppé, Denis Baudouin, Jacques Toubon, Bernard Pons et le clan corse, Roger Romani et Jean Tiberi. Atmosphère d'état-major en campagne. Chirac au pont d'Arcole. Un peu plus en retrait, déjà, Édouard Balladur, blazer croisé, cravate en soie cramoisie et chemise rose à poignets, dans son nouveau rôle de pythie et de surveillant[1]... »

Édouard Balladur, donc, voulait afficher sa puissance et un statut particulier, cela devant lui permettre d'acquérir la légitimité électorale qui lui manquait, en attendant mieux...

Mais, au-delà même de sa personne, ce qui était survenu et

1. José Frêches, «Jacques Chirac», *L'Express*, 4 avril 2002.

dont nous prenions conscience était le transfert du pouvoir politique qui s'était opéré du Rassemblement pour la République vers l'hôtel de ville de Paris, et, concomitamment, une dérive centriste et libérale dans la définition des programmes électoraux.

Nous n'avions pas imaginé cela quand, avec Pierre Juillet et Marie-France Garaud, nous avions poussé Jacques Chirac dans la bataille des élections municipales. Une fois la mairie de la capitale conquise, des moyens de toute nature lui avaient permis de distribuer honneurs, avantages et fiefs à qui bon lui semblait, tel « un nouveau duc de Bourgogne », ainsi que devait l'écrire un chroniqueur.

Du même coup, il s'était ensuivi un certain décalage, dans un premier temps, puis une rupture, plus tard, avec la base et les couches les plus populaires de ce qui était encore le mouvement gaulliste. Ceux qui inspiraient dans une large mesure les décisions, et donc l'orientation du RPR, sortaient tous du même moule : l'École nationale d'administration. Ils avaient, entre autres traits communs, celui de n'avoir aucune connaissance de ce que pouvait être le monde de l'entreprise ou du travail, coupés qu'ils étaient de la France réelle. Le chômage, la détresse sociale, les réalités de l'immigration, l'angoisse des agriculteurs, des artisans, des dirigeants de petites et moyennes entreprises, des retraités, l'insécurité étaient avant tout, pour eux, des données statistiques.

La coupure s'opérait donc, par glissements progressifs, entre les élus parisiens du premier cercle, de plus en plus influents dans les organes dirigeants du RPR, et une partie des cadres, des adhérents et des électeurs de province, de banlieue ou des quartiers populaires du mouvement.

Du même coup, Jacques Chirac avait perdu un peu de sa sensibilité populaire, consacré qu'il était à l'accroissement du rayonnement de Paris tant en France qu'à l'étranger. Il s'en remettait de plus en plus aux raisonnements abstraits et aux analyses de ceux qui l'entouraient.

Dans la perspective d'une victoire probable lors des élections législatives qui auraient lieu en mars 1986, Édouard Balladur l'avait convaincu de l'intérêt, voire de la nécessité de la « cohabitation ». Il avait même théorisé son concept dans un article publié dans *Le Monde*[1].

J'y étais par principe hostile car je la considérais contre nature, et certains, tel Raymond Barre, partageaient mon opinion. Lors d'une intervention, j'avais souligné, afin de bien faire comprendre mon point de vue, que « cohabitation » signifiait « concubinage ».

Peut-être Jacques Chirac imaginait-il, de son côté, pouvoir maîtriser cette nouvelle cohabitation s'il disposait d'une majorité parlementaire, lui qui en avait vécu une première, en quelque sorte, avec Valéry Giscard d'Estaing. Je n'imaginais pas, si nous devions nous y résoudre, qu'elle puisse être autre que dure. J'étais donc partisan, dans cette hypothèse, d'une attitude ferme, à tout le moins. Édouard Balladur prônait la modération dans les attaques contre le régime et souhaitait une union, voire la fusion, entre le RPR et l'UDF. Cette idée ferait son chemin...

Pour l'heure, j'imaginais l'union, derrière le RPR. Mais, dans le même temps, je répétais inlassablement aux principaux intéressés que la cohabitation était par nature contraire aux principes du gaullisme et que, dès lors que nous donnions l'impression de nous accommoder d'une coexistence avec les socialistes, le Front national continuerait de grignoter notre électorat.

Alors que nos électeurs souhaitaient un discours ferme et des positions tranchées, c'est l'inverse que nous faisions.

1. Le 16 septembre 1983.

L'électorat se raidissait-il ? Le RPR se rapprochait du centre et oubliait ses racines populaires.

Cette vision, que certains trouvaient pessimiste, s'était trouvée vérifiée lors des élections européennes de 1984. Le mouvement de Jean-Marie Le Pen avait obtenu près de 11 % des suffrages, alors même que le nombre des voix recueillies par la liste d'union RPR-UDF était inférieur au score réalisé séparément en 1979. Mes craintes étaient donc justifiées.

Après maints conciliabules, le ministre de l'Intérieur, Pierre Joxe, faisait adopter un projet de loi modifiant le mode de scrutin pour les élections législatives de 1986[1]. En fait, c'est un système de proportionnelle intégrale à un tour, dans le cadre départemental, qui était instauré ; son but était de faire échec à l'opposition parlementaire en favorisant le Front national.

Je ne m'y trompai pas : c'est François Mitterrand qui avait inspiré la plume de Pierre Joxe, qui, bien des années plus tard, expliquerait qu'il s'agissait avant tout d'assurer la représentation des petits partis politiques et de favoriser l'élection de femmes à l'Assemblée nationale. Ah, les belles âmes[2]...

Laissons plutôt la parole à Michel Rocard : « Le président de la République avait dit : "Il faut instiller de la proportionnelle." Pourquoi pas ? Mais nous découvrons que Pierre Joxe, avec l'aval du président, nous a concocté une proportionnelle absolue, à seuil bas, la pire... On ouvrait un boulevard à Jean-Marie Le Pen pour on ne sait quel avenir et dans on ne sait quelles conditions de sortie. Sur les autres problèmes, mon éthique personnelle était heurtée par la sottise, pas par la honte. Il n'y a pas de honte à nationaliser n'importe com-

1. Le 26 juin 1985.

2. Pierre Joxe, table ronde à la Fondation pour l'innovation politique, 30 mai 2006.

ment, et il n'y a pas de honte à doubler les allocations familiales quand le budget n'y est pas, il y a de l'inconséquence. Et de la générosité. On est dans un univers éthique, d'une tout autre nature. Mais là on était dans le cynisme crapuleux[1]... »

Grâce à cette modification de la loi électorale, le chef de l'État espérait conserver une faible majorité ou, dans la pire des hypothèses, limiter le succès de l'opposition en l'empêchant d'avoir la majorité. Dans ces conditions, il était évident que, pour elle, l'union devenait indispensable. Elle fut réalisée grâce aux travaux d'une commission nationale animée par Michel d'Ornano et moi-même. La confiance et l'amitié qui existaient désormais entre nous étaient à la mesure de l'animosité que les fonctions que nous occupions auprès de Valéry Giscard d'Estaing ou Jacques Chirac nous avaient amenés à avoir. Sans illusions sur nos leaders respectifs, nous nous étions rapprochés grâce à André Santini[2].

Dès lors que cet accord serait finalisé, nous pourrions passer à l'offensive sans états d'âme contre François Mitterrand, son gouvernement et sa majorité.

Entre-temps, aussi bien du côté du président de la République que de celui de Jacques Chirac, on avait défini, ou rappelé, en fonction de la Constitution, ou plus sûrement de la façon dont on l'interprétait, ce que devraient être les règles de la cohabitation. Il était évident que le résultat des élections législatives à venir pèserait sur le rapport de forces : une victoire plus ou moins large de l'opposition pouvait modifier la marge de manœuvre du président et celle de la majorité nouvelle.

Les deux acteurs principaux de la période qui s'annonce

1. Michel Rocard, *Si la gauche savait*, Robert Laffont, 2005.

2. Il en est de même de mes relations avec Michel Poniatowski. Nous nous étions combattus, mais l'estime et le respect que nous avions l'un pour l'autre se transformeraient plus tard en une profonde amitié.

ont chacun leurs convictions. Le président de la République, élu pour sept ans, entend accomplir la totalité de son mandat. Il n'exercera pas de présidence au rabais ; par ailleurs, la Constitution ne prévoit pas que l'Assemblée nationale puisse le censurer. Jacques Chirac, de son côté, prône le respect scrupuleux du texte constitutionnel. Tous deux décident de faire leur cette règle : la Constitution, toute la Constitution, rien que la Constitution. Tout cela paraît bel et bien ; les problèmes apparaîtraient plus tard.

La « coexistence » ou la « cohabitation » qui s'annonce devrait donc se conformer aux principes suivants, énoncés par l'un ou par l'autre.

Premier principe : un président qui entend aller au terme de son mandat en assumant la plénitude de ses fonctions.

Deuxième principe : une nouvelle majorité parlementaire qui applique son programme sous le regard critique du chef de l'État, qui n'hésitera pas le cas échéant à user du geste et du verbe pour la combattre.

Troisième principe : l'essentiel du pouvoir exécutif est théoriquement transféré à l'hôtel Matignon, en fonction de l'article 20 de la Constitution qui stipule « le gouvernement détermine et conduit la politique de la nation » ; en sont exclues la politique étrangère et les forces armées.

Quatrième principe : le président reste le seul en mesure de mettre un terme à la cohabitation, soit en démissionnant, soit en prononçant la dissolution de l'Assemblée nationale.

Cependant, dès lors que nous envisagions de coexister, ou de cohabiter, avec un président de la République qui avait été le premier secrétaire du Parti socialiste, et son candidat lors des élections présidentielles, notre démarche devenait ambiguë. Nous nous refusions par avance la possibilité d'un combat frontal, dans lequel, j'en étais convaincu, nous aurions l'avantage et duquel nous sortirions vainqueurs.

Pour ma part, j'étais décidé à ne pas laisser notre électorat s'émietter, et, dans la campagne électorale que j'animai très tôt en 1985, je ne manquai pas d'attaquer inlassablement le président de la République et le Parti socialiste ; je dénonçais sans relâche le laxisme du gouvernement dont la politique engendrait l'insécurité, la politisation du ministère de l'Intérieur par Gaston Defferre et Pierre Joxe, les conséquences de leurs décisions en matière d'immigration, la régularisation de cent mille clandestins en 1981, en ayant attiré deux cent cinquante mille nouveaux, l'aberration des lois d'amnistie qui avaient conduit à remettre en liberté les responsables d'actes terroristes, notamment ceux d'Action directe, l'échec de la politique conduite en Corse, où, loin de diminuer, le nombre d'attentats ne cessait de croître.

Comme je le percevais, comme tout le monde aurait dû le percevoir, l'opinion publique était révulsée par l'incapacité de la majorité présidentielle, du Premier ministre et du président de la République à résoudre ces problèmes. Bien pis, elle avait l'impression que la politique conduite depuis 1981 avait contribué à les amplifier.

La vision romantique de certains au sein du Parti socialiste du « légitime combat des peuples en lutte », l'accueil chaleureux réservé jusqu'à l'Élysée aux uns, la décision du chef de l'État d'accorder le droit d'asile aux autres, tels les terroristes italiens des Brigades rouges « non impliqués dans des crimes de sang », la mansuétude envers ceux qui soutenaient l'ETA, l'indépendance d'idées enfin, pour user d'un euphémisme, de Danielle Mitterrand avaient contribué à laisser penser à certains qu'ils pouvaient faire ce qu'ils voulaient en France ; la suite en découlerait.

Dans un enchaînement infernal, notre pays était pris au cœur d'événements dramatiques provoqués tant par des mouvements d'inspiration islamiste que d'autres se réclamant de la gauche extrême. Que ce soit l'enlèvement au Liban de Marcel Carton et Marcel Fontaine le 22 mars 1985, celui de Gilles Peyroles le 23 du même mois, celui de Jean-Paul Kauffmann et Michel Seurat le 22 mai 1985, les attentats perpétrés en décembre 1985 dans deux grands magasins parisiens, les Galeries Lafayette et le Printemps, ceux attribués au réseau d'Ali Saleh – la galerie du Claridge sur les Champs-Élysées le 3 février 1986, la tentative d'attentat contre la tour Eiffel le même jour, la librairie Gibert-Jeune le 4 février 1986 à Paris, la FNAC au Forum des Halles le 5 février, l'assassinat de l'ingénieur général Audran le 25 janvier 1986, tous les indicateurs étaient au rouge : la France était devenue une cible privilégiée.

Cette énumération d'actes terroristes constituait en elle-même le plus implacable constat d'échec que l'on puisse dresser à l'encontre de ce que l'on avait appelé la « cellule antiterroriste de l'Élysée ».

Créée en 1982 par la volonté de François Mitterrand, elle rassemblait des hommes venus de tous les horizons et de tous les services dans le but affiché de mener une guerre implacable contre le terrorisme. Hélas, alors que les qualités de la plupart de ceux qui la composaient étaient indéniables, elle allait très vite être engagée dans des opérations aussi douteuses que le « montage » aboutissant à l'affaire dite des « Irlandais de Vincennes ».

Pire que cela, elle allait s'abîmer des années durant, suivant des instructions venues du plus haut niveau de l'État, dans un travail d'écoute téléphonique ou de collecte de prétendues informations aussi ridicule et inutile qu'en grande partie illégal.

Certains de ses meilleurs éléments continueraient à être cantonnés pendant de longues années dans un rôle aujourd'hui connu de tous, celui de « nounous » présidentielles.

Informé dès 1984 de cette dérive par l'un de ceux qui en étaient les acteurs, je dénonçai les opérations politiques – dont j'étais l'une des cibles – dans un entretien publié dans *Le Quotidien de Paris*[1].

Je refusai par contre de faire état d'éléments concernant la vie privée du chef de l'État, de la même manière que je refuserais, ultérieurement, de partager ou d'exploiter ce genre d'informations le concernant, dans l'intérêt supérieur du pays.

Ceux qui avaient été les instigateurs de ces opérations n'allaient pas en assumer plus tard la paternité : ce serait la règle !

À tout cela il fallait encore ajouter ce qui avait commencé comme un fait divers et s'était transformé en une affaire d'État, le sabotage du *Rainbow Warrior*, navire appartenant au mouvement écologiste Greenpeace, en Nouvelle-Zélande, dans le port d'Auckland[2].

Avec le recul, cette action de sabotage ferait irrésistiblement penser à un film d'espionnage de série Z, si tant est que cette catégorie puisse exister. L'irritation du ministre de la Défense Charles Hernu devant la volonté affichée de Greenpeace de gêner la campagne d'essais nucléaires qui devait se dérouler dans le centre d'expérimentation du Pacifique, l'envie de donner une leçon aux militants écologistes, que l'on suppose manipulés, afin qu'ils arrêtent leur harcèlement, l'idée – mais dans quel esprit a-t-elle germé – de couler leur bateau, le feu vert, car il y a bien eu feu vert du président de la République à la DGSE et à son service « action » pour réaliser cette opération, tout cela sera progressivement découvert par la police néo-zélandaise et par la presse.

Les erreurs, les fautes commises par les équipes envoyées sur

1. Le 13 septembre 1984.
2. Le 10 juillet 1985.

place conduisirent à leur identification. Cette affaire mal ficelée, menée sous le signe de la malchance, qui se solda par la destruction d'un navire et par la mort d'un photographe membre de Greenpeace, allait contribuer à déconsidérer la France.

Le ministre de la Défense, Charles Hernu, qui avait déclaré que la DGSE n'était en rien impliquée dans cette affaire, dut remettre sa démission pour éviter que le président de la République ne soit compromis : cela ne trompa personne. Le directeur de ce service, l'amiral Lacoste, fut à son tour prié de démissionner ; il fut remplacé par le général Imbot. Entre-temps, un rapport commandé par les plus hautes autorités à un conseiller d'État avait conclu à l'absence d'implication de… la DGSE[1].

Laurent Fabius reconnaîtrait la responsabilité du gouvernement français le 22 septembre, tout en déclarant solennellement qu'il n'avait jamais été informé d'une telle opération.

Les révélations de la presse sur l'existence d'une « troisième équipe », le procès à Auckland, la condamnation de deux agents français qui avaient accepté de plaider coupable eurent un impact certain[2].

Le tort porté à la France dans le monde fut immense, et le « lâchage » des services spéciaux par le chef de l'État fut très mal jugé. Deux années durant, les différents gouvernements allaient chercher à obtenir la libération des agents français.

Le résultat fut un immense gâchis, dont la DGSE eut du mal à se relever. Mais cette affaire causa aussi un traumatisme considérable à la Direction de la surveillance du territoire, service français de contre-espionnage, qui fut obligée de collaborer avec la police néo-zélandaise afin d'enquêter,

1. Le rapport Tricot.

2. Tout cela déboucha sur des compensations financières et économiques, notamment dans le domaine des exportations agricoles en direction de l'Europe.

sur instructions du ministre de l'Intérieur, sur un autre de nos services de renseignements.

L'opinion publique, les fonctionnaires de police, les personnels des différents services, les cadres de nos forces armées étaient consternés devant tant d'amateurisme, de fautes, et surtout devant le refus des vrais responsables d'assumer leurs choix et leurs décisions. Décidément, la zone Pacifique ne portait pas chance à François Mitterrand.

Tout cela joua un rôle non négligeable dans le résultat des élections législatives. La campagne électorale s'était achevée dans une atmosphère lourde, chacun sentant bien que quelque chose allait changer, malgré la modification de la loi électorale. Pour des Français de plus en plus nombreux j'étais le seul à tenir un langage clair. Dès lors, j'apparaissais comme un des seuls capables de faire face à ces périls. Aussi n'hésitai-je pas à parler fort, chacun comprenant que, cohabitation ou pas, je me battrais pour redresser l'État et rendre la confiance aux Français. Mettre un terme à l'insécurité était devenu pour moi un objectif prioritaire.

Alors que la préparation politique de l'après-législatives battait son plein, Jacques Chirac et Édouard Balladur élaboraient les mesures économiques à adopter en cas de succès.

À la veille de ces élections je rencontrai, à sa demande, Charles Salzmann. Cet homme discret, peu connu bien que membre du cabinet du président de la République, était son ami proche. Il était chargé de faire le point avec moi sur les intentions de Jacques Chirac et sur la façon dont la cohabitation pourrait s'exercer dans la perspective de notre possible succès aux élections législatives. Je lui donnai mon sentiment, qui était connu, et lui dis que, dans cette hypothèse, il conviendrait qu'il voie Édouard Balladur afin de préparer une rencontre entre François Mitterrand et Jacques Chirac.

Le dimanche 16 mars 1986, au soir du scrutin, dès 20 heures, les Français savent que leur pays est revenu dans le camp libéral. Avec plus de 50 % des voix, le RPR et l'UDF obtiennent 277 sièges[1].

L'opération imaginée par François Mitterrand pour nous priver de la majorité a failli réussir : le Front national a un groupe de 35 députés. De son côté, la gauche, si elle est battue, n'est pas défaite : créditée de 31 % des voix, elle obtient 207 sièges. C'est une surprise pour elle, qui avait successivement perdu les élections de 1983, 1984 et 1985. Ce score garantit, si l'on peut dire, à François Mitterrand la possibilité de se maintenir à l'Élysée.

Ces résultats acquis, contact fut repris avec Charles Salzmann afin d'organiser une rencontre avec Édouard Balladur[2].

Il ne faisait aucun doute que François Mitterrand allait nommer Jacques Chirac Premier ministre. C'est donc à lui qu'il incomberait de former le gouvernement. Mais c'est à François Mitterrand que reviendrait, *in fine*, la décision de nommer chacun de ceux qui le composeraient. Son attitude servirait donc d'indicateur sur ce que serait cette cohabitation.

1. La majorité absolue sera malgré tout obtenue grâce au renfort de 14 élus divers droite (291 sièges).

2. Ce rendez-vous eut lieu avenue Foch.

CHAPITRE II

De la cécité en politique

Ainsi tout allait pour le mieux dans le meilleur des mondes...

Du côté de l'opposition, devenue majorité malgré la cuisine électorale mitonnée par Pierre Joxe, l'heure était aux congratulations.

Pour nous, il ne faisait aucun doute que Jacques Chirac serait nommé Premier ministre ; il allait pouvoir conduire sa politique avec les moyens qui lui avaient fait défaut lorsqu'il avait occupé ces fonctions auprès de Valéry Giscard d'Estaing. Édouard Balladur lui en avait donné l'assurance, moult analyses à l'appui.

Ce dernier mettait de son côté la dernière touche à son plan de libéralisation de l'économie qui serait livré comme une automobile toutes options, c'est-à-dire privatisations et noyaux durs inclus, concept ingénieux qui ne résisterait pas à l'épreuve du temps.

Charles mettrait, lui, les mains dans le cambouis, afin de rassurer les Français. Il ne manquerait pas de redresser ce qui n'allait pas, de la loi électorale à la remise en route de l'administration centrale, de la motivation des forces de l'ordre à la diminution de la délinquance, de la lutte contre le terrorisme à l'immigration clandestine.

Pour l'UDF, les choses étaient encore plus simples : son nombre d'élus avait plus que doublé. Le soutien affiché à Jacques Chirac, qui n'avait pas de majorité propre, permettait d'envisager l'avenir avec sérénité ; la présence rassurante de Raymond Barre, toujours prompt à dispenser blâmes et leçons, et de quelques jeunes parlementaires libéraux, tels François Léotard, Alain Madelin, Gérard Longuet, laissait entrevoir certaines possibilités, au cas où… L'ombre de Valéry Giscard d'Estaing planait sur tout ce joli monde.

Du côté de l'ancienne majorité présidentielle, si l'heure n'était pas à l'euphorie, on se réconfortait en disant que les choses auraient pu être pires, qu'après tout le succès des partis de droite était étriqué et que l'on avait sauvé ce qui pouvait l'être.

On se félicitait surtout de la pugnacité affichée par le chef de l'État, et l'on se disait que le compte à rebours était commencé pour les élections présidentielles de 1988.

Du côté de François Mitterrand, le sentiment était à peu près le même. Ses proches collaborateurs savaient qu'il n'était pas disposé à baisser pavillon devant son Premier ministre. Lui riait sous cape en pensant aux batailles menées contre le général de Gaulle, aux féroces combats qu'il avait du livrer pour conserver sa mainmise sur le Parti socialiste depuis le congrès d'Épinay et, bien entendu, à son entrevue avec Jacques Chirac.

Les théories développées par ceux qui, dans nos rangs, avaient favorisé la cohabitation lui prouvaient également que le ver était dans le fruit[1].

Chaque semaine passée par le Premier ministre, le gouver-

1. Édouard Balladur, son promoteur, ne faisait pas sienne l'analyse de Valéry Giscard d'Estaing dans son discours de Verdun-sur-le-Doubs dès 1978, puis en janvier 1983 dans *L'Express*, dont la conclusion était que le chef de l'État serait obligé de laisser la nouvelle majorité mettre en œuvre sa politique.

nement et la majorité à s'épuiser devant sa force d'inertie et sa combativité serait une semaine qui ne pourrait pas être utilisée à démanteler ce qui avait été entrepris depuis 1981.

La marginalisation du Parti communiste s'étant poursuivie, sa stratégie d'union de la gauche avait réussi au-delà de ses espérances.

Dernier sujet de satisfaction, sans que l'on y prenne garde, deux rivaux potentiels pour les élections présidentielles de 1988 étaient apparemment hors course. Il avait en effet usé deux Premiers ministres durant ces cinq ans. Pierre Mauroy, leader de la minorité au sein du parti, et Laurent Fabius, sans aucun doute le plus brillant de tous, avaient été immolés l'un et l'autre sur l'autel de l'intérêt supérieur du Parti socialiste. Ah, oui ! La partie devenait intéressante.

Du côté du Front national, on ne pouvait que se réjouir des prodigalités électorales du président de la République. L'Assemblée nationale allait donner pour deux années au moins une tribune longtemps espérée à ses élus.

Seul le Parti communiste faisait grise mine. Ayant assuré l'élection de François Mitterrand au second tour des élections présidentielles, il avait dû ensuite assumer devant ses électeurs sa participation à un gouvernement Mauroy qui avait mis en place un plan de rigueur. L'hémorragie électorale s'était donc poursuivie, seuls trente-deux de ses candidats étant élus.

Tout le monde se préparait donc à une campagne électorale supposée durer deux ans. Accessoirement, il reviendrait pourtant aux uns d'appliquer le programme sur lequel ils avaient été élus, et aux autres de s'y opposer, tout cela au nom d'un principe absurde dont la plupart semblaient s'accommoder, celui d'une double légitimité électorale, celle qui résultait des élections législatives de 1986 et celle sortie des urnes cinq ans plus tôt, en 1981.

Après la rencontre que j'avais organisée entre Charles

Salzmann et Édouard Balladur, les contacts s'étaient poursuivis avec les représentants du président de la République afin de convenir du scénario de la mise en route de la cohabitation.

Jacques Chirac fut reçu une première fois le 18 mars par le président de la République ; il serait nommé Premier ministre le jeudi, non sans avoir tenté auparavant de convaincre Édouard Balladur d'accepter ce poste. Sans succès.

Sa nomination mettait fin au suspense savamment entretenu par le chef de l'État auprès de postulants qui s'étaient fait connaître, notamment Valéry Giscard d'Estaing et Jacques Chaban-Delmas, auxquels il avait été dit : « Consultez, nous verrons bien… »

Son choix s'était finalement porté sur Jacques Chirac, non seulement parce qu'il était le leader de l'opposition, mais, ainsi qu'il le déclarerait quelques années plus tard, parce qu'il le considérait comme son adversaire le plus dangereux. Cela confirmait, s'il en était besoin, la capacité de François Mitterrand de jouer plusieurs coups à l'avance.

Informé du choix de François Mitterrand avant même le premier contact officiel, Jacques Chirac avait réfléchi avec Édouard Balladur à la constitution du gouvernement. Les audiences se succédaient à l'hôtel de ville de Paris, où Claude Labbé et moi les assistions en tant que présidents des groupes parlementaires, ainsi que Roger Romani et Jacques Toubon, en charge de l'organisation de ces contacts. Premier ministre désigné, Jacques souhaitait aller vite et former son gouvernement avant la fin de la semaine. À cet effet, il avait reçu les responsables des partis de la majorité, ainsi que ceux auxquels il destinait un portefeuille.

Le président de la République, qu'il informait de ses choix, marqua cependant son opposition à trois reprises, pour des raisons différentes.

S'agissant d'Étienne Dailly un temps pressenti pour être ministre de la Justice, il objecta que l'on ne pouvait être juge et partie. Jacques Chirac envisageait-il de confier à Pierre Méhaignerie le ministère des Affaires étrangères, c'est son atlantisme qui motivait le refus du président. Quant à François Léotard, un temps futur ministre de la Défense du gouvernement en cours de formation, le jugement injuste de François Mitterrand fut, selon ses mots rapportés par Jacques Chirac, qu'« il serait capable de déclarer la guerre à l'un le matin, puis à un autre l'après-midi ».

Si la Défense et les Affaires étrangères faisaient partie du domaine réservé du chef de l'État dans notre conception du fonctionnement des institutions, il n'en restait pas moins que, dans le cadre de la cohabitation, il s'agissait à tout le moins d'un domaine partagé. Ce qui ne manquait pas de sel, pour moi gaulliste, c'était de voir Pierre Méhaignerie retoqué pour excès d'atlantisme. Le président de la République faisait à peu de frais la leçon au Premier ministre : il n'y a pas de petit plaisir.

Il donna finalement son accord à la nomination d'André Giraud au ministère de la Défense et à celle de Jean-Bernard Raimond, ancien collaborateur de Georges Pompidou, à celui des Affaires étrangères. Jacques Larché, président de la commission des lois, ayant décliné l'offre de Jacques Chirac pour des raisons familiales, Albin Chalandon devint Garde des Sceaux.

Ma désignation comme ministre de l'Intérieur n'était pas une grande surprise ; je serais flanqué de Robert Pandraud, ministre délégué à la Sécurité, et assisté de Bernard Bosson, secrétaire d'État aux Collectivités locales.

Ce qui le fut, ce furent les rumeurs d'une opposition du chef de l'État à cette nomination. Entendre Jacques Chirac

Marie-France Garaud et Charles Pasqua
lors de la création du RPR, en décembre 1976.

Municipales 1977, Paris. L'attente des résultats.
Pierre Juillet, Jacques Chirac, Jérôme Monod, Jean Cau.

Charles Pasqua et Jacques Chirac. Le temps des conciliabules.

Charles Pasqua, ministre de l'Intérieur, aux côtés de François Mitterrand, président de la République.

Charles Pasqua avec Robert Pandraud et Albin Chalandon.
La sécurité : une affaire de spécialistes.

Jacques Chirac et Jacques Chaban-Delmas aux côtés de Charles Pasqua lors du lancement de son livre *L'Ardeur nouvelle*, au Sénat, en 1985.

Charles Pasqua et les membres de son cabinet en 1988.

Charles Pasqua et un membre de la famille royale,
lors d'une visite en Arabie Saoudite.

Charles Pasqua reçu par George Bush, Sr.
lors d'une visite officielle aux États-Unis, en 1986.

Charles Pasqua est reçu par sa majesté Hassan II qui lui remet le Grand Cordon du Nicham Iftikar au palais royal de Rabat.

Charles Pasqua rend visite au président Ben Ali, en Tunisie.

Charles Pasqua reçoit
Shimon Perez, au ministère
de l'Intérieur, place Beauvau.

Charles Pasqua reçoit
Bill Clinton.

Charles Pasqua avec son fils, Pierre.

Charles et Jeanne Pasqua lors des fêtes de Noël en Tunisie, 2006.

me dire combien il avait fallu batailler pour obtenir ma nomination m'amusait : je savais qu'il n'en était rien.

Ma nomination à ce poste était évidemment un choix politique ; il s'agissait avant tout de rassurer l'opinion publique et de remobiliser les policiers. Les combats victorieux que j'avais conduits contre François Mitterrand avaient fait de moi un symbole pour les Français, qui connaissaient ma détermination et appréciaient mon franc-parler.

Après accord du président de la République, le gouvernement était donc nommé ; son effectif était pléthorique, il ne comprenait pas moins de trente-sept membres [1] !

Les équipes étant constituées, la partie pouvait s'engager, car c'est bien d'une partie d'échecs qu'il s'agissait.

Avant qu'elle ne commence, François Mitterrand, sans doute « pour se mettre en jambes », suivant l'expression consacrée, s'était adressé aux Français en leur précisant : « Vous avez élu dimanche une majorité nouvelle de députés à l'Assemblée nationale. Cette majorité est faible mais elle existe [...]. Je mesure l'importance du changement qu'implique dans notre démocratie l'arrivée aux responsabilités d'une majorité dont les choix diffèrent sur des points essentiels de ceux du président de la République [2]... »

Un peu plus tard, il préciserait sa pensée et, pour finir, lèverait un coin du voile sur ce que serait sa stratégie pour les mois à venir. Mais il n'était nul besoin d'être grand clerc pour comprendre que, dans sa logique, le concept de « faible majorité » pouvait par extension déboucher sans qu'on y prenne garde sur celui d'un « échec relatif ».

1. Le 20 mars 1986 à 18 heures ; 14 ministres, 8 ministres délégués 15 secrétaires d'État.

2. Message télévisé de François Mitterrand, le 17 mars 1986.

De son côté, le lendemain de la lecture du message du président de la République au Parlement, le Premier ministre Jacques Chirac prononçait à l'Assemblée nationale son discours de politique générale ; il serait suivi d'un débat et de l'engagement de responsabilité du gouvernement[1].

Son résumé officiel, tel qu'il figure dans les archives du gouvernement, nous indique : « Le discours d'investiture de Jacques Chirac devant l'Assemblée nationale est construit en réponse au message du président de la République. Entrant en cohabitation, il dresse un bilan des gouvernements précédents et pointe le "mouvement d'espérance" que vit la France après les cinq années de pouvoir socialiste. Alors que la crise économique et sociale touche toujours la France, il insiste notamment sur le bilan économique. Il s'appuie notamment sur la hausse du chômage. Il indique ainsi que l'économie française a perdu 170000 emplois en 1984 et près de 100000 en 1985, puis évoque la "détérioration des finances publiques". Face à un président de la République politiquement affaibli, le nouveau Premier ministre se veut rassembleur : "Nous ne parlons pas à telle ou telle fraction du peuple, mais au peuple de France tout entier"[2]... »

La réalité est malheureusement quelque peu différente. C'est en fait un pensum de quatorze feuillets qui était proposé à la représentation parlementaire et, au-delà, au pays tout entier. Après un rapide constat de la situation du pays, il énumérait les objectifs de la politique gouvernementale : « Nous sommes déterminés à traduire en actes, avec tout le réalisme qu'exige la complexité des problèmes mais sans faiblesse

1. Message du président de la République au Parlement, le 8 avril 1986. Discours de politique générale du Premier ministre, le 9 avril 1986.

2. Discours de politique générale de Jacques Chirac, 9 avril 1986. Consultable sur Internet : www.premier-ministre.gouv.

ni ambiguïté, la plate-forme “Gouverner ensemble” qui doit rester le ciment de notre unité… »

Les premières mesures qui devaient être présentées au Parlement concernaient le redressement économique et social, puis l'emploi des jeunes, qui seraient traités par ordonnance, puis les privatisations, un projet de loi sur l'outre-mer, l'investissement immobilier et l'accession à la propriété, l'égalité des citoyens, le plein emploi. À cela il fallait ajouter diverses propositions qui allaient du rétablissement du scrutin majoritaire à la communication, et, enfin, après la liberté de la presse, la sécurité : « à tout ce qui concerne les mesures à prendre pour renforcer la sécurité des personnes et des biens, lutter contre le terrorisme et préserver l'identité de notre communauté nationale ».

Au-delà de sa forme, ce discours, dans lequel on prétendait parler et traiter de tout, contribuait en fait à brouiller notre message. Il était aussi en complet décalage avec les attentes des Français en faisant une part trop grande à l'économie, pour des raisons obscures.

Relisant ce texte plus de vingt ans après, force est de constater qu'il constitue une erreur politique, dont j'assume bien entendu ma part de responsabilité. Dès lors qu'il prenait la forme d'un catalogue à la Prévert, il constituait implicitement un acquiescement à l'analyse de François Mitterrand. Pour réfuter toute contestation de sa propre légitimité, il aurait fallu que Jacques Chirac refuse par avance tout rapport de subordination et se situe au même niveau que le président de la République. Il ne le fit pas. Cette cohabitation commencée par un discours de Premier ministre s'achèverait deux ans plus tard par un débat télévisé entre un président de la République et un Premier ministre.

Deux événements apparemment sans aucun lien entre eux

auraient dû également attirer l'attention de ceux dont l'ambition était de diriger la France. Malheureusement, ce ne fut pas le cas.

Le décès de Constantin Tchernenko, secrétaire général du PCUS, et son remplacement par Mikhaïl Gorbatchev dans ses fonctions et à la tête du Praesidium du Soviet suprême allaient avoir des effets insoupçonnés[1].

La série de réformes économiques et politiques mise en chantier conduira en six ans à la dislocation de l'Union soviétique et à la quasi-disparition du Parti communiste. La tutelle exercée sur les pays frères ou annexés à la fin de la guerre s'évanouira tout aussi vite.

Les conséquences pour l'Europe en seront considérables, puisque dix pays à l'Est voudront consolider leur indépendance retrouvée, et que la réunification de l'Allemagne suivra peu de temps après, choses inimaginables en 1981.

L'Union européenne, prévue à six, puis qui était passée à neuf, dix, douze, quinze, n'allait cesser de s'élargir, jusqu'à ne devenir qu'une zone de libre-échange sous l'œil goguenard et les encouragements hypocrites des États-Unis, incitant ses membres à aller vers une meilleure organisation. Que l'Union européenne soit le calque de l'OTAN, tel était leur souhait, d'où leurs sollicitations impérieuses à la voir s'ouvrir à la Turquie.

Le second événement fut la nomination de Jacques Delors, ancien ministre des Finances de Pierre Mauroy, à la tête de la Commission européenne au mois de janvier 1985.

En 1984, alors que l'Union européenne était en panne, du fait notamment de l'intransigeance britannique, François Mitterrand et Helmut Kohl avaient fait la même analyse : il fallait une Commission européenne plus forte[2].

1. Le 10 mars 1985.

2. Voir Roland Dumas, *Affaires étrangères*, Fayard, 2007 ; Gilles Grin, *The Battle of the Single European Market : Achievements and Economic Thought*, Kegan Paul, 2003.

La République fédérale n'avait pas de candidat à proposer pour la présidence de cet organisme ; elle accepta donc de soutenir la candidature de Jacques Delors[1].

Soucieux de voir les six mois de présidence française marquer une étape importante dans la construction européenne, le chef de l'État mobilisa ses plus proches collaborateurs afin que le sommet qui devait se tenir à Fontainebleau au mois de juin de la même année soit un succès. Roland Dumas, le ministre des Affaires européennes, se dépensa sans compter.

Margaret Thatcher accepta, lors de cette réunion, que soient reversés à la Grande-Bretagne 66 % – seulement – du montant de sa contribution au financement de l'Union. Cela permit de débloquer une situation qui perdurait depuis plus de cinq ans ; elle en profita pour faire accepter la nomination d'un membre de son cabinet au poste de commissaire européen, qui revenait à son pays.

Lord Cockfield, membre du Parti conservateur, partisan affirmé du libéralisme, n'accepta qu'à la condition que lui soit confié le poste, stratégique à ses yeux, du marché intérieur ; il l'obtint un peu plus tard[2].

Ce choix allait se révéler lourd de conséquences pour l'avenir. Au cours des six derniers mois de l'année 1984, Jacques Delors fit une tournée des capitales européennes afin de soumettre à chacun des membres de l'Union quatre propositions de relance. Trois d'entre elles concernant la

1. Le remplacement du Luxembourgeois Gaston Thorn devait intervenir au mois de janvier 1985. Jacques Delors était entré au Parti socialiste en 1974. Il avait été ministre des Finances de 1981 à 1984 dans les gouvernements Mauroy 1, 2 et 3.

2. Lord Cockfield : ministre du Trésor de 1979 à 1982 ; secrétaire d'État au commerce de 1982 à 1983, membre de la Commission européenne de 1984 à 1988. Selon lui, c'est lors d'un dîner à Londres en octobre 1984 que Jacques Delors donna son accord à sa nomination au poste de commissaire européen.

défense, l'union monétaire et les institutions furent rejetées. Seule celle sur l'« achèvement du marché intérieur » recueillit l'unanimité requise. Jacques Delors allait devoir s'en accommoder.

Sa désignation comme président de la Commission se fit sans trop de problèmes. Les États membres se souvenaient en particulier de son rôle en 1983, lorsqu'il avait un temps été question de voir la France sortir du système monétaire européen ; Jacques Delors s'y était alors formellement opposé.

Jacques Delors et Lord Cockfield choisirent donc de proposer comme objectif la suppression des frontières internes de l'Union à l'horizon 1992. Le « livre blanc sur l'achèvement du marché intérieur », présenté en juin 1985, consacrait son évolution dans un sens très libéral, sans que l'on puisse s'en étonner ; plus de trois cents propositions étaient faites, dans le but de faire « tomber les barrières », programme thatchérien s'il en fut.

Ce document prévoyait aussi de donner plus de poids au Parlement européen ; il augmentait surtout considérablement le nombre des textes qui pourraient être adoptés à la majorité qualifiée[1].

La faible part désormais laissée aux textes qui requéraient un vote unanime confirmait que l'Union s'engageait dans la voie du fédéralisme et du libéralisme. La signature de l'Acte unique européen en 1985 ne ferait qu'officialiser cette évolution. L'admission au sein de l'Union européenne des pays ayant fait partie du défunt Comecon ou de la zone d'influence de la Russie soviétique, soucieux d'aller à marche forcée vers l'économie de marché, l'amplifierait encore.

Mais, directement inspirée du thatchérisme, cette évolution n'offrait aucune perspective sociale. Ce sont pourtant Fran-

1. Elle passait de 10 à 70 %.

çois Mitterrand et Jacques Delors qui en ont facilité la mise en œuvre, l'un par calcul politique, l'autre pour l'on ne sait quelle raison[1]...

Tout cela, nul ne l'a vu venir, obnubilés que nous étions par les échéances politiques intérieures[2].

1. Jacques Delors occupa les fonctions de président de la Commission européenne de janvier 1985 à décembre 1994. Il fut assisté tout au long de cette période par Pascal Lamy, qui occupait le poste de directeur de cabinet après avoir été le directeur adjoint de cabinet de Pierre Mauroy (1983-1984). Pascal Lamy allait devenir directeur général de l'Organisation mondiale du commerce le 1er septembre 2005.

2. L'Acte unique sera ratifié par le Parlement français en 1986, puis par l'ensemble des États membres de l'Union européenne en 1987.

Chapitre 12

Au cœur du pouvoir

Lorsque j'entrai en compagnie de ma secrétaire, la fidèle Marie-Hélène Bry, au ministère de l'Intérieur, et que je vis le bureau de Cambacérès derrière lequel je m'installerais désormais, une vague d'émotion me submergea.

Je pensai d'abord à mon père, disparu, qui avait apprécié mon ascension dans le monde politique et qui aurait été tellement fier de me voir à ce poste. À ma mère aussi, qui nous avait quittés depuis longtemps déjà et qui n'avait vécu que pour sa famille, à laquelle elle s'était entièrement dévouée. À mes grands-parents, enfin à tous ceux dont j'étais le descendant et qui, dans une large mesure, chacun à son niveau, avaient consacré leur vie au service de l'État et de leur pays, et dont j'aurais fait la fierté.

Je me remémorai aussi l'entretien que j'avais eu avec Jacques Chirac dans ce même bureau en 1974, au moment des élections présidentielles.

Ainsi le fils d'un « gardien de la paix » qui avait porté le brassard des policiers grévistes pendant le Front populaire devenait ministre de l'Intérieur. La plupart l'ignoraient, François Mitterrand, lui, le savait.

Et comme il y a une part de surréalisme en toute chose,

mon portrait irait rejoindre sur les murs ceux de mes prédécesseurs, tel Jules Moch qui avait fait tirer sur les grévistes en 1948 sur ordre écrit du président du Conseil Henri Queuille, dont Jacques Chirac, qui admirait son parcours, était devenu le continuateur politique en Corrèze grâce à l'intermédiation de Jérôme Monod.

Plus sérieusement, la galerie de portraits ornant l'antichambre du ministère faisait comprendre à celui qui entrait dans cette maison qu'il n'était que le maillon d'une chaîne faite d'hommes qui, tels le duc de Morny, Clemenceau et beaucoup d'autres, avaient tous, à leur manière, voulu servir l'État.

Mais ce moment d'émotion passé, je mesurai la responsabilité qui était désormais la mienne. Car nulle part autant que dans ce ministère on ne ressent ce qu'est le pouvoir régalien : il est le cœur de la République.

Sur un plan strictement politique, j'ai le sentiment d'être placé au centre du dispositif, du plan de bataille du gouvernement, et je suis convaincu de pouvoir peser sur le cours des choses tant l'attente des Français est grande.

Je vais appliquer ici les méthodes que j'ai expérimentées avec succès dans la direction d'entreprises, car le succès ne sera obtenu que si chacun a conscience de l'importance de l'enjeu et le fait sien.

Avant même la mise en œuvre de mesures techniques, l'ensemble des personnels doit sentir le changement, l'autorité, mais, dans le même temps, le contact humain, la prise en compte des conditions de vie, l'intérêt que l'on porte aux autres sont essentiels. Ce n'est qu'ainsi qu'il sera possible de remobiliser les énergies, des plus humbles aux plus hauts des fonctionnaires, de rendre fierté et moral à tous, afin de redonner confiance aux Français.

Je savais que je n'aurais aucun problème avec Bernard

Bosson, qui, pendant deux mois, resta secrétaire d'État aux Collectivités locales, pas plus que je n'en eus avec son successeur, Yves Galland, bien au contraire.

Mais il risquait de ne pas en être de même avec Robert Pandraud, auquel certains beaux esprits de la mairie de Paris avaient fait miroiter le portefeuille de ministre de l'Intérieur ; il lui faudrait surmonter sa déception.

Qu'il soit ministre délégué auprès de moi ne me gênait guère. Il connaissait le ministère de l'Intérieur pour avoir occupé différents postes, dont celui de directeur général de la Police nationale. Puis, à partir de la mairie de Paris où il avait exercé les fonctions de directeur de cabinet, il avait tissé sa toile, recensé les « fidèles » – sans que l'on sache bien à qui –, ainsi que ceux qui, à ses yeux, étaient compétents. Quoi qu'il en soit, il serait immédiatement opérationnel sur les problèmes touchant à la sécurité des Français et à l'ordre public.

Ni lui ni moi ne souhaitions qu'il y ait la moindre chamaillerie entre nos équipes. Convaincu qu'il était dans les mêmes dispositions d'esprit que moi, je l'installai donc dans le bureau contigu au mien, lui précisant que la porte de communication resterait constamment ouverte afin de permettre un contact immédiat en cas de nécessité, sans qu'il soit nécessaire de se faire annoncer... Nous décidâmes d'avoir en commun une attachée de presse, Michèle Ferniot, et un diplomate pour les affaires internationales, Bernard Guillet.

Nos cabinets respectifs se mirent en place. Le préfet Corbon devint mon directeur de cabinet, Philippe Deslandes, ancien de l'École navale reconverti dans le corps préfectoral, mon chef de cabinet. Tout cela s'étoffait. De son côté, Robert Pandraud s'adjoignit les services du préfet Jourdan comme directeur de cabinet, et ceux de Philippe Massoni, lui aussi passé par le cabinet de Jacques Chirac, comme directeur adjoint ; il assurerait une liaison permanente pour les problèmes de police. Dire que tout se passa sans heurt serait excessif.

Les deux secrétaires restées en place au secrétariat étaient deux fidèles de mon prédécesseur, Pierre Joxe.

Désormais en charge de mon secrétariat particulier, Marie-Hélène Bry s'investit sans tarder dans ses nouvelles fonctions avec son efficacité et son dévouement habituels. Femme de convictions, elle avait hérité de ses origines bretonnes une volonté et un caractère qui semblaient faits de granit. Que ce soit par temps calme ou au milieu de la tempête, elle s'acquitta de sa tâche avec sérénité, sans faiblir ni s'étonner. Deux cohabitations et vingt ans plus tard, elle est toujours ma collaboratrice la plus proche.

Sa première tâche n'eut rien de mystérieux ou de sensible. Elle m'informa que, sur un plan pratique, seules des machines à traitement de texte obsolètes avaient été laissées à notre disposition, ainsi que quelques Minitel couverts de poussière, et quelques bouts de crayons à papier. Pas de répertoires téléphoniques internes au ministère, ni de tables de correspondances des numéros de téléphone intérieurs. Tout cela n'était pas très élégant, mais correspondait à ce que j'imaginais avant de prendre mes fonctions.

Je me préparai donc à assumer sans tarder la reprise en main du ministère, la direction générale de l'administration ; je rencontrai sans tarder, dès le début de la semaine, les différents responsables et lançai ce qui était pour moi le chantier prioritaire, une étude en vue du rétablissement du scrutin majoritaire.

Robert Pandraud, de son côté, entreprit de mobiliser sans délai les services de police, des mesures urgentes s'avérant nécessaires dans tous les domaines, administratif, technique ou matériel.

En effet, la situation dont héritait le gouvernement

était préoccupante ; les chiffres parlaient d'eux-mêmes. Il ne s'agissait pas pour nous d'une surprise, nous étions parfaitement conscients de la gravité de la situation[1].

Mais si nous avions imaginé une prise de fonctions tranquille, les événements allaient nous démontrer le contraire.

L'après-midi même un attentat était commis à Paris, sur les Champs-Élysées, dans une galerie marchande (la galerie Point Show), occasionnant la mort de deux personnes et faisant vingt-trois blessés. Cet attentat s'inscrivait dans la continuité de ce qu'avait connu notre pays précédemment. Il nous appartenait de tout mettre en œuvre sans tarder pour stopper cet engrenage. Le dimanche, en conclusion d'un entretien que nous eûmes, Jacques Chirac me rappela que j'étais là pour rassurer les Français.

Certes, mais il fallait aussi renforcer le moral des forces de police, qui étaient à tout propos la cible de la presse de gauche.

Nos déclarations devaient lui donner l'occasion de se déchaîner. Tout d'abord, je déclarai à propos des policiers : « Nous sommes leurs supérieurs, nous les couvrons. » Devant le tollé déclenché par cette déclaration, je la complétai un peu plus tard en précisant : « S'il y avait des excès, nous les sanctionnerions... »

Quelques jours plus tard, j'ajoutai : « Il faut terroriser les terroristes, il faut que la peur change de camp... » Qu'avais-je dit là !

Je fus traité de Tartarin, de gascon ! Je n'en avais cure. Il ne s'agissait en rien de dérapages, comme le pensaient, eux

1. La grande criminalité, les vols à main armée, le trafic de stupéfiants, ainsi que les autres vols avec violences avaient progressé de 71,50 % entre 1981 et 1985. Pendant la même période, les vols commis par agression avaient augmenté de 85,78 %, la criminalité moyenne de 52,65 %, la petite délinquance de 32,77 %.

aussi, quelques esprits fins et frileux du gouvernement, bien au contraire. Mais il m'était demandé de redonner confiance aux Français et aux forces de l'ordre à un moment où nous ne pouvions encore présenter le moindre résultat dans quelque domaine que ce soit.

À ce stade, la bataille dans laquelle nous étions engagés relevait de l'action psychologique. Seul restait le verbe ! J'utilisai donc le verbe… Nous enregistrerions les résultats de notre politique dix mois plus tard.

Pour renforcer l'efficacité de l'action gouvernementale, j'obtins du Premier ministre, sur les avis éclairés d'un de mes proches, la création d'un Conseil de sécurité intérieure, regroupant les représentants du ministère de l'Intérieur, ainsi que ceux des ministères de la Défense, de la Justice et des Affaires étrangères ; je m'assurais ainsi qu'il n'y aurait aucune rétention d'informations. La belle séparation des pouvoirs imaginée entre Robert Pandraud et moi par les apprentis sorciers en herbe de la mairie de Paris n'avait pas tardé à voler en éclats [1].

Certes, je devais en priorité m'occuper de l'administration générale et préparer les mouvements indispensables dans le corps préfectoral. Mais dans la mesure même où j'étais violemment attaqué par l'opposition, qui voyait en moi l'adversaire prioritaire, les Français me reconnaissaient indubitablement comme responsable de la politique qui serait mise en œuvre à partir du ministère de l'Intérieur.

J'assumerais donc la paternité des succès et des échecs, dans tous les domaines, nombreux étant ceux prêts à partager les premiers ; chacun comprenait qu'*in fine* ma politique s'inscrivait dans l'action conduite par le Premier ministre.

Pas d'états d'âme par contre pour les forces de l'ordre

1. En l'occurence mon fils.

comme pour les partisans de la nouvelle majorité ; la bande sonore de la série télévisée *Starsky et Hutch* était devenue pour eux la rengaine à la mode tant le binôme que nous formions, Robert Pandraud et moi, les rassurait. Mais il fallut beaucoup de patience et de constance pour maintenir la barque à flot, deux années durant.

Le fait de savoir, pour toute la chaîne de commandement, que son ministre pouvait être joint à n'importe quel moment était un élément important pour établir la confiance, j'avais décidé que je résiderais au ministère. Mon épouse, Jeanne, l'avait admis sans difficultés ; dès le lundi suivant ma prise de fonction, elle vint prendre en main l'organisation et la gestion de ce volet-là.

Je n'entendais pas faire de ce ministère un réduit, mais bien au contraire l'ouvrir au monde. Je savais qu'elle s'acquitterait de cette tâche parfaitement, malgré sa réticence à apparaître au grand jour. Ce fut le cas.

Elle jouait cependant auprès de moi un autre rôle. Gaulliste convaincue, acquise à nos idées depuis l'époque de la France libre, elle avait pris une part active, dans l'ombre, à tous nos combats. Suivant de très près l'actualité au travers des médias, presse écrite, radio, télévision, elle n'avait pas son pareil pour trouver l'« information » intéressante au milieu de tout un fatras de nouvelles ou de dépêches. Enfin, elle n'hésitait pas à me faire part sans complaisance de ses remarques sur telle ou telle de mes déclarations. Elle continuerait à le faire, sans jamais se mettre en avant – pourquoi l'eût-elle fait ? –, sauf... mais chaque chose en son temps.

L'état des lieux du logement de fonction me permit de constater combien tout avait été négligé, de l'entretien courant à la modernisation. Manifestement, depuis des années, nul ne s'était préoccupé de l'état de l'immeuble ou du matériel. Une remise à niveau fut donc immédiatement entreprise, *a minima*.

Étonné par ce que j'avais vu, je pressentais que tout devait être à l'avenant. Je mis donc un point d'honneur à visiter tous les services du ministère.

Convaincu de la nécessité de mobiliser l'ensemble des personnels derrière moi, j'imaginais qu'il convenait d'abord de montrer à leurs membres que je connaissais leur existence et de leur prouver ensuite que je m'intéressais à leurs conditions de travail. J'entrepris donc de visiter tous les bureaux ; c'est ainsi que je découvris qu'au dernier étage du bâtiment principal des feuilles de plastique recouvraient la partie basse des fenêtres pour éviter les infiltrations d'eau par temps de pluie, en raison de la vétusté des menuiseries.

Les responsables des bâtiments qui m'accompagnaient tentèrent de m'expliquer qu'en raison du manque de crédits... Bref, tout était à l'avenant, les peintures extérieures ou intérieures, les volets, les sanitaires, les cuisines, le cabinet médical... J'en passe.

Je fis dégager les crédits nécessaires et lancer les travaux en impliquant autant que possible le personnel dans le choix des couleurs, des matériaux et autres détails.

S'agissant de la crèche, les crédits nécessaires à sa rénovation existaient, mais, pour une obscure raison administrative, les travaux ne pouvaient être lancés. Ce fut finalement chose faite après une de mes rares colères. Je fis également en sorte que les enfants dont cette crèche avait la charge puissent avoir accès pendant la journée au « jardin du ministre », afin de profiter du soleil dès lors que le temps le permettait. Une révolution...

Loin de moi l'idée de critiquer mes prédécesseurs, mais, parmi les immenses qualités qui sans aucun doute étaient les leurs, ne figuraient certainement pas le sens des relations humaines et l'expérience du commandement.

Je décidai aussi de rencontrer les représentants des syndicats. Certains se souviennent sans aucun doute des moments de détente qui suivaient nos longues palabres, tant il est vrai que la charcuterie corse et le vin de Patrimonio ont souvent contribué à aplanir les difficultés.

Il n'était pas jusqu'au plus modeste des gardiens de la paix qui ne voie le changement. Je ne passais jamais sans m'arrêter pour saluer les policiers, les gendarmes, les soldats du feu. Ce contact me paraissait essentiel, et je sentais qu'ils l'appréciaient.

Pour la fête nationale du 14 Juillet, après les réceptions «classiques», j'en offris une à ceux qui organisaient, lavaient, servaient.

Ainsi, au bout de six mois, le climat avait complètement changé. L'ensemble du personnel se sentait considéré et respecté ; il faisait corps avec nous. Le moral était revenu et la volonté de bien faire avec.

Tout cela peut paraître dérisoire et quelque peu hors de propos, mais je savais que le rôle d'un général est de veiller au bien-être de sa troupe, jusque dans les détails, avant la bataille, car après il est trop tard pour le faire. Lorsque la tempête viendrait, tous sans exception, quelles que soient leurs idées politiques, feraient front.

Le combat que j'entends mener à partir de la Place Beauvau n'est pas un combat partisan, il est le combat de l'État contre le laisser-aller quasi général.

Le Premier ministre, en me confiant le ministère de l'Intérieur, savait que l'insécurité, la délinquance sous toutes ses formes et le terrorisme étaient les préoccupations premières des Français.

L'adoption de mesures de nature à nous permettre de lutter plus efficacement dans chacun de ces domaines ne pourrait se faire sans une parfaite concertation avec le ministre de la Justice ; tout au long de ces années, l'aide et les conseils du Garde des Sceaux Albin Chalandon ne me furent jamais marchandés.

Le vote de nouveaux textes législatifs demanderait un certain temps. Il nous faudrait cependant convaincre les Français de notre volonté de faire bouger les choses et de nous attaquer sans faiblir aux problèmes, qui étaient l'une des raisons premières de notre succès aux élections législatives.

Compte tenu de la part de plus en plus importante que j'avais prise depuis 1981 dans le combat contre François Mitterrand et la gauche, notamment au Sénat, il était clair que je devenais une cible privilégiée.

Je le devenais d'autant plus facilement que dans l'iconographie ou la chanson de geste de la gauche le ministre de l'Intérieur a de tout temps été l'homme à abattre, le briseur de grèves, le rogneur de libertés, le censeur, le défenseur de l'ordre moral.

Le fait que le ministre de l'Intérieur soit d'origine corse, qu'il soit un « homme de réseaux », qu'il ne fasse pas partie de la technocratie environnante serait, pensaient-ils, un facteur amplifiant.

Tout cela était logique, et dans l'ordre des choses, mais, le temps passant, il s'avérerait que ces attaques tous azimuts venant de la gauche, et d'ailleurs, conforteraient la majorité des Français dans la confiance qu'ils m'accordaient.

Chapitre 13

Les moyens d'une politique

Pendant que Robert Pandraud reprenait dans ses mains les rênes des services de police et entreprenait de remotiver chacun de ses corps, je devais, parallèlement à la réforme du mode de scrutin, faire adopter par le gouvernement et le président de la République un certain nombre de mutations dans le corps préfectoral.

En effet, depuis mon arrivée au ministère de l'Intérieur, je n'avais pas perdu de vue la nécessité de mobiliser les préfets. Pour être efficaces dans l'explication de la politique gouvernementale, beaucoup d'entre eux devraient changer d'affectation, tant il était évident qu'il leur était difficile, à quelques semaines d'intervalle, de soutenir et expliquer des politiques contradictoires dans le même département.

Mais je n'étais pas favorable à une ou plusieurs charrettes spectaculaires. Je pratiquais donc la politique des « petits paquets », que je soumettais à approbation à chaque Conseil des ministres. À la fin de l'année, la moitié d'entre eux, ainsi que la moitié des directeurs d'administration centrale auraient été changés d'affectation.

En procédant ainsi, je prenais moins de risques, Michel Charasse devant me prévenir en cas de refus du président de la République sur tel ou tel mouvement.

Républicains, ayant le sens de l'État, Michel Charasse et moi, bien que nos engagements politiques soient différents, partageons un certain nombre de valeurs.

Effectivement il le fit, à peu de temps de là, m'indiquant que le président de la République souhaitait me voir au sujet des nominations dans le corps préfectoral. Je me rendis à son invitation, comme il se doit. Il me reçut aimablement, et très directement évoquant ma proposition de nommer M. H***, préfet en disponibilité, préfet de la région Auvergne, il me dit qu'il la refusait. La conversation devint étonnante.

J'argumentai, lui expliquant qu'il s'agissait d'un ancien collaborateur du président Giscard d'Estaing, dont la nomination m'avait été demandée par Michel d'Ornano, pour diverses raisons. Il m'expliqua qu'il comprenait parfaitement que l'ancien président ait un préfet de région à sa convenance, mais encore fallait-il qu'il convienne au chef de l'État. Et c'est là que le bât blessait car, en 1981, peu de temps avant les élections présidentielles, le sieur H***, alors préfet du Loir-et-Cher, de fait gérant de l'une des chasses présidentielles, avait déclaré que, si François Mitterrand était élu, il ne resterait pas une minute de plus dans la carrière préfectorale. C'est Gaston Defferre qui l'avait placé en disponibilité un mois plus tard, lui marquant son étonnement de ne pas avoir reçu sa lettre de démission… « Voilà pourquoi je refuse cette nomination ; proposez-moi n'importe qui, mais pas celui-là », me dit-il, agrémentant son propos de quelques commentaires sur le devoir de réserve des préfets, sans avoir l'air de trop y croire lui-même.

Plus tard, je voulus nommer dans la Nièvre un préfet aux convictions ancrées à gauche, partant du principe qu'il serait moins nuisible pour la politique gouvernementale dans ce département qu'ailleurs. Le président me lâcha lors d'un nouveau tête-à-tête : « Je n'ai pas besoin d'un socialiste de plus dans ce département, nommez-moi quelqu'un de compétent... »

Quelques semaines plus tard, je glissai à nouveau le nom du préfet H*** dans un de mes « petits paquets », Ornano me harcelant pour des raisons connues de lui seul. Nouvelle entrevue avec le président de la République. Cette fois-ci, l'entame fut la suivante : « Vous êtes tenace, monsieur le ministre ! Je vous ai indiqué que je n'en voulais pas. » Lui ayant fait remarquer que le poste pressenti était celui de préfet du Var, il me rétorqua que le fort de Brégançon était dans le Var. Après quelques minutes de discussion sur la fréquence de ses visites à Brégançon, la réponse tomba : « Si vous y tenez... » Et, changeant de sujet, il entreprit de me faire un cours de géopolitique dont il ressortait que les intérêts stratégiques, économiques et politiques de la France découlaient en grande partie de la position géographique de notre pays en Europe, et dépassaient de loin les clivages politiques. Son propos était brillant, intéressant, et cela semblait l'amuser de parler avec celui que son camp détestait le plus. Nous aurions d'autres tête-à-tête durant ces deux ans.

De mon côté, j'avais clairement montré que je ne lâcherais rien et que je serais aussi tenace et opiniâtre que François Mitterrand entendait l'être ; accessoirement, Ornano cesserait de me harceler.

Je réunis la totalité du corps préfectoral ; le Premier ministre vint lui-même exposer les grandes lignes de sa politique afin de mobiliser les préfets de la République. J'insistai, quant à moi, sur la nécessité pour eux de confirmer aux personnels placés sous leurs ordres la volonté du gouvernement de conduire une politique de grande fermeté dans la lutte contre la délinquance, la grande criminalité, l'immigration irrégulière. Albin Chalandon, le Garde des Sceaux, participa à cette réunion, confirmant ainsi la solidarité entre les ministres de l'Intérieur et de la Justice, une grande nouveauté. Personne ne pourrait plus en douter.

Le Premier ministre et moi-même rappelâmes avec force aux préfets leur rôle interministériel de représentants de l'ensemble du gouvernement. Disposant de la confiance de celui-ci, il leur appartenait de relayer ses initiatives. Le message fut compris ; nous pouvions compter sur leur engagement.

Lors de mon installation place Beauvau, une surprise m'attendait. Quelques jours après ma prise de fonctions un haut fonctionnaire demanda à être reçu. Après s'être présenté, il me dit : « Monsieur le ministre, j'ai étudié le programme de la majorité, j'ai lu tous vos discours et, en fonction des différents objectifs que vous vous êtes assignés, j'ai préparé différents projets de loi », ajoutant un peu plus tard : « Il n'y a de ma part ni flagornerie ni œuvre militante, car je ne me situe pas à la même place que vous sur l'échiquier politique, je considère tout simplement que c'est mon devoir. » Son concours inattendu allait en grande partie servir de base à ce que l'on appellerait les « lois sécuritaires ».

Le ministère de l'Intérieur et le ministère de la Justice ne devaient pas ménager leurs efforts. Le 9 septembre 1986, la loi sur les conditions d'entrée et de séjour des étrangers en France serait adoptée. En même temps que cette loi relevant du ministère de l'Intérieur seraient adoptées les lois présentées par le Garde des Sceaux, Albin Chalandon, sur les contrôles d'identité, contre la criminalité et la délinquance, sur l'application des peines, contre le terrorisme. Désormais, nous disposions d'un arsenal législatif pour agir.

Considérant qu'il nous fallait frapper les esprits, je décidai, après concertation avec le ministre délégué à la Sécurité, d'envoyer un message fort. Des ressortissants maliens en situation irrégulière furent renvoyés à Bamako par un vol charter. C'était la première fois qu'une telle chose se produisait. Le Premier ministre tordit un peu le nez, les bonnes âmes de l'UDF firent part de leurs préoccupations, la gauche s'en donna à cœur joie, bien entendu ; le Front national de son côté déclara que c'était à la fois une goutte d'eau par rapport au nombre de personnes en situation irrégulière et de la poudre aux yeux, ce qui était en soi un exploit...

Après les régularisations massives de la situation de personnes séjournant irrégulièrement sur le territoire national décidées par le gouvernement de Pierre Mauroy, avec l'aval de François Mitterrand, il fallait pourtant indiquer que les choses ne pouvaient pas continuer ainsi. Vingt ans après, qui songerait à s'offusquer de telles mesures qui n'étaient que la conséquence d'années de laisser-aller ?

La politique conduite par Jacques Chirac était diversement appréciée par les Français, un sondage le démontrait : 60 % d'opinions défavorables pour les mesures prises par le ministre de l'Économie et des Finances, Édouard Balladur, 56 % d'opinions favorables au rétablissement du scrutin majoritaire, 50 % d'opinions favorables sur la politique sécuritaire.

Malheureusement, deux événements graves devaient survenir coup sur coup au cours du mois de juillet, se soldant par deux morts tragiques, s'inscrivant dans un contexte politique conflictuel. Au-delà de la tragédie humaine, les chiffres auraient dû pourtant inciter l'opposition de gauche à un peu plus de retenue puisque les statistiques montraient qu'il n'y avait pas de dérive des forces de police[1].

Le ministre de la Sécurité, en charge de la gestion quotidienne des forces de l'ordre, est Robert Pandraud, mais c'est

1. Le 5 juillet 1986, décès d'un automobiliste à la suite du tir mortel d'un membre d'une compagnie républicaine de sécurité ; fin juillet, décès d'un motocycliste à la suite du tir d'un policier à Fontenay-sous-Bois. 14 décès en 1984, 10 en 1985, 12 en 1986 dans des incidents impliquant les forces de l'ordre.

Charles Pasqua que l'on attaque, tant il est pour l'opposition socialo-communiste l'homme à abattre. Devenu *de facto* le bouclier de ce gouvernement en face des Français qui veulent des mesures concrètes, je suis la cible de toutes les attaques.

Visitant les locaux de la Police judiciaire qui venaient de faire l'objet d'une attaque terroriste se soldant par la mort d'un policier, j'interpellai les journalistes présents sur les lieux, leur indiquant que j'espérais que chacun ferait son examen de conscience devant de tels événements[1]. Si les policiers sont satisfaits de voir que leur ministre est en phase avec eux, les journalistes sont quant à eux furieux.

Les rapports que j'entretiens avec le président de la République pourraient paraître ambigus. Certes nous avons des apartés et des tête-à-tête, mais nous savons à quoi nous en tenir l'un sur l'autre : nous voulons tous les deux la victoire de notre camp, et par voie de conséquence la défaite de l'autre. Les bonnes mines de François Mitterrand ne trompent que ceux qui ont décidé de se laisser tromper…

Tout me prouve que nous sommes entrés dans une période de turbulence ; tout sera prétexte au chef de l'État pour faire campagne en vue de sa réélection, car il est évident depuis sa défaite qu'il n'entend pas en rester là. Il l'a clairement indiqué : cette défaite n'est pas la sienne ; elle est celle de sa majorité. Quant à sa légitimité, elle est antérieure à celle de Jacques Chirac.

Ayant appris la présence de personnes qui faisaient une grève de la faim pour protester contre les lois sur l'immigration, je décidai de ne pas aller à la réception donnée à l'occasion de la fête nationale par le président de la République au palais de l'Élysée[2]. Qu'en fut-il à ce moment-là de la solidarité gouvernementale ?

1. Le 9 juillet 1986.
2. Le 14 juillet 1986.

Afin de montrer clairement quel était son état d'esprit, le chef de l'État profita de cette occasion pour annoncer clairement qu'il ne signerait pas l'ordonnance sur les privatisations préparée par Édouard Balladur.

Le fer était donc engagé frontalement avec son Premier ministre.

Jacques Chirac ayant déclaré que le président s'opposait à la volonté des Français clairement exprimée lors des élections, quelle serait la suite donnée à ce refus ?

L'annonce faite par le président de la République n'aurait pourtant pas dû être une surprise pour le Premier ministre et pour Édouard Balladur, qui, depuis longtemps, s'était fait l'avocat de la cohabitation. En effet, François Mitterrand avait précisé sa pensée, et levé un coin du voile sur ce que serait sa stratégie, dans le message lu aux parlementaires par les présidents de l'Assemblée nationale et du Sénat :

« Je rappellerai seulement que la Constitution attribue au chef de l'État des pouvoirs que ne peut en rien affecter une consultation électorale où sa fonction n'est pas en cause...

« Certes, l'article 38 autorise les ordonnances et la plupart des gouvernements, y compris dans la période récente, ont eu recours à cette procédure.

« Aussi n'ai-je pas cru devoir en refuser la faculté au gouvernement actuel [...].

« Je pense donc que les ordonnances, dont j'ai déjà dit qu'elles ne pourraient revenir sur les acquis sociaux, devront être peu nombreuses, et les lois d'habilitation suffisamment précises pour que le Parlement et le Conseil constitutionnel se prononcent en toute connaissance de cause. J'ai fait part de cette observation à M. le Premier ministre lorsque m'ont été présentés les deux projets de loi qui seront examinés demain par le Conseil des ministres[1]... »

1. Message du président de la République, séance du 8 avril 1986.

Nous nous réunissons l'après-midi même. Situation étonnante pour moi, qui me suis toujours opposé à cette cohabitation, et pour le Premier ministre, qui n'y était pas trop favorable, mais... Si Édouard Balladur est d'avis de temporiser, Jacques Chirac, lui, veut partir; en disant une nouvelle fois qu'il n'a pas les moyens de gouverner? Existe-t-il meilleur moyen de se suicider politiquement?... Cela tournerait à la pièce de boulevard.

Ministre de l'Intérieur et opposant résolu à François Mitterrand, il me paraissait impossible d'envisager une démission du gouvernement avant que ne soit votée la modification de la loi électorale, faute de quoi, dans la perspective d'une dissolution ultérieure de l'Assemblée nationale, des élections législatives au scrutin proportionnel pourraient provoquer notre perte.

Finalement, tout le monde se rangea derrière moi, les uns et les autres étant trop contents d'une part de différer une déclaration de guerre qui ne devait jamais venir, d'autre part de subordonner leur décision à mes talents de législateur.

Je n'avais certes pas attendu cet épisode pour mettre en chantier la réforme de la loi électorale et son rétablissement dans une forme conforme à l'esprit des rédacteurs de la Constitution de la Ve République, c'est-à-dire permettant l'émergence d'une majorité, quelle qu'elle puisse être, lors des élections législatives.

La partie la plus simple consistait à faire adopter par le Parlement le principe du rétablissement du scrutin majoritaire; ce fut accompli avant la fin du mois de mai[1].

Le plus dur restait à faire: établir le projet d'ordonnance sur le nouveau découpage électoral des circonscriptions, qui était rendu nécessaire par la transformation qu'avait connue notre pays depuis 1958.

1. Le 20 mai 1986.

J'étais particulièrement attendu sur ce sujet, le Parti socialiste ayant même publié un livre sur mes turpitudes présumées en la matière. Le Parti communiste, de son côté, avait fait imprimer une superbe affiche nous représentant, Jacques Chirac et moi, en charcutiers, vraisemblablement en train de faire du découpage... électoral. Jean Lecanuet lui-même, pour ne pas paraître en retrait, avait fait part de ses inquiétudes.

Dans mon propre camp, tout le monde pensait tout bas que ce serait tâche impossible, Jacques Chirac le premier ; j'essayais donc de lui faire partager mes convictions.

Pour que le projet d'ordonnance entérinant ce remodelage électoral soit accepté par le président de la République, il ne fallait pas qu'il le heurte ; je me faisais fort de trouver un point d'équilibre, décidé que j'étais à ne pas faire œuvre partisane.

Mon inquiétude était autre. Pour préparer ce remodelage de la carte électorale, nous disposions d'un document de référence, politiquement aseptisé, établi par les services du ministère de l'Intérieur sur la base de mes directives générales, prévoyant notamment la stabilité du nombre de députés.

Mais le RPR et l'UDF avaient établi leurs propres propositions ; c'est donc du côté de la majorité que pourraient survenir des complications avec des prétentions déraisonnables.

Pour me prémunir contre ces difficultés, je décidai donc de créer une commission indépendante, composée de six magistrats appartenant à la Cour de cassation, à la Cour des comptes et au Conseil d'État, qui devrait donner son avis sur les aménagements prévus.

Par ailleurs, un membre de mon cabinet[1] transmettait mes projets à Michel Charasse, au fur et à mesure de leur avance-

1. Hervé Fabre-Aubrespy.

ment, afin que le président de la République en soit informé.

Précaution supplémentaire, je veillais moi-même à ce que les proches et les amis du président ne soient pas maltraités ; il en fut ainsi de Gilbert Mitterrand, Roland Dumas, Michel Vauzelle, qui étaient assurés de leur réélection, tout comme Jean-Pierre Chevènement ou Michel Rocard. Quant aux autres, il est vrai que je m'étais permis certaines facéties ; quelques députés socialistes sortants seraient obligés à des mariages forcés dans la même circonscription. La rigueur des découpages faisait que Pierre Mauroy, malgré mes efforts, serait contraint d'abandonner Lille s'il voulait être réélu.

La commission des sages proposa quelques ajustements, le Conseil d'État également ; je les acceptai et, muni de ces avis favorables, je rédigeai le projet d'ordonnance portant découpage électoral.

Tout le monde s'accordait à dire qu'il était aussi objectif que possible. Le 23 septembre, le projet d'ordonnance fut soumis au président de la République.

À l'issue du premier des Conseils des ministres du mois d'octobre, un huissier me demanda de retourner voir le président de la République[1]. Comme toujours, les autres membres du gouvernement s'interrogeaient sur la raison de ce tête-à-tête. M'accueillant à l'entrée de la salle du Conseil, il me remercia, en préambule, du soin que j'avais mis à le tenir au courant de ce remodelage de la carte électorale. Je le fis sourire en lui disant qu'il n'y avait là rien que de très normal dans le cadre du respect des institutions ; il connaissait ma détermination…

Cet entretien devait se conclure de la manière suivante : « À propos, monsieur le ministre, ne comptez pas sur moi pour vous faire élever une statue pour votre projet de découpage ;

1. Le 1er octobre 1986.

mais ce n'est pas moi non plus qui vous traduirai en Haute Cour de justice ! D'ailleurs, vous savez, la proportionnelle... »

Cela complétait ce qu'il m'avait dit lors d'un précédent entretien, à savoir que si tout cela n'avait tenu qu'à lui, il aurait maintenu le scrutin majoritaire. Vérité relative ou non ? Le propos présidentiel une fois décrypté me confirmait qu'il ne signerait pas l'ordonnance, mais qu'il demanderait que le Parlement soit saisi. Il ne s'opposerait pas à l'adoption du texte.

En effet, le 2 octobre, le président demandait que le Parlement soit saisi de ce texte ; le 10 du même mois, l'Assemblée nationale l'adoptait après que le gouvernement eut engagé sa responsabilité. Le texte voté par le Sénat fit l'objet d'un recours formé par le groupe socialiste devant le Conseil constitutionnel, qui le déclara conforme à la Constitution. Le président de la République promulgua la loi le 24 novembre 1986.

Cette réforme électorale devait trouver un défenseur inattendu. Ayant accompagné le président de la République lors d'un déplacement en province comme la pratique républicaine le voulait, je fus attaqué sur ce sujet lors d'un dîner à Caen, dans le Calvados, par Louis Mexandeau, fidèle socialiste s'il en fut. À mon grand étonnement, c'est François Mitterrand qui lui demanda de cesser ses attaques, au prétexte, je cite, que le nouveau découpage lui « garantissait une réélection jusqu'à la fin de [s]es jours ». Ce que je ne cessais de marteler, François Mitterrand le savait : il l'expliqua donc à Louis Mexandeau. Une loi électorale ne fait pas une élection sur le plan national ; elle peut freiner un succès, elle peut y contribuer, mais elle ne peut en aucun cas le provoquer.

S'agissant de cette loi électorale en particulier, du remodelage qu'elle organisait, je dirais qu'elle garantissait, en conditions normales de scrutin, un tiers des sièges à la droite, avec un petit avantage au RPR (ce qui correspondait au rapport des forces dans le pays), un tiers à la gauche, l'attribution du dernier tiers résultant de la glorieuse incertitude du vote[1].

Si, en tant que Premier ministre, Jacques Chirac était satisfait d'avoir vu cette réforme aboutir très rapidement, il s'irritait par contre du fait que j'avais enlevé un « bon canton » de sa circonscription corrézienne au profit de celle de Brive-la-Gaillarde, ajoutant même dans son langage familier : « Tu m'as fait un sale coup ! »

Ma réponse fut tout aussi directe. Je me bornai à lui expliquer que cela ne changeait pas grand-chose à l'équilibre électoral de sa circonscription, et que cela permettait de montrer l'indépendance et l'objectivité de cette réforme. Un « Tu aurais pu montrer ton objectivité ailleurs » mit un terme à l'échange.

Je n'en avais cure, car cela arrêta les critiques. Huit mois avaient suffi pour faire adopter sans drame cette réforme essentielle à différents titres[2].

Et la cohabitation dans tout cela ? Elle continuerait. Le vin était tiré, il faudrait le boire jusqu'à la lie.

Ainsi, par absence de sens politique et par une volonté délibérée d'interpréter la Constitution dans le sens d'un consensus mou, certains leaders de la majorité avaient engagé les partis qu'ils étaient censés guider dans une impasse. Dès lors que le suffrage universel est l'un des principes fondamentaux de la Constitution, il leur appartenait pourtant d'en tirer les conséquences. La légitimité issue du résultat des élections législatives de 1986 ne pouvait être remise en ques-

1. J'avais également demandé à mes conseillers de veiller à ce que le Parti communiste ne soit pas maltraité, mes instructions étant que cette loi lui permette de maintenir un groupe parlementaire à l'Assemblée nationale.

2. Bien qu'une remise à jour de ce texte en fonction des recensements ait été prévue, cette loi n'a pas été modifiée jusqu'à ce jour malgré les soubresauts de la vie politique.

tion par le président de la République. C'est pourtant ce qu'il fit, sans que personne ne s'en offusque.

Pas une voix ne s'éleva pour rappeler l'article 2 de la Constitution qui stipule: «Son principe est le gouvernement du peuple, par le peuple et pour le peuple», ou encore l'article 3 qui précise: «La souveraineté nationale appartient au peuple, qui l'exerce par ses représentants et par la voie du référendum.»

Pas une voix ne s'éleva pour dire que l'esprit du législateur et la pratique constitutionnelle sous la Ve République étaient remis en question dès lors que le président non seulement ne cherchait pas à rétablir le lien qui avait existé entre le peuple et lui, mais entendait empêcher la majorité parlementaire désignée par le peuple de conduire sa politique.

Pas une voix ne s'éleva pour dire que la solution se trouvait, suivant les cas, soit dans de nouvelles élections législatives afin de trouver une nouvelle majorité, soit dans un référendum décidé par le président afin de faire confirmer sa légitimité, ou, *in fine*, dans de nouvelles élections présidentielles.

Pas une voix enfin ne s'éleva pour dire que le président de la République, dans cet esprit, devait, dans l'hypothèse d'un désaveu, en tirer les conséquences et démissionner, comme l'avait fait le général de Gaulle en 1969.

Le seul fait pour le Rassemblement pour la République et l'UDF – à l'exception de moi-même, de Raymond Barre et de quelques autres trop peu nombreux – d'avoir laissé entendre dès 1983 qu'ils s'engageraient dans la voix de la cohabitation était une interprétation contre nature de la Constitution et une faute politique majeure.

Ne pas avoir répondu dès le 8 avril 1986 à François Mitterrand était une erreur.

Le 14 juillet au soir, le président de la République avait remporté haut la main la seconde manche de la partie d'échecs entamée au mois de mars de la même année.

CHAPITRE 14

Du terrorisme et des otages (1)

À mon arrivée au ministère de l'Intérieur, j'avais été stupéfait par l'absence d'informations et de renseignements concernant les responsables présumés d'attentats terroristes, tout autant que les prises d'otages intervenues au Moyen-Orient au cours de l'année 1985. Peu avant la première réunion de l'Unité de coordination de la lutte antiterroriste[1], le ministre délégué à la Sécurité, Robert Pandraud, m'avait fait part de son désappointement et de son inquiétude tant les dossiers étaient vides, si l'on peut dire.

Cela me fut confirmé lors d'une réunion, tard dans la nuit, par les responsables de tous les services concernés directement ou indirectement par la lutte contre le terrorisme – police, gendarmerie, services de renseignements. Je leur fis part, après les avoir écoutés, de ma détermination à voir les choses changer. Nous ne devions plus subir, mais au contraire attaquer tous azimuts, à charge pour eux d'imaginer de nou-

1. UCLAT : organisme placé sous l'autorité du ministre de l'Intérieur, regroupant tous les services concernés par la lutte contre le terrorisme, quel que soit leur ministère d'origine.

velles stratégies et une nouvelle approche de ces problèmes, dans le respect de la loi républicaine.

D'autres pays que le nôtre ayant été l'objet d'actes terroristes, l'évidence s'imposait à moi que, dans le combat que nous étions décidés à engager, aucune aide, fût-elle ténue, ne devait être négligée. Le préalable à une coopération sans faille et sans arrière-pensées entre services de différents pays me parut être l'existence de rapports personnels et directs avec mes homologues, tant dans les États membres de l'Union européenne qu'à l'extérieur de celle-ci.

Afin de renouer des relations plus conformes à ce que la situation exigeait et à mes convictions, je me rendis tout d'abord aux États-Unis. Les contacts qui furent noués à cette occasion, que ce soit avec le FBI ou la CIA, s'avéreraient précieux par la suite. J'eus également l'occasion de rencontrer et de m'entretenir avec George Bush Sr, alors vice-président des États-Unis. Le courant passa ; mon parcours, du secteur privé vers la politique, était classique chez eux, ma personnalité et ma détermination permirent d'aplanir beaucoup de malentendus.

Les déplacements au sein de la communauté européenne ainsi que dans les pays du Maghreb s'enchaînèrent. L'Algérie, le Maroc et la Tunisie, particulièrement sensibles aux problèmes de terrorisme, ne nous ménagèrent pas leur aide chaque fois que nous la demandâmes.

Puis vinrent les pays du Golfe, ainsi que ceux d'Afrique francophone.

Quelques membres de mon cabinet reçurent comme instructions de suivre ces contacts, en plus de leurs attributions normales. La plupart d'entre eux s'acquittèrent de cette mission avec discrétion et efficacité. J'apprendrais plus tard que quelques-uns n'étaient pas dignes de la confiance placée en eux... Ainsi va la vie.

Pour mener à bien le combat contre le terrorisme, je pouvais m'appuyer, au sein du ministère de l'Intérieur, sur deux services spécialisés.

La Direction de la surveillance du territoire[1] avait longtemps eu pour objectif prioritaire l'identification et la neutralisation des réseaux d'espionnage des pays de l'Est, au premier rang desquels ceux de l'Union soviétique.

Compte tenu de la situation à laquelle nous devions faire face, je lui assignai une nouvelle priorité. Les hommes de qualité qui dirigeaient ce service entreprirent donc de le redéployer, afin que nous puissions utiliser au mieux les professionnels qui le composaient, rompus qu'ils étaient au renseignement, à la détection et à la manipulation d'agents étrangers. Je ferais quelquefois appel à eux à l'extérieur de nos frontières.

L'état dans lequel se trouvait la Direction centrale des renseignements généraux[2] était beaucoup plus préoccupant. Complètement démobilisée en raison, notamment, de la vague d'amnistie dont l'une des conséquences avait été la remise en liberté de certains membres d'Action directe, il fallait la réorganiser en la dotant des moyens adaptés à ses nouvelles missions, que ce soit en hommes ou en matériels.

Je décidai donc de nommer à la tête de ce service Philippe Massoni, directeur adjoint au cabinet du ministre délégué à la Sécurité, qui avait créé à la préfecture de Police l'une des premières unités de lutte antiterroriste. Décrivant cette réorganisation, je devais écrire quelques années plus tard : « Le travail obstiné, opiniâtre, qu'il devait mener pendant tout le temps où il demeura à la tête de la Direction centrale des renseignements généraux, assisté du contrôleur général Claude Bardon,

1. DST : service français de contre-espionnage.
2. Les RG.

responsable de la recherche, excellent élément lui aussi venu de la Police judiciaire, devait, le moment venu, porter ses fruits. Ils formeraient ensemble une “flèche” efficace et fiable à qui une brillante équipe ne ménageait pas son appui. Ici et là on s'interrogeait, pour souvent s'en inquiéter, sur les hommes et les méthodes que nous avions choisis pour gagner cette guerre. Serviteurs fidèles et sans concession de la République, nous évitions de répondre, sachant que le secret de la réussite reposait essentiellement sur la vaste expérience de ces fonctionnaires qui savaient allier l'intelligence au sens de l'action, à condition qu'on le leur permette[1]... »

Je ne pouvais toutefois imaginer que mes prédécesseurs aient été à ce point inefficaces; j'en venais à considérer que, sur des sujets pourtant sensibles, ils n'avaient pas joué le jeu avec nous. Je constaterais plus tard la justesse de mon analyse.

Les conclusions auxquelles nous arriverions, s'agissant des prises d'otages, la responsabilité de l'Iran notamment, ils y étaient arrivés avant nous. Mais ils s'étaient bien gardés de partager leurs informations: il nous faudrait plusieurs mois pour remonter la piste.

Dès ma prise de fonctions en 1986, j'étais convaincu qu'il était essentiel, si nous voulions que les membres et les responsables des services de sécurité aient l'ambition de bien faire et de réussir, qu'ils aient, également, une confiance absolue dans leurs chefs et, au sommet de la chaîne de commandement, dans leur ministre.

Nouvel état d'esprit ou part de chance, André Olivier, l'un des membres les plus importants d'Action directe, était arrêté à Lyon quelques jours après mon entrée en fonction[2].

1. Charles Pasqua, *Que demande le peuple...*, Albin Michel, 1992, p. 166-167.

2. Le 28 mars 1986. André Olivier était impliqué dans de nombreuses attaques à main armée et attentats commis entre 1981 et 1986. Il a été

Au mois de juin, c'étaient deux réseaux de trafic d'armes mis en place par des terroristes irlandais qui étaient démantelés et les responsables arrêtés[1].

Un peu plus tard, au mois de juillet, c'était au tour de séparatistes basques d'être pris dans les filets de nos services[2].

Nous en avions bien besoin car, si de nouvelles prises d'otages étaient intervenues au Liban au mois de mars, le mois de septembre allait s'avérer terrible pour le pays et son gouvernement, Paris étant la principale cible[3].

Ces attentats étaient revendiqués par le CSPPA[4], qui exigeait la libération immédiate de trois terroristes détenus dans les prisons françaises :

– Anis Naccache, qui avait été condamné à la prison à

---

condamné à la réclusion criminelle à perpétuité en 1989, lors du procès des membres de la branche lyonnaise d'Action directe. Jugé une nouvelle fois par la cour d'assises spéciale de Paris, il fut condamné à trente ans de réclusion criminelle le 3 juillet 1995, pour trente-trois attentats à l'explosif commis entre 1982 et 1986.

1. Ces réseaux opéraient pour le compte de l'Irish National Liberation Army, mieux connue sous le vocable INLA. Mouvement d'inspiration marxiste fondé en 1974 par des membres du Sinn Fein et de l'IRA officielle, impliqué dans de nombreux attentats à la bombe et assassinats, dont celui d'un conseiller de Margaret Thatcher, alors Premier ministre, en 1981.

2. Le 25 juillet 1986, arrestation de trois membres d'Iparretarrak, organisation indépendantiste basque impliquée dans des dizaines d'attentats à l'explosif, ainsi que dans la mort de plusieurs représentants des forces de l'ordre. Créée en 1972 par un ancien séminariste, Philippe Bidart, qui est arrêté le 20 février 1988. Condamné à deux reprises, en 1992 et 1993, à la réclusion criminelle à perpétuité pour le meurtre de plusieurs policiers et gendarmes, il sera libéré au mois de février 2007.

3. Le 8 septembre attentat terroriste au bureau de poste de l'hôtel de ville de Paris (1 mort, 18 blessés), le 12 septembre dans une cafétéria du quartier de la Défense (41 blessés), le 14 septembre au Pub Renault sur les Champs-Élysées (2 morts, des dizaines de blessés), le 15 septembre à la préfecture de Police de Paris (1 mort, 51 blessés), le 17 septembre devant le magasin Tati rue de Rennes (6 morts, 50 blessés).

4. Comité de solidarité pour les prisonniers politiques arabes.

perpétuité en 1982 pour avoir tenté d'assassiner l'ancien Premier ministre iranien Chapour Bakhtiar[1];

– Varadjian Garbidjian, d'origine syrienne, chef d'un commando de l'Armée secrète arménienne de libération de l'Arménie, auteur d'un attentat à l'explosif meurtrier, qui avait été condamné à la prison à perpétuité le 13 mars 1985[2];

– Georges Ibrahim Abdallah, chef de la Fraction armée révolutionnaire libanaise, de nationalité libanaise, chrétien, marxiste, condamné une première fois en 1986 à quatre ans de prison; l'engagement qui avait été pris de le libérer en échange du diplomate Gilles Peyroles ne put être tenu en raison de la responsabilité de la FARL dans trois assassinats commis dans notre pays et pour lesquels il allait être condamné à la prison à perpétuité le 28 février 1987[3].

1. La tentative d'assassinat perpétrée le 18 juillet 1980 à Neuilly contre l'ancien Premier ministre du chah d'Iran, Chapour Bakhtiar, fit 2 morts (dont 1 policier) et 3 blessés (des policiers également). Anis Naccache, chiite libanais, était le chef d'un commando composé d'un autre Libanais, de deux Iraniens et d'un Palestinien. Pour reprendre les termes d'un communiqué du ministère de la Justice du mois de juillet 1990: «Anis Naccache, Mehdi Nejad Tabrizzi, Faouzi Mohamed el-Satari, Mohamed Jawat Jenab, Salaheddine Mohamed el-Kaara ont bénéficié d'une mesure de grâce après avoir effectué dix ans de réclusion criminelle. Ils ont fait l'objet d'arrêtés d'expulsion du territoire français qui ont été exécutés ce jour.»

2. L'ASALA: mouvement créé en 1975, principalement soutenu par la Syrie et la Libye. L'attentat à l'explosif, le 15 juillet 1983, commis à Orly dans les bureaux de la compagnie aérienne nationale turque avait fait 8 morts et de nombreux blessés. Varadjian Garbidjian bénéficia le 19 mars 2001 d'un jugement de libération anticipée; une fois libéré, il fut expulsé en direction d'Erevan (Arménie).

3. FARL: organisation d'inspiration marxiste créée en 1979 par Georges Ibrahim Abdallah lors de l'éclatement d'une des fractions du Front populaire de libération de la Palestine, le FPLP de Georges Habache. Ce mouvement, qui avait pour objectif la création d'un État palestinien, opérait principalement au Moyen-Orient. Le départ des troupes étrangères du Liban était également une de ses exigences. Nos services étaient convaincus de l'implication du clan Abdallah dans ces affaires, la description d'un homme qui

Il nous faut réagir. Afin de montrer notre détermination, je décide de faire afficher dans tous les lieux publics des photos des frères Abdallah, dont le clan pourrait être à l'origine des attentats. L'opposition se déchaîne immédiatement contre moi, m'accusant d'encourager les appels à la délation, comme aux heures noires de l'Occupation, et d'utiliser des méthodes contestables. J'apprécie beaucoup...

Mais, n'en déplaise aux donneurs de leçons de l'opposition et aux âmes sensibles de la majorité, je suis décidé à utiliser tous les moyens en ma possession pour faire en sorte que l'insécurité change de camp et mettre les terroristes hors d'état de nuire. Puisque nous n'avons aucune information précise, je donne l'ordre d'orienter les recherches dans toutes les directions et de réactiver tous les contacts possibles et imaginables.

Après une analyse approfondie de la situation politique internationale, mon intuition était qu'il y avait probablement un lien direct entre ces attentats et les prises d'otages qui touchaient nos concitoyens, et que l'ensemble de ces actes terroristes pouvait trouver son origine dans le soutien apporté par la France à l'Irak, alors engagé dans un conflit armé et sanglant avec l'Iran[1].

Si tel était le cas, Carton, Fontaine, Kauffmann et Seurat avaient été pris en otages dès 1985 dans une tentative coordonnée de faire plier la France. Puis la pression s'était accentuée avec l'enlèvement au Liban de quatre de nos ressortissants quelques jours avant les élections législatives, Jean-Louis

---

avait lancé un engin explosif correspondant à celle de l'un de ses frères. Les trois assassinats sont ceux de Yaakov Barsimentov, diplomate israélien, Charles Robert Ray, attaché militaire à Paris, et Robert Onan Homme, consul des États-Unis à Strasbourg.

1. La guerre entre l'Iran et l'Irak se déroula de 1980 à 1988.

Normandin, Philippe Rochot, Georges Hansen et Aurel Cornéa[1].

Certains ont cru récemment devoir polémiquer sur ce sujet. Je me bornerai à rappeler ce que j'écrivais précédemment, tout en rappelant que ces pages n'ont reçu aucun démenti de la part du Premier ministre d'alors, Jacques Chirac :

« C'est pourquoi peu après mon arrivée place Beauvau, j'avais demandé à Jean-Charles Marchiani de venir me voir. Je l'avais connu bien plus tôt, lorsque, avec Philippe Dechartre, il animait les sections ouvrières du mouvement gaulliste.

« Je l'avais retrouvé plus tard à Matignon, auprès de René Tomasini, puis au Sénat où il était le conseiller de ce dernier pour les problèmes de sécurité. Jeune, dynamique, ancien officier parachutiste au 8e RPIMA, diplômé de l'enseignement supérieur, spécialiste de l'Afrique et du Moyen-Orient, il avait servi au SDECE, de 1960 à 1972, puis après avoir quitté "officiellement" ce grand service de renseignements, il avait continué son action en secret jusqu'en 1986. Il s'était occupé en particulier du Liban, de la Syrie et de la Libye.

« Compte tenu de sa connaissance des services spéciaux du monde arabe, et d'un certain nombre de leaders politiques et d'hommes d'influence au Moyen-Orient, je lui demandai de mettre en place, à mes côtés, un dispositif permettant de remonter aux sources des filières terroristes et de combler, au moins en partie, les lacunes des services officiels de renseignements. Quant à la fameuse "cellule antiterroriste de l'Élysée", mieux valait ne pas en parler. Elle s'occupait... d'autre chose. Passons.

« Dès le mois d'avril, Jean-Charles Marchiani avait pris contact, sous l'identité d'Alexandre Stéfani, avec les responsables des services algériens, tunisiens, syriens, libyens et libanais, ainsi qu'avec l'état-major de l'OLP. Par eux il avait

1. Le 8 mars 1986.

pu, en quelques semaines, rencontrer en terrain neutre (Larnaka ou Ankara) des militants arabes engagés dans la mouvance terroriste, dont la branche chiite (CSPPA) qui, nous disait-on, sévissait dans notre pays. Jean-François Étienne des Rosaies me rendait également de précieux services.

« Ainsi, dès juillet 1986, nous disposions d'un certain nombre d'informateurs dans diverses organisations et nous pouvions recouper leurs renseignements avec ceux des services officiels arabes. Les liaisons parallèles établies avec ceux-ci par Jean-Charles Marchiani fonctionnaient bien. Elles étaient rendues crédibles par la situation exceptionnelle de notre pays en raison de la cohabitation. En outre, notre origine corse donnait à penser aux interlocuteurs de Jean-Charles Marchiani que nos relations n'étaient pas des rapports administratifs normaux mais plutôt amicaux de type tribal, ce qui correspondait à leur mentalité et renforçait leur confiance.

« J'envoyai également Marchiani à Damas, à Beyrouth, ainsi que dans le village libanais de Koubeyat, fief d'Abdallah, pour vérifier la présence des membres du clan sur place et engager le dialogue avec eux, le cas échéant.

« Je demandai également à Mgr Capucci, évêque catholique grec de Jérusalem, de venir à Paris afin qu'il rende visite à Georges Ibrahim Abdallah à la prison de la Santé, le but étant d'exercer une pression toute religieuse sur lui pour tenter d'y voir clair. En fait, nous avions fait fausse route[1].

« Dès la fin de 1986, nous pouvions enfin écarter la thèse, soutenue un moment par nos services, d'une origine et d'une organisation arabes des opérations terroristes revendiquées par le CSPPA, comme celle de la rue de Rennes. La clé était à Téhéran.

« À Saïda et à Baalbek, nos agents nous donnaient assez

1. Défenseur de la cause palestinienne, Mgr Hilarion Capucci avait été arrêté le 18 août 1974 pour activités terroristes par les autorités israéliennes.

d'indications pour que l'implication directe des services spéciaux iraniens ne fasse pas de doute. Les mêmes agents nous indiquaient qu'Ibrahim el-Amine et Hussein Moussaoui, responsable militaire du Hezbollah[1] de la région de Baalbek, dépendaient des services qui, à Téhéran, "géraient la détention des otages français au Liban"[2]. Cela fut d'ailleurs confirmé à "Stéfani" par Hussein Moussaoui lui-même lors d'un rendez-vous organisé à Damas sous la protection des services syriens.

« Malgré la modestie de nos moyens financiers – et encore ne devaient-ils rien aux fonds secrets mais à quelques amis du monde économique qui avaient constitué un fonds pour m'aider –, nous progressions.

« J'informai Jacques Chirac de nos conclusions et obtins de lui l'autorisation de lier la gestion des deux problèmes, terrorisme et otages, dont la solution se trouvait logiquement à Téhéran. La justesse de ce diagnostic allait être à l'origine de notre succès dans ces deux domaines.

« Le Premier ministre m'avait donné carte blanche. Cela nous assurait une liberté de manœuvre et une rapidité de déci-

1. Le Hezbollah : organisation créée au Liban après l'invasion militaire israélienne de ce pays, avec le parrainage et le soutien effectif de l'Iran, notamment par l'envoi de Pasdarans dans la plaine de la Bekaa. Il trouve principalement son origine dans la fusion en 1983 de trois composantes, toutes chiites et islamiques : l'émanation libanaise du parti chiite irakien al-Dawaa, les oulémas de la Bekaa et le mouvement Amal islamique. Hussein Moussaoui et Ibrahim el-Amine étaient les fondateurs de ce dernier, né d'une scission avec le mouvement Amal en 1979, dont ils auraient été les représentants à Téhéran. Cheikh Fadlallah était la figure de proue du Hezbollah ; il le resta jusqu'à la fin de l'année 1987. Lire Walid Charara et Frédéric Domont, *Hezbollah : un mouvement islamo-nationaliste*, Fayard, 2004 ; un ouvrage dont on peut ne pas partager les analyses et les conclusions, mais qui est extrêmement documenté.

2. Certains otages français auraient été détenus à Nabih Shit, village natal d'Hussein Moussaoui, situé dans les montagnes au-dessus de la plaine de la Bekaa, connu pour être un des fiefs du Hezbollah.

sion capitales. Quant à moi, j'avais une confiance absolue en Jean-Charles Marchiani qui jouissait d'une grande liberté d'initiative sur le terrain. Si je rendais compte à Matignon, je pouvais décider pratiquement sur l'instant. Cela était capital. Bien sûr, je tenais informé le directeur de cabinet du Premier ministre, Maurice Ulrich, dont le soutien m'était précieux. Mais nous ne disions à Jacques Chirac que l'essentiel[1]... »

Entre-temps, nous avions obtenu un premier résultat. après celui de la rue de Rennes, les attentats s'étaient arrêtés. Au lieu de s'en réjouir, mes adversaires de toujours m'accusèrent d'avoir négocié avec le clan Abdallah, d'où les soupçons de remise de fortes sommes d'argent... Tout cela était misérable ! Quel argent ? Pourquoi ? Celui de Jacques Chirac[2] ?

Enfin, ma première réaction de dégoût passée, tout cela m'indiffère. Que le sang des innocents s'arrête de couler, que les Français puissent vivre en paix, voilà l'objectif. Pour les moyens à utiliser, qu'on nous en laisse le choix, nous serons jugés sur nos résultats.

« Au début de 1987, Jean-Charles Marchiani réussissait à entrer en contact avec les services spéciaux de Téhéran, ainsi qu'avec l'organisation des Pasdarans[3]. Il nouait du coup le dialogue sur les deux problèmes qui nous intéressaient : le terrorisme et les otages retenus au Liban. Plusieurs semaines furent perdues : discussions byzantines et difficultés pour

1. Charles Pasqua, *L'Ardeur nouvelle*, Albin Michel, 1986, p. 173-177 ; même référence pour la citation en fin de chapitre.

2. Cela était incohérent. Georges Ibrahim Abdallah est toujours détenu en France.

3. Ou Gardiens de la Révolution islamique. Organisation fondée en 1979, se réclamant d'une fidélité absolue à l'égard de l'ayatollah Khomeyni, composée d'une branche militaire forte de 120000 hommes (air, terre, mer) environ, ainsi que de services de renseignements pouvant intervenir à l'extérieur de l'Iran dans des actions clandestines de tous types ; elle fut directement impliquée dans la création du Hezbollah et ses activités.

Marchiani de prouver qu'il était notre représentant qualifié. Par lui, j'avais appris que le gouvernement précédent de Laurent Fabius et la cellule élyséenne avaient engagé des négociations au sujet des otages. Aussi étrange que cela puisse paraître, je dois à la vérité de dire que nous n'avions aucun moyen de vérifier les engagements pris antérieurement par le gouvernement français. D'autant que, dans les rapports de l'État iranien avec notre pays, la politique et les "affaires" étaient par moments imbriquées au plus haut niveau.

« Ce qui était appelé l'"affaire Luchaire" avait affaibli la position des "négociateurs" précédents et des maladresses avaient bloqué la situation sur le terrain. Ainsi des émissaires prétendant dépendre de la cellule antiterroriste de l'Élysée avaient remis à Larnaka trois millions de dollars... à des chiites libanais qui se faisaient fort d'intervenir auprès des geôliers de nos otages. Bien entendu il n'en fut rien, mais cela ne renforça pas la crédibilité des véritables négociateurs... »

La cohabitation, ce fut aussi cela !

Chapitre 15

Dans la tempête

Pendant ce temps l'activité gouvernementale se poursuivait, émaillée de petits accrochages avec le président de la République, qui, après avoir dénoncé, comme chacun sait, le «coup d'État permanent», non seulement s'en était accommodé, mais en était devenu un praticien averti. Il conduisait, en effet, une stratégie de harcèlement permanent.

La loi sur les privatisations était adoptée par le Parlement à la suite de son refus de signer l'ordonnance préparée par le ministre de l'Économie et des Finances. Auparavant, afin de donner un ballon d'oxygène aux entreprises, l'autorisation administrative de licenciement avait été supprimée. Édouard Balladur devenait seul maître à bord dans son ministère, ayant obtenu le départ de Camille Cabana qui avait de plus en plus de mal à coexister avec lui[1].

1. Édouard Balladur souhaitait exercer une autorité sans partage au ministère de l'Économie et des Finances, dont il désirait faire un Matignon *bis*. Refusant de s'installer dans les nouveaux locaux situés à Bercy, comme cela était prévu, il avait fait remettre en état ceux de la rue de Rivoli. Son souci de mettre en avant sa qualité de ministre d'État faisait la joie des chroniqueurs et provoquait la colère des ministres délégués. Il refusa ainsi l'accès de la salle à manger du ministère à Alain Juppé et fit interdire la cour du ministère à

Les lois dites « sécuritaires », qui définissaient les conditions d'entrée et de séjour des étrangers, prévoyant entre autres dispositions des restrictions d'accès à la carte de séjour de longue durée (dix ans) et les possibilités d'expulsion du territoire national par arrêté préfectoral, avaient été également adoptées.

Le 19 novembre, une loi accordant différents dégrèvements et avantages dans le domaine des services et de l'artisanat l'était à son tour.

Le 20 novembre, jour funeste, l'Assemblée nationale votait la ratification de l'Acte unique européen, qui portait en germe ce qui deviendrait les accords de Maastricht, sans que personne n'y prenne garde.

Cahin-caha, le programme du gouvernement était mis sur les rails.

Nous enregistrâmes avec satisfaction la libération, le 27 mai 1986, de deux otages, Marcel Coudari et Camille Sontag, qui avaient été enlevés au début de cette année[1].

Tous deux étaient soi-disant aux mains d'un mouvement baptisé « Organisation de la justice révolutionnaire », qui aurait dépendu à la fois de Damas et de Téhéran. Mes convictions, et celles de mes services, étaient qu'il s'agissait, en fait, d'un écran derrière lequel s'abritait le Hezbollah. Cela confirmait la justesse de nos analyses et le choix des canaux sélectionnés par Jean-Charles Marchiani. Notre satisfaction allait toutefois être de courte durée.

Le 17 novembre 1986, Georges Besse, président de Renault, était assassiné en plein Paris ; cette action ignoble fut attri-

---

tout autre véhicule que le sien. Je faisais les délices des journalistes du *Canard enchaîné*, lui également.

1. Le 26 février 1986.

buée à l'organisation terroriste Action directe, déjà responsable de l'assassinat de l'ingénieur général Audran[1].

La police manquait d'informations sur cette structure et ses militants. Depuis leur libération, certains de ses membres, en lutte contre la société, avaient décidé d'utiliser comme moyen d'expression l'assassinat de dirigeants d'entreprise ou de personnalités symbolisant le capitalisme[2].

Cependant des témoins avaient pu faire la description de deux jeunes femmes qui avaient pris une part active à cette action ; nous pensions les avoir identifiées.

Je demandai à Philippe Massoni d'aiguillonner les équipes des Renseignements généraux et, là encore, je fis afficher les portraits des membres connus de cette organisation, promet tant une récompense à toute personne pouvant nous communiquer des informations.

Le tollé de la presse de gauche, de l'opposition et de ceux que je qualifierai dorénavant de « bonnes âmes » fut général, d'autant que la décision de Jacques Chirac d'opposer le « secret défense » sur le fonctionnement de la Direction de la surveillance du territoire venait de mettre un terme à l'affaire dite « Chalier ».

Depuis plusieurs mois, en effet, les dirigeants socialistes étaient gênés par les révélations d'Yves Chalier, ancien chef de cabinet de Christian Nucci, qui avait été ministre de la Coopération dans le gouvernement Fabius après avoir joué le rôle que l'on sait en Nouvelle-Calédonie.

Il avait été à l'origine des premières manipulations destinées à faire émerger une « nation kanake », prétexte à l'indé-

1. Elle fut revendiquée plusieurs mois plus tard par un soi-disant « commando Pierre Overney », dépendant d'Action directe.

2. Certains membres d'Action directe avaient bénéficié des mesures d'amnistie décrétées à la suite de l'élection de François Mitterrand à la présidence de la République.

pendance de ce territoire malgré la volonté de la majorité de ses habitants. Cette manœuvre, qui aurait dû permettre à François Mitterrand d'apporter sa pierre à l'œuvre décolonisatrice de la France, n'avait eu comme seul résultat que de plonger la Nouvelle-Calédonie dans le chaos.

Des contrôles, effectués au cours des derniers mois de l'année 1985, avaient révélé qu'un certain nombre d'opérations financières, à tout le moins douteuses, avaient été faites à l'occasion du sommet franco-africain de Bujumbura[1].

Yves Chalier, qui avait eu à les connaître, n'avait pas l'intention d'être une victime expiatoire en raison d'instructions qu'il avait exécutées. Après les élections législatives de 1986, il avait cherché du soutien auprès de ses anciens amis ; il ne trouva personne pour l'aider. Ses actions, disait-on, avaient profité au Parti socialiste et au-delà ; il fut même éconduit de l'Élysée.

Il se sentait abandonné de tous, alors qu'il se disait également qu'il avait, aussi, collaboré, à l'occasion de ce sommet, avec les services français, de la DGSE à la DST en passant par le SCTIP[2].

N'aspirant plus qu'à se venger, il avait fait remettre, en désespoir de cause, à Michel Aurillac, ministre de la Coopération, des documents prouvant les malversations. Menacé, y compris de mort, il s'était réfugié en Afrique, où il avait trouvé un abri grâce aux liens précédemment noués. Sa piste retrouvée, de nouvelles menaces lui avaient été adressées ; son amie ayant été incarcérée en France, craignant pour sa vie, il décidait de se livrer à la justice.

Interpellé à son entrée sur le territoire national, il était

1. 11-12 décembre 1984, onzième sommet franco-africain de Bujumbura (Burundi), auquel participèrent 17 chefs d'État.

2. Service de coopération technique internationale de la police.

trouvé en possession d'un passeport établi à une autre identité que la sienne. Une enquête de police permettait de remonter jusqu'à l'origine du document; il provenait d'un lot de passeports utilisés par la DST.

Tandis que je n'étais informé de tout cela ni par Robert Pandraud, dont on avait fait mon « fidèle » ministre délégué, ni par la direction de la Police nationale, c'est une véritable cabale qui était montée contre moi.

Je me trouvais, bien malgré moi, au centre d'une affaire qui, espérait-on, permettrait de m'abattre.

Les attaques menées contre moi ne venaient pas toutes de gauche, loin de là. Certains membres de la police proches de Robert Pandraud, placé à mes côtés comme ange tutélaire par Jacques Chirac – selon Édouard Balladur –, ou à la demande d'Édouard Balladur – selon Jacques Chirac –, étaient responsables de « fuites » et de la divulgation d'informations orientées dont je prenais connaissance par la presse. Ils avaient aussi trouvé des oreilles complaisantes et des relais à la mairie de Paris, ainsi qu'à l'hôtel Matignon.

Grâce à eux, une affaire de détournement de fonds impliquant certains socialistes était devenue l'« affaire Pasqua ».

En ma qualité de ministre de l'Intérieur, je fis savoir à Jacques Chirac qu'il était impensable de voir une enquête se développer au sein de nos services; les dégâts causés à la DGSE lors de l'affaire du *Rainbow Warrior* étaient encore présents dans les mémoires. Dans la lutte engagée contre le terrorisme, j'avais besoin de ce service.

Faisant mien cet aphorisme tout britannique qui veut que le propre d'un service secret soit de rester secret, je lui demandai d'opposer le « secret défense » aux demandes d'investigation de la justice. Il le fit après quelques hésitations. Dès cet instant, ni le directeur de la DST, ni moi n'étions autorisés à répondre à qui que ce soit. La Cour de cassation, qui eut à trancher, confirma la justesse de la position du Premier ministre.

Ainsi se termina cette tentative de déstabilisation à laquelle le directeur général de la Police nationale, nommé par François Mitterrand et ami de longue date de Robert Pandraud, semblait avoir pris une large part[1].

Si la presse de gauche s'était déchaînée contre moi, le président de la République s'était abstenu de tout commentaire. Dès lors que je n'avais pas exploité la présence du nom d'une association réputée proche de lui dans la liste des bénéficiaires de cette affaire, François Mitterrand avait suivi tout cela avec un certain amusement. Se demandant comment j'allais me sortir de ce mauvais pas, il me manifesta, avec malice, son encouragement lors d'un Conseil des ministres.

Je sortis de cette bourrasque plus fort que je n'y étais entré, plus méfiant aussi. La DST me serait désormais tout acquise, sachant que son ministre avait fait front et obstacle à l'incendie qui menaçait de la toucher. Ces liens nouveaux se révéleraient précieux par la suite...

Ayant connu des situations autrement plus difficiles pendant la guerre ou la crise algérienne, je n'avais pas faibli. Jacques Chirac avait tranché. De mon côté, je me souviendrais de ceux qui, par ambition personnelle ou carriérisme, avaient fait preuve de déloyauté à mon égard.

Mais tout cela apparaîtrait bien dérisoire par rapport à la tempête dans laquelle allait se trouver plongé le gouvernement.

Alain Devaquet avait fait adopter par le Conseil des ministres au début de l'été un projet de réforme des études universitaires qui n'avait soulevé aucune objection[2]. Aucun

1. Pierre Verbrugghe.
2. Ministre délégué chargé de la Recherche et de l'Enseignement supérieur auprès du ministre de l'Éducation nationale René Monory.

indice particulier n'indiquait la possibilité d'une opposition forte à ce texte dans les universités. Les Renseignements généraux n'avaient pas senti que le mécontentement montait au fur et à mesure que l'on se rapprochait de la date de l'examen de cette loi par l'Assemblée nationale.

Pourtant, les premiers signes d'agitation étaient d'ores et déjà perceptibles à Villetaneuse, faculté dans laquelle la grève avait été votée. Les principales critiques du mouvement étudiant portaient sur la hausse et la variabilité des droits d'inscription, le risque de suppression de diplômes nationaux, la sélection à l'entrée des universités, ainsi que l'instauration d'inégalités entre universités, ce qui rompait avec le sacro-saint principe de l'égalité.

Une première manifestation était prévue à Paris[1]. Elle devait réunir, selon les services des Renseignements généraux, tout au plus dix mille participants : ils furent deux cent mille, pour la plupart très jeunes. Quelque chose que personne n'avait vu venir était en train de se produire.

Furieux, je convoque Robert Pandraud et Philippe Massoni pour leur faire part de mon mécontentement et leur demander de faire en sorte que les Renseignements généraux, qui doivent être à l'écoute de l'opinion, enquêtent dans les universités. Mécontent, je le suis d'autant plus que des membres de mon cabinet sont allés voir ce qu'il en était ; ils ont constaté eux-mêmes la jeunesse de nombre de participants, qui se disent apolitiques.

Je perçois quelque chose d'irrationnel dans tout cela ; de plus, j'ai déjà connu ce phénomène de mouvements de masse avec de jeunes participants. Le processus est toujours identique : d'abord un sentiment de joie et l'excitation d'être ensemble, puis la prise de conscience de la force que repré-

1. Le 23 novembre 1986.

sente le rassemblement, tout cela débouchant, au-delà de la remise en question de telle ou telle mesure, sur la contestation du pouvoir, du gouvernement, des « parents » et, beaucoup plus généralement, de tout ce qui représente une autorité.

Je connais également la faiblesse congénitale du pouvoir, quelle que soit sa coloration politique, face à ces mouvements. Il ne s'agit donc pas de s'arc-bouter sur un projet, si bon soit-il à nos yeux, au risque de se couper de la jeunesse.

J'explique cela à Jacques Chirac, lui conseillant de retirer le texte[1]. Mon analyse tombe à plat ; elle provoque même quelques sourires apitoyés chez mes jeunes collègues du gouvernement. Il me semble les entendre : qu'arrive-t-il à Pasqua ? Il se dégonfle... La position unanimement exprimée est la suivante : il ne faut pas retirer un texte sous la pression de la rue. Je suis seul, hélas !

René Monory hausse les épaules : il est pour le maintien. J'essaye de leur expliquer que les manifestants sont convaincus que les diplômes n'auront plus la même valeur selon les universités et qu'ils ne se laisseront pas faire. Insistant en conclusion sur le fait que tout ce qui se passe est plus grave qu'ils le croient, je ne recueille que les ricanements des ministres qui se disent libéraux. J'interpelle alors directement Jacques Chirac en lui indiquant que nous ne pourrons pas tenir devant le mécontentement qui monte, et que nous serons obligés, pour finir, de retirer ce texte. La retraite étant partie intégrante de l'art militaire, nous pouvons encore reprendre l'initiative, en retirant le texte et en annonçant qu'il va être réétudié. Ce faisant, nous sauvons la face, puis nous négocierons. Je crains qu'après il ne soit trop tard.

Le Premier ministre ne sent pas ce risque. Ses préoccupa-

1. Le lundi 24 novembre 1986.

tions sont autres : d'une part, les députés UDF veulent durcir le projet et, d'autre part, il lui faut ménager René Monory, qui le soutiendra lors des prochaines élections présidentielles. Des rumeurs circulent enfin dans les rangs de l'UDF selon lesquelles il ne serait pas impossible que Charles, à cette occasion, prépare un coup contre eux. Je reste abasourdi face à de tels arguments : les risques sont énormes pour le gouvernement dès lors que personne ne veut rien entendre.

Jacques Chirac va, comme cela lui arrive souvent, hésiter, tiraillé entre ses divers conseillers, incapable de décider, jusqu'au drame. Car toutes les conditions sont réunies pour qu'il y ait un drame. Je dois donc absolument continuer de tenter de les raisonner, à commencer par Édouard Balladur ; peine perdue !

François Mitterrand, de son côté, avait compris le bénéfice qu'il pouvait retirer de cette contestation. Il n'avait pas oublié que les manifestations contre la « loi Savary » avaient conduit au retrait de ce texte et provoqué la chute du gouvernement Mauroy. Aussi, dès le 22 novembre, il s'était déclaré en phase avec la jeunesse, ce qui était une formidable caution pour les contestataires.

Dans le même temps, les Renseignements généraux, qui cette fois avaient fait une enquête approfondie, me confirmaient que le mouvement prenait de l'ampleur.

Le 27 novembre, des manifestations ont lieu dans la France entière, et à Paris. Cette fois, ce sont cinq cent mille jeunes qui descendent dans la rue. Les tentatives de récupération politique sont flagrantes, les banderoles de SOS-Racisme se multiplient. En fin de journée, j'appelle Jacques Chirac, persuadé qu'il aura enfin compris. Il n'en est rien : il conteste les chiffres des Renseignements généraux et pense que nous exagérons. Le soir même, après avoir réussi à ébranler Édouard Balladur, lui et moi nous rendons chez le Premier ministre ; il ne veut rien entendre, mais il convoque malgré tout un Conseil restreint pour le lendemain.

Le Premier ministre et René Monory, lors de ce Conseil, défendent le texte. Je tente de leur ouvrir les yeux, une fois de plus, en leur montrant combien le mouvement que nous voyons se développer est irrationnel, et que vouloir lutter par la logique contre l'irrationnel est une illusion. René Monory, d'une manière totalement incongrue, argumente sur la philosophie libérale de ce projet. Mes interlocuteurs ne veulent rien entendre et rien comprendre. Une fois encore je tente de leur expliquer que la motivation et la mobilisation des protestataires sont chaque jour plus grandes ; il est trop tard pour vouloir modifier le projet contesté, il faut le retirer. Alain Devaquet, qui assume la paternité de ce texte, comprend l'enjeu : je me suis longuement entretenu en privé avec lui.

Peine perdue, Jacques, contrairement à ses habitudes, a le visage fermé, il ne bouge pas : je prêche dans le désert. Puisqu'il en est ainsi, je laisse à d'autres le soin d'essayer de lui ouvrir les yeux.

Jour après jour, la violence des manifestations qu'il nous est demandé de contrôler s'accroît. Le côté bon enfant des premiers défilés a disparu. La tâche des forces de l'ordre est compliquée par la présence d'éléments extérieurs au mouvement étudiant ou lycéen, qui ne sont là que pour provoquer et casser. L'opposition et une certaine presse ont beau jeu de dénoncer les brutalités policières. Je suis également obligé d'expliquer fermement à Robert Pandraud que commander les forces de maintien de l'ordre n'est pas suffisant, il lui faut aussi se rapprocher de la presse afin d'expliquer les problèmes auxquels ses services sont confrontés. Cela n'a pas l'air de lui plaire...

Jacques Chirac, le 4 décembre, nous annonce qu'une solution de repli est à l'étude dans les services de Monory et

Devaquet, mais qu'elle ne sera dévoilée qu'en fonction de l'importance de la manifestation prévue ce jour-là. Entre-temps, Monory a tenté de voir les étudiants, mais cela n'a servi à rien car, apparemment, ses interlocuteurs n'étaient pas les bons... Le représentant de la coordination étudiante, David Assouline, est trotskiste : à leurs yeux, tout cela se présente on ne peut plus mal.

Nouveau conseil de guerre, mieux vaut en rire, le 5 décembre. La tendance est à la fermeté... pour cause de sondages ! La politique de sécurité et de fermeté incarnée par Charles Pasqua a la faveur des Français. Retirer le texte irait à l'encontre de cette image. Tout ça en devient misérable.

Pauvre pays ! Nous avons perdu quinze jours en atermoiements. La responsabilité de René Monory est considérable car il n'a rien compris à ce qui se passait. Quant à Jacques Chirac, il a tranché, mais pas dans le sens qui convenait...

François Léotard se réveille tout à coup et découvre le risque de coupure avec la jeunesse ! Jacques Chirac se ravise soudain et décide, maintenant, de retirer le texte contesté. Mais, une fois encore, c'est une demi-mesure qui est retenue : René Monory enregistre une intervention télévisée dans laquelle il est censé annoncer que les points les plus contestés seront retirés. Las, sa déclaration est confuse, incompréhensible. Il était écrit que cette affaire ne pouvait que mal se terminer.

Les étudiants, qui n'ont rien compris aux propos du ministre, occupent la Sorbonne, après des heurts sans gravité avec la police. Peu avant minuit, le préfet de Police, M. Paolini, me téléphone pour me dire que l'évacuation s'en est faite sans incidents.

J'ai pour lui de l'amitié et de l'estime. Calme dans la tempête, assumant ses responsabilités sans hésitation, il est, compte tenu de l'importance de Paris, le collaborateur le plus précieux ; j'ai une très grande confiance en lui[1].

Après l'avoir remercié, je monte à l'appartement dévolu au ministre de l'Intérieur, en songeant que voilà encore une journée de passée et que le pire a été évité.

Non, le pire est à venir !

À 1 h 30, le membre du cabinet assurant la permanence de nuit me transmet un appel téléphonique du préfet de police. C'est le drame, un drame affreux. Le peloton des voltigeurs motocyclistes est intervenu contre des casseurs boulevard Saint-Germain à la fin de la manifestation, après l'évacuation de la Sorbonne.

Certains de ses éléments ont suivi un jeune homme qui s'enfuyait, disent-ils, rue Monsieur-le-Prince, l'ont rejoint dans un hall d'immeuble et l'ont roué de coups.

Malik Oussekine, étudiant français d'origine algérienne, malade et sous dialyse, frappé par des membres de la police, devait décéder malgré l'intervention rapide des services de secours.

Mon épouse a compris, compte tenu des précisions que je demandais, que l'irréparable venait d'arriver ; elle me témoigne tendresse et sollicitude. Je suis profondément touché car rien ne peut justifier la mort d'un jeune homme. Je pense à sa famille, au désespoir de ses parents, à leur infinie tristesse.

Je mesure aussi immédiatement les conséquences de ce drame pour les forces de police, qui, dans leur immense majorité, ont fait preuve de sang-froid. Leur image va être ternie, comme va être ternie l'image du ministère de l'Intérieur, celle du ministre de l'Intérieur également, qui va être haï par la jeunesse de son pays, alors que...

1. M. Paolini eut à connaître trois ministres de l'Intérieur dans ses fonctions de préfet de police.

Jacques Chirac et son gouvernement connaîtront le prix qu'ils auront à payer un soir de mai 1988.

Je rejoins mon bureau ; ce n'est pas le moment de se laisser aller. Les sentiments qui m'habitent à ce moment sont le chagrin et la compassion pour cette famille, mais aussi une colère froide, contre l'entêtement de Monory, les calculs d'épicier de Chirac, contre les dirigeants de SOS-Racisme dont on sait bien d'où viennent les financements et les suggestions qui ont excité les manifestants, contre le temps perdu et la malignité de François Mitterrand.

J'avais demandé à Robert Pandraud de répondre aux sollicitations de la presse : il allait se surpasser. Sa déclaration – « Si j'avais un enfant malade et sous dialyse, je ne le laisserais pas sortir la nuit » – est indécente et résonne comme une insulte.

Ministre de l'Intérieur, je dois faire front. Je n'ai pas pour habitude de reculer ; j'assumerai donc.

Comme je le pressentais, François Mitterrand se rend auprès de la famille de la victime. Je ne peux pas faire cette démarche, quoi que je ressente.

J'irai rendre visite aux policiers blessés au cours de ces journées d'affrontement, tant pis si cela renforce la dureté de mon image. Je secoue, verbalement, tous les responsables de la police, leur ministre en tête, afin que les dégâts provoqués par les casseurs pendant ces journées de manifestations soient estimés, que les agressions à l'encontre des forces de l'ordre soient recensées, que la présence d'éléments incontrôlés dans les manifestations soit établie.

Je transmets ces informations au gouvernement, mais aussi au président de la République car je souhaite qu'il ne puisse contester la vérité sur les agressions et les actes de vandalisme. Ainsi obtiendrai-je indirectement que François Mitterrand comprenne que les forces de police étaient épuisées et que, dès lors, un drame était possible. Retirant un grand bénéfice politique de cet épisode, il se gardera bien d'en rajouter et confirmera ma thèse. Je ne peux pas en espérer plus.

Ministre de l'Intérieur, j'assumais et je continue à assumer plus de vingt ans après. Mais jamais personne ne voulut reconnaître avoir donné l'ordre au peloton motocycliste d'intervenir malgré mes interrogations pressantes.

Mais il me faut aussi protéger le Premier ministre et limiter les conséquences des tristes événements que nous venons de vivre.

Le proche passé était là pour nous montrer quelles pouvaient être les conséquences, pour un gouvernement, des manifestations de rue. Il m'appartenait de mettre en garde les Français contre ces risques.

Le hasard a fait que les assises nationales de la jeunesse du RPR, prévues de longue date, se tiennent au lendemain de ces événements tragiques. Trente mille jeunes me manifestèrent leur soutien et leur sympathie, ainsi qu'à Jacques Chirac. Les attaques dont j'étais l'objet de la part des partis et des hommes politiques de gauche, d'une certaine presse aussi, ne faisaient que renforcer leur attachement à ce que je représentais.

J'étais à leurs yeux un gaulliste fidèle depuis toujours, et pour toujours, à un idéal que le général de Gaulle avait incarné, portant un amour intransigeant à la France, et celui qui, plus qu'aucun autre, sacrifiait tout à l'objectif qu'il s'était assigné : porter l'un d'entre nous à la présidence de la République. Ils me prouvèrent leur affection par une ovation.

Je leur demandai de se mobiliser pour défendre les institutions. Ce message fut relayé par Jacques Toubon, et plus succinctement par Jacques Chirac. L'objectif désigné, le moral revint au beau fixe, l'envie d'en découdre aussi. Le traumatisme était surmonté.

J'étais cependant sans illusions ; je serais désormais la cible toute désignée d'une bonne partie de la jeunesse. J'espérais, en ayant fait front, avoir au moins réussi à limiter les dommages en termes d'image pour Jacques Chirac.

Mais j'en voulais terriblement aux membres du gouvernement, qui, aveugles et sourds aux cris de la jeunesse, toujours prêts à faire quelques réflexions acerbes sur les « durs » du mouvement gaulliste, s'étaient avérés incapables de pressentir les difficultés, et encore moins d'assumer les conséquences de leurs erreurs.

Telle est pourtant la différence entre les hommes d'État et les simples politiciens.

La libération, à la veille de Noël, d'un autre otage, Aurel Cornéa, obtenue par Marchiani, nous mit un peu de baume au cœur. Nous en avions bien besoin.

Une série de grèves va bientôt éclater. Elles vont petit à petit paralyser tout le pays. Si ce ne sont pas des grèves politiques, cela y ressemble. Le chef de l'État validera cette analyse en recevant une délégation de grévistes au fort de Brégançon. L'image parlera d'elle-même : d'un côté la compréhension et la compassion présidentielles, de l'autre la droite égoïste, sans cœur, sourde et aveugle.

La cohabitation a permis à François Mitterrand de retourner la situation à son avantage ; son sens politique a fait le reste. Il est, décidément, un redoutable adversaire ; nous n'avons pas fini de nous en apercevoir.

Chapitre 16

Après la pluie…

Quelques jours de repos au Maroc, en famille, avaient été les bienvenus, tant j'étais fatigué physiquement et moralement.

À tort ou à raison, j'avais l'impression d'avoir porté à bout de bras l'action gouvernementale pendant ces quelques mois ; mais le plus frustrant avait été de devoir assumer les erreurs politiques et les mauvais choix faits par d'autres.

Paradoxalement, alors que j'étais attaqué dans mon propre pays, des messages de sympathie m'étaient parvenus, au plus fort de la tempête, de pays traditionnellement amis de la France, ceux du Maghreb, bien sûr, mais aussi de l'Afrique francophone. Bon nombre de chefs d'État, mais aussi de mes homologues connaissaient la charge qui pesait sur mes épaules. Mes déplacements en province constituaient une bouffée d'oxygène, car il y avait toujours quelqu'un pour me témoigner chaleur, amitié et respect. Si les membres des cénacles parisiens avaient des états d'âme, la France profonde comprenait.

Mon fils, Pierre, me rendait visite aussi souvent qu'il le pouvait ; nos « tours de piste » dans le jardin du ministère, si le temps le permettait, étaient devenus quasi rituels ; ils servaient de prétexte à fumer un cigare, mais nous permettaient surtout d'échanger nos idées sur les sujets qui me préoccupaient.

Ma famille me soutenait du mieux qu'elle le pouvait ; elle subissait directement le contrecoup de la lutte qui avait été engagée contre les groupes terroristes. Des mesures de sécurité strictes avaient été adoptées pour mes proches, y compris mes petits-fils qui résidaient en province, car les menaces étaient bien réelles ; ces mesures de sécurité pesantes et contraignantes pour des adultes l'étaient encore plus pour des enfants[1].

Ils renonceraient très vite à m'expliquer que le gendarme retraité qui les accompagnait pour aller et revenir de l'école n'arrivait pas à se rappeler le bon itinéraire : ils avaient compris qu'il fallait en changer, encore et toujours. Ils commenteraient entre eux à voix basse les explications qui voulaient que les hommes en bleu dans leur jardin soient des pompiers. « Des pompiers avec des mitraillettes ? » Il est vrai qu'à 5 et 6 ans, dans un tel contexte, on grandit très vite...

Un jour, des promeneurs d'origine irakienne, démunis de pièces d'identité, furent interpellés dans une oliveraie à une centaine de mètres de leur domicile ; le hasard, sans aucun doute...

Mon épouse, femme de caractère mais d'humeur calme, avait refusé d'avoir une « baby-sitter » en permanence à côté d'elle. Sous la pression des responsables de la sécurité, une protection discrète fut décidée, son plaisir étant de faire deux heures de marche dans Paris quotidiennement. Las, dès le premier jour son ange gardien rentra au ministère de l'Intérieur penaud, ayant perdu la personne qu'il était censé protéger. Sa présence ayant été détectée par mon épouse dès les premières

1. Elles ne seraient définitivement levées qu'en 1996.

minutes de cette promenade, elle l'avait entraîné vers les grands magasins et était ressortie par une autre porte dans la grande tradition de la cinématographie policière.

Un moyen terme fut trouvé par mon chef de cabinet : il n'y aurait pas de sécurité attachée à sa personne, mais elle devrait apprendre à se servir d'une arme de poing. Les tireurs émérites attachés à ma personne lui firent donc suivre un stage, au terme duquel ils décrétèrent qu'elle était un excellent élément, plus douée que moi. Au terme de conciliabules incompréhensibles pour les non-initiés, ils décidèrent de l'arme qu'elle devrait porter en permanence, convaincus de sa capacité à s'en servir !

Quoi qu'il en soit, l'année 1987 avait commencé de manière tonitruante, avec la grève des services publics. Mes collègues du gouvernement, qui pensaient disposer d'un peu de temps pour reprendre leur souffle, n'avaient pas imaginé que les choses puissent se passer ainsi, convaincus qu'ils étaient que l'essentiel avait été fait avec la victoire de l'opposition lors des élections législatives de 1986. Certains en venaient presque à désespérer de l'action gouvernementale tant les succès se faisaient attendre.

Ce premier succès, c'est le ministre de l'Intérieur qui allait l'apporter.

J'avais été voué aux gémonies lorsque j'avais décidé de faire appel au sens civique de nos concitoyens en faisant diffuser par voie d'affiche les photographies de certains terroristes libanais. Personne, cependant, ne nous avait complimentés quand la campagne d'attentats terroristes, fomentée par le soi-disant CSPPA, s'était arrêtée. J'avais récidivé avec Action directe, en promettant une récompense à toute personne qui permettrait la capture de leurs membres et dirigeants.

Dans mon esprit, il s'agissait, n'en déplaise aux bonnes âmes, de gêner les terroristes dans leurs mouvements et de les amener ainsi à commettre des erreurs qui pourraient conduire à leur arrestation. Il s'agissait aussi de mobiliser les Français en leur montrant que nous étions engagés dans une véritable guerre et que, dès lors, tout le monde devait se sentir concerné.

Ce que j'appelais de tous mes vœux finit par se produire. Une information parvint à la Direction centrale des renseignements généraux selon laquelle Jean-Marc Rouillan et Nathalie Ménigon, deux des principaux membres du mouvement d'extrême gauche, vivaient dans une ferme isolée dans la région d'Orléans.

Une équipe de policiers de la section antiterroriste des RG, sous les ordres du commissaire divisionnaire Swiners-Gibaud, effectua un travail de fond afin d'essayer de confirmer cette information, sans succès.

Mais, un jour, dans l'après-midi, par hasard, ce dernier crut reconnaître Nathalie Ménigon dans un supermarché. Il décida de la prendre discrètement en filature avec son équipe, la filmant pour essayer de confirmer son impression, tout cela le conduisant… à proximité d'une ferme. Le reste devait suivre, le repérage des véhicules utilisés par les occupants de la ferme, leur mise sous surveillance et, finalement, leur identification ; sans aucun doute, il s'agissait de membres d'Action directe.

Philippe Massoni m'ayant rendu compte, je lui demandai d'alerter Ange Mancini, le responsable du RAID[1], afin que ses équipes soient prêtes à intervenir le soir même.

Nous informons à ce moment-là Robert Pandraud de la situation. Je décide également qu'une discrétion totale doit

1. Recherche, assistance, intervention, dissuasion : unité d'élite de la police nationale chargée de la gestion de situations de crise ; créée le 3 octobre 1985, elle sera intégrée à l'UCLAT en 1988. Dans mon esprit, il était indispensable que cette arrestation soit réalisée par la police nationale.

être observée sur cette opération, les informations devant être uniquement partagées entre les hommes sur le terrain et notre petite équipe.

Nous convenons avec Ange Mancini que, sauf incident de dernière minute, l'assaut sera donné le jour même à 21 heures et que toutes les vacations radio, quelles qu'elles soient, cesseront un quart d'heure avant l'intervention[1]. À partir de 20 h 45, je patiente dans mon bureau en compagnie de Robert Pandraud. Je suis par la pensée Mancini et ses hommes qui vont risquer leur vie. Ces hommes, supérieurement entraînés, sont prêts à le faire au service de leurs concitoyens : ils font honneur à la police.

Ce soir, je prie pour eux afin qu'il n'y ait pas trop de pertes humaines ; de notre côté du moins.

Le silence radio est rompu peu après l'heure supposée de l'intervention. Le laconisme du message laisse mal percer l'exultation du responsable du RAID : « Succès total, quatre personnes arrêtées, pas de blessés. » Dix minutes plus tard, c'est un « carré d'as » qui nous est annoncé : Rouillan, Ménigon, Aubron, Cipriani, les principaux responsables d'Action directe, sont entre nos mains. Nous avons enfin un succès ! Et quel succès !

Je téléphone immédiatement à Jacques Chirac, qui se trouve à l'hôtel Matignon, pour lui annoncer cette bonne nouvelle. Il est ravi, mais estomaqué par ce qu'il appelle mes cachotteries, comprenant pour finir que la prudence doit être de mise dans de telles affaires.

Je lui demande d'en informer le président de la République ; il m'en laisse le soin, sans doute sa manière de marquer sa satisfaction et de me remercier.

François Mitterrand, qui n'est pas à l'Élysée, me rappelle

1. Le 21 février 1987.

quelques minutes plus tard. Je l'informe de la conduite de cette opération et de son succès. Je lui confirme que les quatre dirigeants d'Action directe sont entre nos mains, que beaucoup de documents ont été saisis, que nous devons prévenir nos collègues allemands, concernés au premier chef.

Un silence; manifestement, le président est surpris... heureusement, j'espère. Puis: «Je vous félicite. Veuillez féliciter de ma part tous ceux qui ont pris part à cette action.» Je transmets sans attendre les félicitations du président de la République et du Premier ministre à Philippe Massoni et Ange Mancini; le RAID a montré ses qualités exceptionnelles et l'excellence de ses membres dans sa première intervention d'envergure.

J'avais cependant un premier problème à résoudre car, dès 22 heures, certains organes de presse avaient été informés de cette opération. Je me devais donc d'obtenir de la part de l'ensemble des médias la mise sous embargo de cette information, jusqu'au lendemain, afin que nous ayons le temps d'exploiter les documents saisis. Je n'eus aucun mal à l'obtenir, l'intérêt général primant cette fois-là sur le sensationnel. Aujourd'hui encore, je les en remercie.

Le lendemain, le Premier ministre pouvait se féliciter des résultats exceptionnels obtenus, qui étaient en grande partie la conséquence de la remise en ordre des services de police et du moral retrouvé.

Je savourais d'autant plus ce succès que nous l'avions obtenu grâce à l'affichage des photos des suspects, de l'offre de primes en récompense de renseignements, méthodes désavouées par les beaux esprits. Mais, également, parce que la réussite avait reposé sur l'utilisation de moyens de transmission cryptés, dont l'achat nous avait été refusé par le contrôleur financier du ministère de l'Intérieur, au motif qu'il n'existait pas de matériel français et qu'il faudrait passer par une procédure d'appel d'offres...

Comme d'habitude, la débrouillardise avait dû compenser la bêtise. J'avais donc envoyé un de mes émissaires voir nos correspondants du FBI à New York pour qu'ils nous aident à acquérir ce dont nous avions besoin ; ce fut payé en espèces sur les fonds spéciaux de la police, rapporté des États-Unis dans un carton bien ficelé, introduit en France grâce à la compréhension des fonctionnaires de la Police de l'air et des frontières afin de doter les spécialistes de la lutte antiterroriste. Nous avions réussi, certes, mais j'en venais à regretter qu'il n'y ait pas quelque cul-de-basse-fosse place Beauvau : j'aurais pu y loger quelques bureaucrates.

Quelque temps plus tard, j'irais rendre visite aux membres du RAID dans leur centre d'entraînement pour les féliciter. Afin de leur montrer ma confiance, je décidai de participer à un exercice. J'acceptai de jouer le rôle d'un otage, enfermé dans une pièce sombre, entouré de silhouettes censées représenter mes geôliers... L'assaut fut donné ; explosions, tirs à balles réelles. Tout se passa bien. Avec beaucoup d'humour, l'un des membres de l'équipe me dit : « Je suis sûr que certains de vos amis auraient apprécié que nous commettions une bavure... »

Je devais recevoir au ministère de l'Intérieur les journalistes Anne Sinclair et Jean-Luc Séguillon, dans le cadre de l'émission politique *Questions à domicile*, le 26 février 1987. Le principe en avait été arrêté au début du mois de janvier ; ce n'était manifestement pas pour faire mon apologie. Les informations qui étaient remontées jusqu'à moi étaient qu'« on allait casser du Pasqua », car beaucoup dans le monde politique me pensaient en fin de parcours.

Voilà que soudain les événements permettaient de faire un pied de nez à tous mes détracteurs et me remettaient spectaculairement en situation. J'imaginais sans peine l'irritation des journalistes qui se voyaient obligés de trouver un autre fil conducteur pour leur émission, dont le thème aurait dû être «Erreurs et échecs d'un apprenti ministre de l'Intérieur». Je me préparais à savourer ce moment avec délectation.

Mon épouse devait apparaître quelques instants à mon côté pendant cette interview. L'émission se déroulait en direct en deux parties, l'une dans un des salons en sa présence, l'autre dans mon bureau avec les seuls journalistes.

Au moment où la journaliste vedette de TF1 se levait pour enlever son micro avant de changer de pièce, Jeanne intervint tout à coup: «Je voudrais ajouter quelque chose.» Voici que tout à coup, elle si réservée, qui n'a pas l'habitude des caméras, émue mais résolue, entreprend de me défendre: «J'ai été blessée par les calomnies qui ont accablé le ministre... Il est bon, humain, courageux, solide... Si je le dis, c'est parce que je le sais: quarante ans, c'est un long chemin...» Nos mains se joignent; je sens son émotion. Son courage, ses mots simples vont toucher les téléspectateurs.

Après avoir dit ce qu'elle pensait avoir à dire, elle se retira pour téléphoner à ses petits-enfants. Je ne pouvais pas imaginer les conséquences qu'aurait sur l'opinion et sur les journalistes eux-mêmes cette intervention inattendue. Techniciens et journalistes, tout le monde comprenait qu'il s'était passé quelque chose d'exceptionnel. Le standard téléphonique du ministère, en quelques instants, fut saturé. Un très abondant courrier lui fut adressé dans les jours qui suivirent pour l'applaudir et la féliciter. La quasi-totalité des hebdomadaires voulurent l'interviewer, elle refusa tant elle avait dû se faire violence et forcer sa nature pour intervenir ainsi en direct. L'impact a été énorme, mais elle avait raison de ne pas vouloir entrer dans un monde qui ne l'intéressait pas.

Anne Sinclair, dont l'émission fut un grand succès, mais pas pour les raisons escomptées, commenta ainsi cet instant: «Elle a créé un événement, un moment d'intense émotion.

Elle mourait de peur, c'était la première fois qu'elle parlait à la télévision. Mais au-delà de son trac, elle a fait naître un moment de vérité assez rare. Elle a fait part de son désarroi, elle toujours silencieuse, à des millions de téléspectateurs.» Le lendemain, télévisions, radios, presse écrite ne parlaient plus que de Mme Pasqua «montant au front pour défendre Charles et quittant ensuite la scène pour téléphoner à ses petits-enfants». Dès cet instant, l'émission avait basculé, le reste passait au second plan. Tout le monde avait compris que les attaques contre moi avaient bien franchi les limites du combat politique.

Au-delà de ces développements médiatiques, notre action se développait sur plusieurs fronts. Nous devions tout d'abord exploiter notre succès contre Action directe au niveau diplomatique. Je décidai donc d'organiser un sommet des responsables de l'action antiterroriste sur le plan mondial. Je souhaitais, bien entendu, que l'ensemble des ministres européens participe à ces réunions de travail, mais il me semblait indispensable que des représentants des États-Unis, du Canada et du Japon se joignent à nous.

Afin d'éviter les écueils de la cohabitation, j'eus l'idée de faire lancer les invitations par mon collègue allemand, ce qui me dispensait d'en parler aux «autorités de tutelle» de manière officielle; cela permettait, bien sûr, de conserver une certaine discrétion sur ce qui était tout sauf une réunion médiatique. Ce dispositif fut toutefois mis à mal par le ministre de l'Intérieur japonais, qui fit savoir par voie diplomatique qu'il assisterait personnellement à la réunion de Paris prévue pour le 28 mai 1987. Fureurs conjuguées de François Mitterrand et Jacques Chirac, l'un et l'autre n'étant bien entendu pas informés, l'un soupçonnant l'autre de tromperie, et réciproquement.

Commença alors un véritable vaudeville, dans lequel Jacques Chirac terrorisait Robert Pandraud en lui demandant d'annuler cette réunion, ledit Pandraud ne sachant plus que faire car craignant les réactions... du ministre de l'Intérieur. Je décidai de ne rien annuler et conseillai à Robert Pandraud de partir à la campagne. Tout finirait par rentrer dans l'ordre, François Mitterrand me faisant savoir, plus tard, que tout ce qui allait dans le sens d'une plus grande coordination de la lutte antiterroriste avait son aval.

De leur côté, les fonctionnaires du Quai d'Orsay, au plus haut niveau, ne comprenaient pas qu'une réunion internationale puisse avoir lieu à Paris sans ordre du jour ! Il fallut leur faire entendre que le propre de ces réunions étant d'être et de rester, dans la mesure du possible, secrètes, leurs travaux le seraient également. Tout se passa finalement du mieux possible ; cette réunion se conclut par un accord de coopération mutuelle entre services.

Le lendemain, le préfet de Police me fit savoir qu'au cours d'une rafle nocturne le portefeuille d'un membre important d'une des délégations étrangères avait été retrouvé dans le sac à main d'une jolie jeune femme spécialisée dans l'organisation des moments de détente de visiteurs étrangers. Je le fis parvenir sans délai à l'ambassadeur du pays concerné, qui en conçut une profonde admiration pour les services français, tout en ne croyant pas une seconde que cette saisie soit l'effet du hasard. Ainsi se construisent les réputations...

Mais que cette cohabitation était pénible à vivre...

CHAPITRE 17

Du terrorisme et des otages (2)

Au gré de réunions souvent difficiles à mettre en place, d'Ankara à Islamabad, de Damas à Baalbek, nous avions affiné notre analyse. Il fallait conduire une négociation générale sur le terrorisme et les otages, mais pour cela encore faudrait-il proposer à nos interlocuteurs éventuels une monnaie d'échange. Or nous ne l'avions pas.

Si, au lendemain de la formation du gouvernement, des démarches avaient été entreprises sous l'impulsion de Jean-Bernard Raimond, ministre des Affaires étrangères, elles étaient aujourd'hui dans l'impasse.

Dès le mois d'avril 1986, en effet, deux diplomates de haut rang s'étaient rendus à Téhéran, à la demande de Jacques Chirac[1].

L'ancien chargé d'affaires iranien à Paris Ali Reza Moayeri, devenu vice-Premier ministre de son pays, avait effectué de son côté une visite en France le 21 mai. Au cours de cette visite, il avait indiqué que son pays était prêt à essayer d'intervenir en faveur de la libération des otages à la

1. André Ross et Marc Bonnefous.

double condition que le dossier Eurodif trouve une solution, et que les opposants iraniens ne soient plus autorisés à attaquer son pays à partir du territoire national[1].

Ces propos, ainsi que le parcours de ce vice-Premier ministre iranien de 30 ans qui aimait tant la France, ne cessèrent jamais de m'intriguer[2].

Le départ de notre pays de Massoud Radjavi, le chef des Moudjahidin du peuple, principal mouvement d'opposition au régime iranien, avait été suivi quinze jours plus tard par la libération de deux de nos compatriotes détenus en otages, Georges Hansen et Philippe Rochot ; une coïncidence pour certains... Ces démarches avaient permis le retour en France de cinq de nos compatriotes, mais comme me l'avait dit Jean-Bernard Raimond, la machine s'était grippée. Nous étions dans l'impasse.

Plus le temps passait, plus j'étais convaincu que le règlement de cette affaire passerait par une épreuve de force avec Téhéran. Nous savions que le régime était secoué par des querelles intestines entre les tenants d'une ligne dure et ceux qui souhaitaient réintégrer la communauté internationale. Il nous fallait donc essayer de tirer parti de ces dissensions. J'ar-

1. Eurodif : European Gaseous Diffusion Uranium Enrichment Consortium ; raison sociale d'une filiale d'Areva et nom donné aux installations d'enrichissement d'uranium implantées dans la vallée du Rhône. Le contentieux, porté devant les tribunaux internationaux, avait pour objet, d'une part, le remboursement d'un prêt consenti à la France en 1975 par l'Iran sous le régime du chah (1 milliard de dollars en principal) et, d'autre part, la décision de la France en 1981 de ne pas livrer à l'Iran des mollahs la part de combustible nucléaire à laquelle ce pays pouvait prétendre compte tenu des accords existants (10 % de la production totale d'uranium enrichi).

2. Ali Reza Moayeri, né le 7 juin 1956 à Rasht (Iran) ; chargé d'affaires en France, 1986-1988 ; vice-Premier ministre chargé des questions politiques, 1986-1990 ; conseiller du président de la République, 1990-1998 ; ambassadeur d'Iran en France, 1998-2002. Sur ce déplacement en France, voir le site de l'INA.

gumentai dans ce sens auprès du Premier ministre. Il m'entendait, mais nous n'avions aucun moyen d'action sérieux.

Entre-temps, un Tunisien s'était présenté à nos services au mois de février afin de nous offrir, moyennant récompense, des renseignements concernant le réseau responsable des attentats à l'explosif perpétrés dans la région parisienne au mois de septembre 1986. Après vérification, il s'avérait que les renseignements proposés étaient sérieux ; ils devaient déboucher sur l'arrestation des poseurs de bombes et de leur chef, un certain Fouad Ali Saleh.

Conformément aux engagements qui avaient été pris, l'informateur reçut 1 million de francs et un passeport lui permettant de recommencer une nouvelle vie aux États-Unis.

Les enquêtes conduites par les spécialistes de nos différents services révélèrent tout d'abord que le profil de Fouad Ali Saleh ne correspondait pas à celui des autres membres de son réseau, qui n'avaient pas de convictions religieuses ou idéologiques fortes. La fourniture d'explosifs spécifiques avait été organisée à partir du Liban, *via* l'Allemagne.

Ces investigations permirent ensuite de comprendre que la vague d'attentats du mois de septembre 1986 avait été exécutée par des personnes venues du Liban qui étaient reparties de France sitôt leur besogne accomplie. Le support matériel leur avait été fourni par les membres du réseau de Fouad Ali Saleh. Leur trace fut retrouvée grâce aux listes de passagers des compagnies aériennes. Un numéro de téléphone conduisit les enquêteurs dans un quartier de Beyrouth. Là encore, nous retrouvions la marque du Hezbollah, qui, comme chacun sait, entretient des liens étroits avec l'Iran.

Le chaînon dont j'avais besoin me fut fourni dans la masse d'informations mises au jour par l'enquête, malgré le mutisme de Fouad Ali Saleh. Ce dernier, après un séjour relativement bref en Iran, avait bénéficié d'une bourse d'études pour l'université de Qom ; son séjour avait duré un an. Une des personnes arrêtées dans le cadre de cette affaire révéla qu'il avait été en contact avec un ressortissant iranien s'appelant Vahid Gordji.

De nationalité iranienne, ce dernier était entré sur le territoire français en 1972 ; il avait tout d'abord occupé un poste d'agent technique… à l'ambassade d'Iran à Paris. Ayant obtenu un titre de séjour, il avait entamé des études de physique à l'université Jussieu. Officiellement recruté, peu après, dans le corps diplomatique de son pays, il avait participé à des activités politiques diverses, qui lui avaient valu d'être interpellé par les services de police. Il avait également été en charge du secteur « étranger » du centre culturel de la République islamique d'Iran jusqu'à sa fermeture par arrêté ministériel en 1983. Nos services considéraient que ce centre était un foyer de recrutement potentiel au profit d'organisations spécialisées dans la conduite d'actions violentes ou terroristes. Or l'ancien directeur de ce centre figurait au nombre des personnes de la mouvance Fouad Ali Saleh qui avaient été arrêtées.

Vahid Gordji était loin d'être un inconnu pour la Direction de la surveillance du territoire qui le soupçonnait d'être le numéro 2 réel de l'ambassade d'Iran, où il occupait officiellement une fonction d'interprète, ainsi que le coordinateur des services iraniens en Europe. Une convocation lui fut donc adressée par le juge Boulouque, magistrat spécialisé dans les dossiers de terrorisme, afin qu'il réponde aux questions qu'il souhaitait lui poser. Peine perdue.

Les éléments recueillis ne constituaient pas, à ce stade de l'enquête, des preuves irréfutables au sens juridique ou légal, mais l'analyse qui nous avait conduits à envisager la responsabilité de l'Iran derrière les attentats recevait un début de validation.

Vahid Gordji disparut pendant quelques jours, avant de réapparaître un peu plus tard au côté de l'ambassadeur d'Iran en France lors d'une conférence de presse dans laquelle notre pays fut menacé d'une rupture des relations diplomatiques[1].

Le Conseil de sécurité intérieur fut réuni à ma demande par le Premier ministre : il nous fallait exploiter dans l'instant cette faute iranienne. Je proposai donc de rompre les relations diplomatiques avec l'Iran en raison de l'agression dont notre pays avait été l'objet, et d'envoyer comme signal supplémentaire la flotte française dans le golfe Persique. Au terme d'une discussion animée, Jacques Chirac adopta cette position ; elle devait encore recevoir l'aval du président de la République.

François Mitterrand, rentré dans la soirée à Paris, nous reçut sans délai et approuva notre décision ; la France romprait les relations diplomatiques avec l'Iran et exigerait que Vahid Gordji se présente devant la justice française pour y être entendu.

Dans la nuit, je fis arrêter aux frontières des diplomates iraniens qui s'apprêtaient à quitter le territoire français accompagnés de leurs familles. Je fis aussi interpeller les autres diplomates, ainsi que les principaux responsables de l'ambassade d'Iran à Paris. Tout ce petit monde fut enfermé à l'intérieur des bâtiments diplomatiques iraniens, avenue d'Iéna, mis en état de siège par des gendarmes mobiles et des membres des compagnies républicaines de sécurité ; chevaux de frise et fils de fer barbelés en interdisaient les accès qui étaient sévèrement gardés. L'ambassadeur, seul, était autorisé à se déplacer, sous escorte, de l'ambassade à son domicile.

Les interceptions de toute nature effectuées par nos services

1. Une polémique se développa, car Vahid Gordji prétendit avoir été informé des intentions de la justice par un diplomate français.

et ceux de nos alliés confirmèrent la surprise et la perplexité des Iraniens devant cette réaction brutale.

Les instructions adressées de Téhéran à l'ambassadeur d'Iran nous démontraient que nous jouions désormais le même jeu. Nos amis britanniques avaient en effet intercepté un message conseillant aux diplomates de se suicider lorsque les foules françaises excitées envahiraient l'ambassade. Par un juste retour des choses, le souvenir de la prise d'assaut de l'ambassade des États-Unis à Téhéran et de la prise d'otages massive qui s'était ensuivie était maintenant un sujet d'inquiétude pour les dirigeants iraniens[1].

Ce que l'on appela la « guerre des ambassades » commença alors ; elle allait durer cinq mois.

Le gouvernement iranien accusa d'espionnage le premier secrétaire de notre ambassade et demanda qu'il lui soit livré. Paul Torri ne quitterait plus nos locaux diplomatiques à Téhéran tant que cette guerre diplomatique n'aurait pas trouvé une issue ; mais, en homme prévoyant, il avait fait stocker vivres et eau.

Pour moi, cela démontrait tout simplement que nous allions pouvoir commencer à discuter avec les Iraniens.

Les contacts étaient soudainement rétablis entre Jean-Charles Marchiani et ses interlocuteurs, qui nous traitaient, avec une certaine impudence, de preneurs d'otages. Ils devaient nous conduire plus tard à jeter les bases de l'accord qui nous permit d'arrêter les opérations terroristes iraniennes contre la France et d'obtenir le rapatriement de nos concitoyens détenus en otages.

1. À la suite de l'assaut donné le 4 novembre 1979 contre l'ambassade des États-Unis à Téhéran par des « étudiants islamiques », 63 personnes furent prises en otages. 50 d'entre elles restèrent en détention pendant 444 jours. Elles furent libérées après l'investiture du président Ronald Reagan.

Mais le chemin serait long, et les embûches n'allaient pas manquer. Un homme d'affaires syrien, Omrane Adham, prétendait s'immiscer dans ces contacts, se prévalant d'être un « émissaire de l'Élysée » ; je le fis expulser du territoire national selon la procédure de l'urgence absolue. De son côté, le chef du contre-espionnage syrien, le général Hamdani, fit enlever, après qu'il eut été identifié, un de nos agents infiltré au sein du Hezbollah.

Cependant nous progressions. Manifestement, les dirigeants iraniens souhaitaient que leur pays trouve une meilleure image et une certaine respectabilité.

Après de nombreuses discussions entre Marchiani et ses interlocuteurs, le canevas d'un accord en cinq points avait été élaboré. Ces points étaient les suivants :

1) libération préalable de deux otages en signe de bonne volonté ;

2) cessation des actes d'hostilité réciproque entre les deux pays ;

3) levée simultanée du blocus des ambassades ;

4) paiement par la France de la part non contestable du contentieux Eurodif ;

5) libération des trois derniers otages par l'Iran.

Le président de la République et le Premier ministre donnèrent leur accord de principe sur ce schéma, mais il était clair, dans mon esprit, que nous serions soumis au bon vouloir de nos interlocuteurs pour la libération des trois derniers otages.

Nous proposâmes donc aux Iraniens un schéma de normalisation des relations entre leur pays et la France, et de reprise progressive de la coopération entre les deux pays. Ce scénario serait mis en œuvre par nos successeurs.

Dans la deuxième quinzaine du mois de novembre 1987, je fus informé de la récupération imminente de deux de nos compatriotes détenus en otages. Elle intervint le 27 novembre, avec la libération un tant soit peu « acrobatique » des journalistes Roger Auque et Jean-Louis Normandin à la limite des secteurs de Beyrouth tenus par les Syriens et par le Hezbollah.

Quelle joie pour moi d'annoncer au Premier ministre que deux de nos compatriotes avaient été libérés et se trouvaient en sécurité à l'intérieur de notre ambassade à Beyrouth ! Cela confirmait le bien-fondé de notre démarche politique. Mais ma pensée était avec ceux qui restaient détenus et avec la famille de celui qui ne rentrerait jamais[1]...

Dans la nuit, un hélicoptère de l'armée libanaise transférait à Chypre ceux qui, désormais, étaient des ex-otages, puis un avion les amenait sur la base de Solenzara, en Corse. Grande émotion pour nous tous, et pour ceux qui nous accueillaient, du colonel au simple soldat. Le périple devait se poursuivre après un examen médical qui permettait de constater un état relativement bon, compte tenu de ce qu'ils avaient subi ; c'est habillés de pied en cap par l'armée qu'ils prirent leur vol vers Paris, où ils étaient attendus par le Premier ministre dans une atmosphère folle.

L'accord qui devait conduire à la libération de tous nos compatriotes et à la normalisation des relations entre la France et l'Iran avait reçu un début d'application ; les Iraniens s'étaient fiés à notre parole.

La suite est connue. Le substitut Alain Marsaud nous indiqua que les soupçons pesant sur Vahid Gordji n'étaient pas confirmés. Le juge Boulouque, après qu'il eut comparu devant lui, ne l'inculpa pas et le laissa repartir libre.

Le poids qui avait pesé sur ses épaules avait été énorme, et les charges retenues contre Vahid Gordji, à l'origine, s'étaient

1. Le décès de Michel Seurat avait été annoncé le 5 mars 1986. Chercheur au CNRS, il avait été enlevé le 22 mai 1985 à Beyrouth.

effilochées au fur et à mesure des vérifications et des interrogatoires.

Le siège de l'ambassade d'Iran en France fut levé, celui de l'ambassade de France à Téhéran également ; M. Torri fut de nouveau libre de ses mouvements.

Comme ils s'y étaient engagés, les services spéciaux iraniens firent pression sur leurs « amis » afin que cesse toute action hostile contre la France ; il en fut de même à Beyrouth et à Damas.

L'étape suivante devait être l'apurement de la dette de la France résultant de la part non contestable du contentieux Eurodif ; elle se montait à 320 millions de francs. Le directeur du Trésor d'alors, M. Trichet, bien qu'il eût reçu des instructions précises qui découlaient directement de l'accord du président de la République et du Premier ministre sur l'ensemble du processus engagé, avait des états d'âme. C'est donc à moi qu'il revint de lui rappeler les règles de fonctionnement de l'État, conformément à la demande qui m'en avait été faite par le ministre d'État, ministre de l'Économie et des Finances, Édouard Balladur.

Ses états d'âme surmontés, M. Trichet accompagna donc Jean-Charles Marchiani à Genève afin d'engager le processus qui devait permettre le règlement technique et financier du différend Eurodif.

Le dernier volet des accords, la libération des derniers otages, allait se révéler très difficile à mettre en œuvre, en raison même des dissensions existant au sein du Hezbollah, les changements intervenus à sa tête en témoignant[1].

Un des clans qui en faisaient partie refusait en effet l'accord négocié avec ses « tuteurs » ; ses membres allèrent jusqu'à

1. Cheikh Fadlallah, qui avait dirigé cette organisation depuis sa création en 1982, fut remplacé à la fin de 1987 par Cheikh Sabhi al-Tufayli.

détourner un avion koweïtien, puis menacèrent de tuer les otages. Cette dernière étape serait jalonnée de multiples péripéties et de difficultés de tous ordres.

Ma perception des choses était qu'au-delà de problèmes internes au Hezbollah il n'était pas impossible que nos difficultés trouvent leur origine dans des rivalités politiques franco-françaises, tant des rumeurs d'envoi d'émissaires se réclamant de l'un ou de l'autre se faisaient insistantes.

Si elles étaient fondées, cela était indigne car, au-delà de ces querelles, la vie des hommes qui s'étaient impliqués depuis des mois dans ce processus par respect et amour pour la France était menacée.

Nous en étions arrivés à un point où non seulement le sort des otages devenait de plus en plus incertain, mais où nous risquions également de voir tel ou tel membre de nos équipes sur le terrain être pris en otage à son tour.

L'arrêt de la campagne d'attentats terroristes sur notre sol étant acquis, la libération des otages devenait ma préoccupation constante ; je mis tout en œuvre pour que nous en terminions. Nous avions mobilisé tant d'énergie et tant de moyens de toute nature pour atteindre ce but que j'étais convaincu qu'il n'y aurait pas d'autre ouverture, en raison de la situation politique intérieure de notre pays.

Nous avions connu les combats entre la milice Amal et certains groupes palestiniens pour le contrôle des camps de réfugiés, l'intervention militaire syrienne, les affrontements entre l'armée syrienne et le Hezbollah, nous devions maintenant tenir compte des affrontements entre le Hezbollah et Amal pour le contrôle des quartiers sud de Beyrouth où nos compatriotes étaient probablement séquestrés[1].

1. La Syrie, s'inquiétant de la résurgence des mouvements palestiniens favorables à Yasser Arafat au Liban, se servit de la milice Amal, qu'elle

Une fois encore, c'est à Téhéran que nous trouvâmes la solution, grâce à l'ayatollah Montazeri, cacique appartenant à la ligne politique iranienne dite « dure ». Le principe de la libération de nos otages fut accepté par le Hezbollah et, ce qui est le plus important, par leurs geôliers.

Conclu le 20 avril, cet accord devait être appliqué immédiatement. Malgré les nuisances provoquées par certains émissaires français, ainsi qu'une ultime tentative conduite par les Syriens pour intercepter nos ressortissants, Jean-Paul Kauffmann, Marcel Carton, Marcel Fontaine étaient libres. Étrange période, puisque c'est l'arme au poing que notre négociateur et son équipe sur place durent les réceptionner et les convoyer vers l'ambassade de France.

Leur transfert à Solenzara se fit suivant un processus désormais éprouvé. Jacques Chirac décida de les accueillir à Villacoublay afin d'éviter la cohue et la pagaille qui avaient régné à Orly lors de l'arrivée de Roger Auque et Jean-Louis Normandin ; alors que la campagne présidentielle battait son plein, il se privait ainsi d'un effet médiatique important ! Mais nous avions la fierté d'avoir libéré nos compatriotes.

Sur un plan plus personnel, j'avais la satisfaction d'avoir atteint le but que je m'étais fixé : réduire le terrorisme inté-

---

soutenait, pour réduire militairement cette force renaissante lors d'un épisode connu comme la « seconde guerre des camps », à la fin du mois de mai 1986. Cet épisode ayant tourné à la déroute pour Amal, la Syrie décida d'intervenir militairement en 1987 et revint à Beyrouth-Ouest, qu'elle avait évacué en 1982, lors de l'intervention d'Israël. Une intervention diplomatique de l'Iran déboucha sur la cessation des hostilités. Le Hezbollah et Amal s'affrontèrent ensuite pour le contrôle du sud de la ville de Beyrouth d'avril à mai 1988. Ces affrontements, qui firent plusieurs centaines de morts et rendirent difficiles tous les déplacements dans cette partie de la ville, se terminèrent par la défaite d'Amal.

rieur, faire cesser le terrorisme d'origine étrangère, faire en sorte que notre pays soit respecté. Nous avions réussi là où la gauche avait échoué.

J'avais mobilisé, souvent seul contre tous, l'ensemble des moyens que je pouvais utiliser, diplomatiques, judiciaires ou politiques. Notre volonté affichée de lutter contre le terrorisme nous avait valu le concours indispensable, à un certain moment, de nos alliés, au premier rang desquels les États-Unis, en particulier la CIA, qui ne pouvaient oublier ce qui s'était passé le 23 octobre 1983[1].

Mais, *in fine*, j'avais utilisé des amitiés anciennes, ranimé la fibre francophile qui existait encore au Moyen-Orient et dans le golfe Persique, obtenu le soutien matériel de personnes qui n'attendaient rien en retour, toutes ces énergies étant rassemblées vers un même but.

Sur le terrain, des hommes avaient risqué leur vie des mois durant ; ces propos pourraient paraître quelque peu mélodramatiques, mais seuls ceux qui ont connu ce qu'était la situation dans cette zone géographique à ce moment-là peuvent aujourd'hui comprendre ce que cela signifie.

Tout cela, je l'avais géré dans la plus grande confidentialité possible, sans qu'il y ait d'écran entre le négociateur choisi et nos interlocuteurs, car sans secret la gestion de tels dossiers n'est guère possible[2].

J'organisai au ministère de l'Intérieur une réception infor-

1. Le 23 octobre 1983, deux immeubles abritant des contingents américains et français de la Force multinationale de sécurité à Beyrouth furent l'objet d'attaques à l'explosif tôt le matin, à 6 h 20 et 6 h 24. Du « Hilton Beyrouth », non loin de l'aéroport, furent retirés les corps de 241 Marines, tandis que 58 parachutistes des 1er et 9e RCP trouvaient la mort dans la destruction du poste d'observation Drakkar. Ces attentats furent attribués au Hezbollah, sans que cette organisation les revendique.

2. Nos échanges se firent le plus souvent en langue corse.

melle pour Jean-Charles Marchiani et sa famille, ainsi que mes deux collaboratrices qui s'étaient le plus investies dans ce dossier. Marie-Hélène Bry et Marie-Danièle Faure avaient en effet maintenu le contact avec notre négociateur où qu'il soit sur le terrain ; cela avait été pour lui un réconfort dans les moments de découragement ou d'inquiétude, car il y en avait eu.

Ensemble, nous avions partagé angoisses, crainte, irritation. Je souhaitais tout simplement que son épouse et ses fils sachent ce qu'il avait fait pendant des mois, pour le service de son pays, tout simplement ; je ne me doutais pas que, compte tenu du rôle qu'il avait joué dans ce dossier, tout serait fait plus tard pour l'abattre et le déshonorer.

Mais la société dans laquelle nous vivons ne saurait se satisfaire d'un tel *modus operandi*, car elle est habituée du soir au matin à un déballage médiatique permanent, dans un mélange des genres tout aussi effrayant que destructeur.

Dans cette logique, secret veut dire zones d'ombre et, toujours selon cette même logique, des zones d'ombre ne peuvent servir qu'à dissimuler des choses inavouables, alors que le propre d'une action ou d'une négociation secrète, comme j'ai déjà eu l'occasion de l'écrire, est de le rester le temps qu'il faut pour la sécurité de tous, personnes et États inclus.

Sitôt François Mitterrand réélu en mai 1988, et la gauche de retour aux affaires, vint le temps de la polémique et des bassesses. Le juge Boulouque fut suspecté de s'être soumis à une pression du pouvoir politique, dans le but d'obtenir que Vahid Gordji, un temps mis en cause, ne soit pas poursuivi dans le cadre de l'enquête sur les attentats terroristes qui avaient ensanglanté Paris. Il n'en était rien, je l'atteste.

Critiqué par des syndicats de magistrats, certains de droite, abandonné par sa hiérarchie, la haute conscience qu'il se faisait de sa mission ne lui permettait pas de continuer à vivre. Il finit par mettre fin à ses jours[1].

Quinze ans après, en visite au Liban dans le cadre d'accords de coopération, j'émis le souhait de visiter le site touristique de Baalbek. Je m'y rendis malgré les réticences des autorités libanaises à me voir aller dans la plaine de la Bekaa, fief du Hezbollah, où l'exécution de tant d'actions avait été conçue.

Mais, au-delà des vestiges archéologiques, je voulais m'imprégner de l'atmosphère particulière de ce lieu ; beaucoup d'intrigues s'y étaient nouées.

Au moment de quitter un hôtel dans lequel je m'étais arrêté pour me restaurer, il me fut indiqué que l'on avait été heureux de me recevoir, mais qu'il serait impossible à M. Pasqua de régler sa note, car il était invité.

Ma question fut celle qu'aurait pu poser quiconque se serait trouvé dans la même situation : « Par qui ? » En guise de réponse, il me fut montré une maison à flanc de colline. « Qui ? » insistai-je. – Cheikh Fadlallah[2]… »

Nous nous étions affrontés. Il me manifestait une forme de respect en appliquant les lois de l'hospitalité. J'en pris acte, mais laissai de quoi régler largement mon addition.

Je n'oubliais rien.

1. Gilles Boulouque mit fin à ses jours le 13 décembre 1990, à son domicile. Il était également président de l'Observatoire des libertés.

2. Cheikh Fadlallah avait dirigé le Hezbollah jusqu'à la fin de l'année 1987.

CHAPITRE 18

Années ordinaires place Beauvau (1)

Le ministère de l'Intérieur est un ministère polymorphe, une sorte de monstre boulimique qui dévore tout, difficile à comprendre et encore plus à contrôler.

Tout nouveau ministre de l'Intérieur doit, dès son arrivée, s'arc-bouter pour ne pas être emporté par la masse d'informations, de requêtes, de demandes de décisions toutes plus urgentes les unes que les autres, touchant à l'organisation et au fonctionnement de l'administration du territoire, aux relations avec les collectivités régionales, départementales, locales, à la préparation des lois, décrets et règlements, en passant par la sécurité publique, son organisation, son commandement, la Sécurité civile, la gestion des catastrophes naturelles, incendies, inondations, risques liés au nucléaire, les problèmes politiques, les élections de toute nature, les relations avec les partis politiques, leur financement, sans que cette énumération soit limitative.

Très vite, le nouvel arrivant doit donc choisir entre deux attitudes: soit s'en remettre à l'administration et vivre paisiblement entre deux figures imposées, soit tenter de tout apprendre sur ce ministère pour essayer de le diriger vraiment.

Ce fut mon choix. Dix-huit heures de travail quotidien, sept jours sur sept, tel serait mon lot durant deux années ; des journées commencées dès potron-minet par la lecture des dépêches émanant des différents services, et se terminant par la lecture des notes blanches tard dans la nuit, avec quelques haut-le-cœur[1].

Pour assumer l'ensemble de ses responsabilités, en plus des services de l'État placés sous son autorité, le ministre dispose de collaborateurs choisis par ses soins tant dans l'administration qu'à l'extérieur.

Le directeur de cabinet est responsable de cette équipe chargée de faire remonter le maximum d'informations au ministre et de démultiplier son action.

Mon cabinet étant quelque peu pléthorique, nous croulions sous les informations, mais je préférais cela, quitte à devoir consacrer beaucoup de temps à en prendre connaissance. Mes soirées, sans téléphone à partir de 21 heures, sauf situation d'urgence, me permettaient l'étude des documents du jour et la réflexion.

Les années dites normales d'un ministre de l'Intérieur sont jalonnées d'événements, d'incidents ou d'accidents imprévisibles, dont il faut essayer de mesurer les conséquences afin d'éventuellement anticiper sur les décisions à venir. Tout un chacun les considérerait comme suffisantes pour marquer une vie normale. Cœur fragile s'abstenir.

Depuis mon arrivée à la tête de ce ministère, j'avais souvent pensé me rendre en Corse. Un programme législatif chargé et une succession d'événements imprévisibles ne l'avaient pas permis avant le mois de juin.

Je commençai par le village de Casevecchie, berceau

1. Ces notes blanches anonymes provenaient de différents services ; elles relataient des informations « confidentielles », avérées ou non ; elles constituaient une curieuse pratique.

de ma famille, dont le maire radical de gauche est mon cousin, son adversaire radical valoisien l'étant également. L'accueil qui me fut réservé fut tout simplement extraordinaire. Le déjeuner familial qui suivit le fut tout autant ; Dominique, « Meme », cousin poète et chanteur, tira des larmes à la plupart des deux cents convives en évoquant les figures des ancêtres disparus. La suite de ce voyage ne revêtirait pas cet aspect familial.

La situation de la Corse m'irritait et me préoccupait. Depuis le drame d'Aléria qui avait vu les autonomistes remporter le bras de fer qu'ils avaient engagé avec le gouvernement, une fièvre obsidionale rongeait la Corse. Le gouvernement d'alors, dont Michel Poniatowski était ministre de l'Intérieur, avait gravement entamé l'image et l'autorité de l'État en laissant repartir librement des militants autonomistes qui avaient tué deux gendarmes.

En vérité, les responsables de cet assassinat auraient dû, quoi qu'il pût en coûter, être réduits par la force, car il ne saurait être question dans un État de droit de laisser tuer des représentants de l'État impunément. Si tel avait été le cas, je suis convaincu que la dérive autonomiste, puis séparatiste, aurait été stoppée net[1].

La Corse a toujours fourni à la France un grand nombre de fonctionnaires de tous rangs, d'enseignants, de militaires qui font honneur à leur pays et à leur île d'origine, tant ils respectent ce que représente la France dans le monde et tant ils veulent participer à son service.

1. Les événements qui se déroulèrent en Corse du 21 au 27 août 1975 débutèrent par l'occupation d'une cave viticole à Aléria, puis son évacuation par ses occupants, qui sortirent leurs armes à la main ; ils se terminèrent par une nuit d'émeutes à Bastia, faisant suite à la dissolution de l'Action pour la renaissance de la Corse, l'ARC. Au total, trois membres des forces de l'ordre furent tués et de nombreux autres blessés. Valéry Giscard d'Estaing était président de la République, Jacques Chirac Premier ministre.

Que la France donne le sentiment de douter d'elle-même, ou qu'elle n'occupe plus une des premières places dans le monde, alors le ferment de la discorde se développe.

C'est bien cette situation dont nous héritions en Corse. François Mitterrand et les gouvernements socialistes, logiques avec eux-mêmes, avaient voulu conduire une politique de compréhension à l'égard des autonomistes. Ils avaient tout simplement négligé le fait que le mode d'expression le plus communément utilisé par ces derniers était la bombe, et que leur démarche se caractérisait par le racisme antifrançais, l'arrogance et le refus de la démocratie.

Le message que j'essayerai de faire passer à mes compatriotes au cours de ce voyage tient en quelques mots : respect de la démocratie et fermeté.

Chacun peut comprendre que, dans notre type de société, tout citoyen a le droit de militer afin que triomphent ses idées, jusques et y compris en faveur de l'indépendance de la Corse. Mais cela ne doit se faire que dans le respect des principes essentiels de la démocratie, dont le premier est le respect du suffrage universel. Mon rôle étant de faire respecter la loi, j'entendais m'y employer sur l'ensemble du territoire national, dont la Corse.

Ce message, les autonomistes ne voulaient pas l'entendre, me traitant de corse du continent, ce qui dans leur langage se voulait blessant. Je leur répliquai vivement : « Les corses du continent, comme on tendrait à le dire désormais avec une connotation péjorative, sont restés corses, autant et mieux que ceux qui sans pudeur veulent nous donner des leçons. Nous restons fidèles à l'esprit de famille, au sens de l'honneur, aux lois de l'hospitalité, au culte de l'amitié et à la passion de la justice. Ces valeurs, il faudra bien qu'elles éclatent au grand jour comme étant celles de la Corse tout entière… »

Dans le même temps, j'invitai les corses à coopérer avec les services de police afin de mettre hors d'état de nuire les terroristes de l'ex-FLNC[1].

Loin d'accepter de participer au combat démocratique, ils confirmaient leur choix du terrorisme par l'assassinat de Jean-Paul Lafay, président d'une association d'aide aux victimes d'attentats, qui venait de dialoguer sur une chaîne de télévision avec un des dirigeants autonomistes[2].

Au-delà de son caractère odieux, cet acte bafouait toutes les règles d'honneur. Un curieux sentiment de colère et de honte était d'ailleurs perceptible partout en Corse.

Bien que l'identité des auteurs d'attentats soit connue d'un certain nombre de corses, je savais que la solidarité, pratiquée pour des raisons de traditions, et bien souvent la crainte rendaient la tâche de la police et de la justice extrêmement difficile.

Je m'entretins avec le président de la République, afin d'envisager avec lui la possibilité d'instaurer l'état d'urgence et de donner un coup d'arrêt aux activités terroristes des autonomistes. Dès lors que les libertés seraient suspendues, les assignations à résidence, ainsi que les perquisitions de jour comme de nuit seraient rendues possibles ; l'action des forces de l'ordre et des services concernés s'en trouverait facilitée.

Le président de la République ne manifesta aucune hostilité à ma suggestion. Sans doute la présence à ses côtés de Michel Charasse, corse par sa mère, ancien élu de Corte et patriote convaincu, n'y était-elle pas étrangère.

Jacques Chirac fut plus réservé. Il se souvenait des événe-

1. Front de libération nationale de la Corse ; créé le 5 mai 1976, dissous le 5 janvier 1983.

2. Sur FR3. Le Dr Jean-Paul Lafay avait déjà été blessé dans un attentat commis au lendemain de la création de son association, au mois de janvier 1983.

ments d'Aléria, survenus alors qu'il était Premier ministre de Valéry Giscard d'Estaing. Nous verrions plus tard…

Mon collègue du Budget, Alain Juppé, ne manifesta pas plus d'enthousiasme à mon idée d'aborder le problème autonomiste sous l'angle fiscal, en affectant les agents du ministère des Finances à ce travail. Il était pourtant connu dans l'île que des personnes sans revenus déclarés vivaient sur un pied qu'il leur serait difficile de justifier et que, sous couvert de nationalisme, fleurissaient l'extorsion de fonds et les activités criminelles. Plus tard, peut-être… Il faudrait attendre près de vingt ans.

Je décidai de mener de pair le renforcement des moyens des services de police et de ceux du ministère de la Justice. Je fis mettre à disposition du préfet de région, M. Thoraval, qui prenait sa tâche à cœur, un préfet de police qui coordonnerait les efforts des services des deux départements

Avec l'accord du gouvernement, nous élaborâmes un plan de développement qui devrait être doté de moyens financiers supplémentaires. Dans le même temps, certains de mes collaborateurs tentaient de démêler l'écheveau de la mouvance nationaliste, ne désespérant pas d'y trouver des éléments désireux d'arriver à un accord avec le gouvernement afin qu'il soit mis un terme à la lutte armée.

Quant aux élus, à l'exception d'une poignée d'entre eux engagés dans la défense des valeurs républicaines, gauche et droite confondues, le plus grand nombre d'entre eux veillait à ne pas se couper d'une partie de leur corps électoral. Dans certaines circonscriptions, les nationalistes avaient la possibilité de peser sur les élections, ils ne s'en privaient d'ailleurs pas.

Lisant, quelques années plus tard, les Mémoires du comte Miot de Melito sur la Corse telle qu'il l'avait connue sous la Convention, sous le Directoire, puis enfin alors qu'il était l'envoyé spécial du Premier Consul Bonaparte, je constatai combien les dérives dans cette île étaient tenaces. L'unique conclusion que l'on puisse en tirer est que seule une politique s'appuyant sur une ferme volonté nationale pourrait y mettre un terme.

Revenant dans ce ministère, j'utiliserais les moyens que me donnerait le portefeuille de l'Aménagement du territoire afin de tenter de faire évoluer l'île.

Mais aucune politique ne peut réussir sans une ferme volonté et sans la durée. Ces deux conditions ne furent jamais réunies en dehors de la période de la seconde cohabitation. Malheureusement, le temps me fut compté. Ainsi va la vie politique[1].

Depuis les lois de séparation de l'Église et de l'État, les religions s'organisent et se gèrent librement dans notre pays. Contrairement à ce que croient beaucoup de Français, quelquefois même certains ministres[2], le ministère de l'Intérieur n'est pas le ministère des Cultes, même si un bureau administratif spécialisé est chargé de ces relations.

Le principe qui les régit est simple : la France ne reconnaît aucune religion, elle les connaît toutes.

Le rétablissement des relations avec le Vatican, sous le Consulat d'abord, sous l'Empire ensuite, avait permis de définir les règles de nomination des évêques, ainsi que celle relative à la désignation du nonce apostolique. Il en avait été de même pour l'organisation de la religion juive et la mise en place du Consistoire, ainsi que pour les relations avec le culte protestant. La séparation de l'Église et de l'État, instaurée en 1905, avait supprimé tout lien de dépendance entre les religions et l'État.

1. Les années suivantes (1995-2007) furent malheureusement perdues.
2. Ou certain Premier ministre, diplomate et poète...

Il en est encore ainsi sur tout le territoire national, à l'exception des départements alsaciens et mosellans, où la République, au lendemain de la Première Guerre mondiale, avait maintenu les dispositions édictées par l'empire allemand. Elles régissaient les religions catholique, juive et protestante, et faisaient des prêtres, des rabbins et des pasteurs des fonctionnaires rémunérés par l'État[1].

Les relations entre les gouvernements de la République et les religions étaient assez bonnes, sauf périodes de tension, comme nous avions pu en connaître en 1984 avec la volonté de la majorité socialo-communiste d'intégrer l'école libre dans l'enseignement public.

Si les cultes s'administraient librement, le ministère de l'Intérieur était toujours disponible pour apporter son aide à la solution des problèmes, concernant, par exemple, les fondations.

Pour ce qui concernait la religion juive, une certaine recrudescence de l'antisémitisme était perceptible ; elle se manifestait le plus souvent par des dégradations dans les cimetières ou des inscriptions injurieuses qui créaient un climat malsain. La Direction des renseignements généraux fut donc chargée d'une enquête approfondie dans le pays ; elle confirma une poussée du racisme et de l'antisémitisme. Convaincu de la nécessité de réagir sans tarder, j'invitai à une réunion au ministère de l'Intérieur les représentants des organisations impliquées dans la lutte contre le racisme, ainsi que celles concernées par la défense des droits de l'homme. Je les informai des résultats de notre enquête, ainsi que de la nomination à mon cabinet d'une personne désormais en charge de ces problèmes[2]. Il disposerait d'un correspondant dans chaque

1. De 1870 à 1918.
2. Patrick Gaubert.

préfecture et me proposerait les mesures à prendre le cas échéant ; les préfets seraient sensibilisés à ce fléau. Je fis également part aux représentants du Consistoire et aux grands rabbins des mesures prises pour protéger les lieux de culte ainsi que les écoles, décidé que j'étais à ne pas laisser se développer ce mal.

Mais une autre de mes préoccupations était le risque que constituaient pour notre pays les tentatives de recrutement de sympathisants par le terrorisme international au sein de la population immigrée de confession musulmane.

Dans le même temps où je demandais à la Direction des renseignements généraux de conduire une étude détaillée, j'effectuai de nombreux voyages dans les pays arabes, au premier rang desquels ceux du Maghreb, Algérie, Maroc, Tunisie. Viendraient ensuite les pays du Golfe, principalement l'Arabie Saoudite, en raison du rôle que jouaient ce royaume et ses ressortissants dans le financement des associations religieuses et des écoles coraniques un peu partout dans le monde. Ceux de l'Afrique francophone viendraient à leur tour, une grande partie de la main-d'œuvre immigrée présente sur notre sol en étant originaire.

À chacun de mes déplacements, je pris l'habitude de rencontrer les responsables religieux du culte musulman, dont j'avais étudié les fondements et les règles. La mosquée de Paris, dont les liens avec l'Algérie étaient connus, devint un de mes interlocuteurs privilégiés.

Aux personnalités qui se réjouissaient de recevoir le ministre des Cultes je rappelais systématiquement en préambule que la France était un état laïque, en vertu du principe déjà évoqué, mais que mes services étaient chargés des relations avec les différents cultes.

Je leur expliquais également que, de mon point de vue, les religions du Livre, juive, chrétienne, musulmane, constituaient un facteur de paix civile, tant les règles de morale, assez voisines, favorisaient la vie en collectivité et la paix. Je leur garantissais la protection de l'État afin que chacun de leurs fidèles puisse pratiquer librement le culte de son choix, et de mettre leurs communautés à l'abri du racisme. C'est dans le même esprit que je soutins la construction de mosquées : tout cela relevait de la dignité due à tout être humain.

Je souhaitais également parvenir à créer un comité de liaison du culte musulman rassemblant les différentes associations. Malgré les réticences initiales, la confiance finit par s'établir entre les responsables musulmans et nous ; elle ne devait jamais se démentir[1].

Ces bonnes relations facilitèrent grandement le travail des services spécialisés dans l'étude de l'évolution des communautés. Il en fut de même pour la Direction de la surveillance du territoire dans ses contacts avec le monde musulman à l'extérieur ; la rumeur de l'intérêt et du respect que je portais à la religion musulmane s'était rapidement répandue[2].

Les voyages que je fis à Riyad, les relations très chaleureuses que j'avais nouées avec les membres de la famille royale d'Arabie Saoudite, notamment avec mon homologue, le prince Naïef, qui était responsable des pèlerinages à La Mecque, me seraient également d'une grande utilité. Certains se souviennent encore dans ce pays d'une conversation qui s'était prolongée tard dans la nuit entre le prince Naïef et moi, devant l'ambassadeur de France inquiet et certains princes médusés ; le sujet en était les points communs entre le Coran et le Nouveau Testament.

Ainsi, alors que dans mon pays certains brossaient de moi

1. Le roi du Maroc Hassan II, avec lequel j'entretenais d'excellentes relations, était réticent quant à la création d'un tel comité, considérant que le double lien qui l'unissait à ses sujets, celui de souverain et commandeur des croyants, où qu'ils se trouvent, ne devait pas être altéré.

2. Je portais le même respect aux autres religions, bien entendu.

un portrait réducteur, ailleurs l'idée s'était imposée que j'étais un homme de foi et que mon respect pour les religions était réel. Cela jouerait un rôle déterminant dans mes relations avec les responsables du monde religieux où que ce soit.

Mais de tous les grands moments que j'eus à connaître pendant cette période, le plus important pour le catholique romain que je suis fut la visite du pape Jean-Paul II en France au mois d'octobre 1986[1].

Les craquements qui se faisaient entendre dans ce qui était pour peu de temps encore l'empire soviétique étaient en grande partie le résultat de son combat et de sa foi inébranlable. La charité qui avait de tout temps inspiré sa démarche, l'affection qu'il portait aux plus déshérités, son immense charisme rendaient universelle son autorité morale.

Ministre de l'Intérieur, j'étais concerné au premier chef par cette visite. Sa venue à Lyon, sa rencontre avec des centaines de milliers de fidèles, le lien qu'il entendait tisser avec les plus jeunes posaient de multiples problèmes de sécurité.

Il nous fallait donc tout prévoir dans les moindres détails afin que des attentats du type de ceux dont il avait déjà été la cible ne puissent se produire. Une équipe de spécialistes de la protection rapprochée mêlant gendarmes et policiers fut donc constituée. Tous les lieux où il devait se rendre, ceux où il pourrait éventuellement souhaiter se recueillir furent contrôlés et visités. Des batteries de missiles sol-air furent installées afin de garantir la sécurité de l'avion pontifical. Rien ne fut laissé au hasard.

À titre personnel, je ne pus m'empêcher de demander à Mgr Ducourtray, cardinal-archevêque de Lyon, primat des Gaules, si cette visite papale avait permis de lancer un débat au sein de l'Église de France sur le thème suivant : pourquoi,

1. Le pape Jean-Paul II séjourna en France du 4 au 7 octobre 1986.

alors que les églises de notre pays sont vides, les stades se remplissent-ils lorsque Sa Sainteté les fréquente ? Ma suggestion n'eut pas beaucoup de succès, je dois le dire.

Ce voyage fut une grande réussite. Comme partout ailleurs, des centaines de milliers de catholiques avaient convergé vers Lyon afin de rencontrer le pape Jean-Paul II. Le contact avec lui, dont le visage rayonnait de bonté et dont la foi était perceptible par tous, fut pour chacun de nous un moment inoubliable[1].

Il fut aussi un succès total et une réussite pour le ministère de l'Intérieur. Lorsque j'appris, tout d'abord, que l'avion pontifical avait décollé, puis qu'il avait quitté notre espace aérien, je compris que nous pouvions enfin nous détendre.

Pourtant, je dois à la vérité de dire qu'il y eut un incident au cours de cette visite, du fait d'une négligence du ministre de l'Intérieur.

Le préfet de région M. C***, homme de grande qualité, avait eu entre autres responsabilités celle d'organiser, à ma demande, un déjeuner réunissant les personnalités locales et ministérielles, ainsi que les cardinaux accompagnant le Saint-Père.

M. Balladur, en sa qualité de ministre d'État, présidait ce déjeuner, auquel assistaient l'ancien Premier ministre Raymond Barre et son épouse, Ève. À peine installée, Mme Barre, ayant pris connaissance du menu que j'avais omis de vérifier, entreprit de le lire à voix haute : « Bar grillé et flambé. » Elle interpella très calmement Édouard Balladur : « Je pense que c'est à vous que nous devons cette délicate attention ! »

Un froid polaire s'abattit sur les convives. Le ministre d'État, soucieux de régler au mieux ce malentendu, entreprit,

1. Plus de 300 000 personnes se rassemblèrent au Parc des expositions de Lyon.

en fin négociateur et en homme du monde qu'il était, de revenir sur un terrain plus favorable. Se souvenant des origines hongroises de Mme Barre, il enchaîna: « Chère madame, je connais à Paris un restaurant hongrois où l'on mange un excellent goulasch. »

Le retour, comme dans un match de tennis, fut gagnant: « Je déteste ce plat, je n'en mange jamais. » L'œil de Raymond Barre pétillait.

Les convives s'évertuaient à essayer de recréer un climat amical. Toute la bonne volonté cardinalice y suffit à peine.

Le préfet C***, meurtri, tirant les conséquences de ce drame, tel un nouveau Vatel, à défaut de s'embrocher m'offrit sa démission.

Je le priai de n'en rien faire et de ne pas en rajouter, tant il était vrai que j'étais le seul responsable de cette quasi-affaire d'État, en vertu du principe que j'avais moi-même édicté, dont il découlait que je voulais tout voir et tout savoir

Chapitre 19

Années ordinaires place Beauvau (2)

Aujourd'hui, comme tous les matins, descendant de l'appartement pour rejoindre mon bureau, je m'arrête et échange quelques mots avec les policiers, gradés et officiers, qui assurent la garde du ministère.

Mais je m'attarde un peu plus que d'habitude, peut-être tout simplement parce que, à travers eux, j'imagine la vie de leurs collègues, ces dizaines de milliers de fonctionnaires qui, jour après jour, assurent et garantissent par leur présence l'ordre et, comme l'on dit, la tranquillité publique.

D'eux on parle rarement… Beaucoup plus de ceux que l'on appelle les grands services, Renseignements généraux, Direction de la surveillance du territoire, ou des unités plus médiatisées telles que le RAID ou la brigade criminelle.

D'eux on ne retiendra dans la rubrique faits divers de la presse quotidienne qu'une « bavure » survenue ici ou là.

Je sais ce que notre pays leur doit. En dehors de paroles ou de messages, c'est, à travers la poignée de main que j'échange avec eux, l'ensemble de leur Corps que je vois et que je rencontre. Je souhaite qu'ils comprennent l'estime que je leur porte, tant ils méritent de remerciements pour la tâche ingrate qu'ils assument afin de permettre à la Cité de vivre paisiblement sous les lois de la République.

Durant les derniers jours du mois de mars 1987, le directeur des libertés publiques et des affaires juridiques, Dominique Latournerie, me rendit compte des avis émis par la commission chargée de veiller à la protection de la jeunesse[1].

Des mesures d'interdiction de publication pour certains titres ayant un caractère licencieux, pornographique, incitant à la débauche et banalisant des actes délictueux, voire criminels, étaient proposées. Au cours des cinq années précédentes, des centaines de mesures de ce type avaient été prises sans que cela provoque de tempête. Convaincu par son exposé, je donnai mon accord. Cela concernait une douzaine de magazines publiés par deux grandes sociétés d'édition. Qu'avais-je fait là ! Dans le lot figurait une des revues les plus lues par la communauté homosexuelle[2].

Les amis du titre interdit se mobilisèrent immédiatement. Le hasard voulut que le Salon du livre se tînt au même moment à Paris, il servit donc de caisse de résonance aux protestations du monde de la culture directement menacé par la censure, disait-on. Puissamment relayées par ceux qui défendaient uniquement leurs intérêts économiques, les réactions de la gauche, qui criait au rétablissement de l'ordre moral, étaient attendues.

Plus étonnante fut celle de François Léotard, ministre de la Culture, et celles de ses amis libéraux, qui choisirent là l'occasion de s'opposer davantage à moi. Ce qui me surprit plus encore fut la réaction de plusieurs ministres appartenant au mouvement gaulliste, tels Michel Noir, Alain Carignon, Michèle Barzach, qui désapprouvaient notre démarche au

1. Par la loi du 16 juillet 1949.
2. Il s'agit de la revue *Gai Pied Hebdo*, du groupe Filipacchi.

nom de la liberté de la presse. Il n'était pas jusqu'à Albin Chalandon qui ait des états d'âme et exprime ses réserves.

Comment pouvait-on être aveugle à ce point et confondre la liberté de la presse, la liberté d'expression avec le laxisme ?

Plus étonnant encore, comment un certain nombre de ministres et de membres de la majorité pouvaient-ils se prononcer alors qu'ils ne connaissaient pas le détail des motifs qui avaient justifié ces interdictions ? Décidément, j'avais encore des illusions.

Peu de temps après, je reçus un appel téléphonique du Premier ministre. Après m'avoir taquiné au sujet de mes « pudeurs de vierge effarouchée », il me fit part de sa crainte que la partie la plus modérée de nos électeurs – de ses électeurs, devrais-je dire, puisque la prochaine consultation était celle des élections présidentielles – ne soit tentée d'aller chez Raymond Barre ! Je lui demandai s'il pensait, lui, à ceux qui seraient écœurés par notre laxisme.

Mes préoccupations essentielles n'étaient pas là ; elles étaient d'ordre moral et d'ordre public ; oui, les grands mots étaient lâchés.

À sa demande, j'annulai la menace qui pesait sur l'hebdomadaire favori d'une certaine partie de nos concitoyens, mais, dans le même temps, j'autorisai le directeur des libertés publiques, alors voué aux gémonies, à expliquer lui-même dans la presse sa démarche.

Simultanément, je donnai mon feu vert à la tenue d'une exposition afin que soient présentées les publications visées. Ce que certains avaient voulu d'une manière caricaturale présenter comme le combat d'une France « bien-pensante », dont Charles Pasqua était le bras, contre la communauté homosexuelle visait principalement des publications relatant des actes à caractère raciste et dégradant, des viols et des tortures d'enfants.

J'appelai donc les bonnes âmes à venir juger sur place de la nécessité pour l'État de veiller à la protection des plus faibles et de prendre des mesures d'ordre public. Nous fîmes chou blanc.

La population n'était pas encore sensibilisée à ces problèmes. Hélas, vingt ans allaient être nécessaires.

Heureusement, tous les dossiers traités ne connurent pas le même épilogue.

Généralement, une demande de rendez-vous de la part du directeur de la surveillance du territoire par l'intermédiaire de mon secrétariat était annonciatrice d'événements sortant de l'ordinaire, *a fortiori* lorsque cette demande était faite directement par l'intéressé.

Le cas du jour concernait la vie sentimentale de la collaboratrice d'un personnage en vue de la République.

Parmi les tâches de la DST figure en effet la détection des menaces visant les collaborateurs directs des principaux personnages de l'État ou des tentatives de manipulation conduites par des agents étrangers.

Mme « X », quadragénaire réservée, dont le travail satisfaisait tout le monde, entretenait une liaison passionnée, semble-t-il, avec un ressortissant d'un pays étranger au profil intrigant.

Compte tenu du poste qu'elle occupait et de la nationalité de son soupirant, je donnai l'autorisation à ce service d'aller plus loin dans ses investigations, le risque étant réel.

L'enquête, conduite avec méticulosité et discrétion, confirma les prémices : une secrétaire assez proche de François Mitterrand entretenait des rapports réguliers et fréquents avec un agent libyen, sans que nous nous permettions d'aller au-delà dans nos conclusions.

Je demandai donc audience à François Mitterrand afin de l'informer de cette situation et du risque qui en découlait.

Ayant compris que la situation était sérieuse, il me demanda quelles étaient mes intentions.

Ma réponse fut on ne peut plus claire. Je lui expliquai que, considérant de mon devoir de protéger le chef de l'État, j'avais déjà réglé le volet libyen du problème : j'avais exigé et obtenu du représentant de ce pays en France, compagnon de longue date du chef d'État libyen, le départ immédiat de notre territoire de leur ressortissant.

Je l'avais fait fermement, en expliquant que ce genre de choses ne devait pas se reproduire parce qu'elles portaient tort aux relations entre nos deux pays. Il s'en souvient encore car il n'y avait aucune animosité dans mon propos, simplement de la détermination et l'assurance qu'il n'y aurait ni scandale ni publicité.

En conclusion, j'expliquai à François Mitterrand que pour moi cette affaire était réglée ; je répondais de la discrétion de la DST. Le reste concernait le président de la République, je n'avais pas à en connaître le détail, sauf s'il le souhaitait expressément.

Il me remercia, sensible au fait que cette affaire reste entre lui et moi. Mon attitude ne l'étonna pas outre mesure, elle contribua à donner un tour particulier à nos relations.

En 1987, le ministre de la Défense, André Giraud, fut invité par son homologue à se rendre aux États-Unis pour une visite qui devait durer une dizaine de jours[1].

Compte tenu de l'excellence de nos relations, il me demanda d'assurer l'intérim de la direction de son ministère. Je le ferais avec plaisir, lui dis-je, tout en lui faisant remarquer que les mauvais esprits ne manqueraient pas de souligner le risque qu'allait courir la République, un corse étant à la fois ministre de l'Intérieur et ministre de la Défense !

1. À partir du 21 juillet 1987.

L'accord du président de la République et du Premier ministre ayant été obtenu, je pris la décision de me transporter chaque après-midi au ministère de la Défense. C'est là que je reçus un appel téléphonique d'André Giraud, consterné par un incident grave survenu lors d'une réunion avec les principaux responsables des forces armées des États-Unis.

Un officier, membre de sa suite, pris d'un accès de démence subit, s'était jeté sur un officier général américain pour le tuer. Neutralisé, objet de soins adéquats, c'est son retour qu'André Giraud m'annonçait, souhaitant qu'il soit placé dans un hôpital spécialisé en attendant les suites, ce que j'ordonnai. J'assurai mon collègue de ma solidarité dans ce qui était une épreuve inattendue...

J'imaginais sans peine ce que les Américains, consternés, pouvaient penser de ces satanés *Frenchies*, auxquels, vraiment, on ne pourrait jamais faire confiance. Le restant de l'intérim se passa plus paisiblement, Dieu merci !

Parmi les grandes directions du ministère, celle de la Sécurité civile est sans aucun doute l'une des moins connues. D'elle dépendent pourtant les services d'incendie et de secours départementaux de l'ensemble du territoire, ainsi que deux unités militaires du génie, qui peuvent être utilisées tant à l'intérieur qu'à l'extérieur des frontières de notre pays[1].

Dès ma prise de fonction, je procédai à la nomination d'un nouveau responsable qui serait plus particulièrement chargé d'organiser et de moderniser la prévention des risques.

Particulièrement préoccupé par les incendies qui chaque été ravageaient le sud de la France, j'optai pour la mise en

1. Ces unités, basées à Brignoles et Nogent-le-Rotrou, interviennent sur décision du gouvernement en réponse aux demandes d'assistance et d'aide en cas de catastrophes naturelles de toute nature : tremblements de terre, inondations, éruptions volcaniques, incendies...

place d'unités de surveillance composées de jeunes gens originaires des villages régulièrement sinistrés. Ils seraient recrutés, formés, rémunérés et encadrés par nos soins. Ils reçurent comme nom de baptême celui de « Casques verts ». Leur rôle serait de patrouiller en permanence dans les massifs forestiers[1].

Constatant, par ailleurs, qu'il était fait appel systématiquement à des renforts de pompiers en provenance d'autres régions de France, lorsque les soldats du feu locaux étaient épuisés ou débordés par l'ampleur des sinistres, je décidai de prépositionner ces unités avant le début de la saison estivale. De la décision à l'exécution, il faudrait encore du temps – crédits, autorisations, organisation… De nouveaux dégâts ne pourraient être évités.

Mais les bonnes volontés existent; je m'en persuade lors de la visite que je rends au congrès national des sapeurs-pompiers. Pour la plupart d'entre eux, volontaires de la lutte contre l'incendie, ils font preuve d'un dévouement extraordinaire.

Ils en apportèrent la preuve lors de la tempête qui ravagea la Bretagne et la Normandie. Des vents d'une violence inouïe fauchèrent des forêts entières, drossèrent des bateaux sur les rochers ou sur les quais, provoquant des pertes humaines et des dégâts matériels considérables[2].

Parmi les responsabilités de la Sécurité civile figurent

1. À la suggestion d'un membre de mon cabinet, Dominique Vescovali, qui assura avec efficacité et imagination la direction de cette opération pendant des années.

2. Les 15 et 16 octobre 1987. Ce véritable ouragan se solda par la mort de 11 personnes ; les dégâts occasionnés furent évalués à plusieurs milliards d'euros. Un décret de catastrophe naturelle fut immédiatement préparé afin de permettre d'engager l'aide de l'État et de compléter celle des compagnies d'assurances

l'élaboration et la mise à jour des plans particuliers d'intervention, qui sont censés prévoir à l'avance les moyens à mettre en œuvre dans les centrales nucléaires, par exemple, ou dans des zones de contamination éventuellement concernées en cas de catastrophe nucléaire, ou susceptibles de le devenir.

Attachant une importance particulière à ces zones à risque, j'appelai à mon cabinet Nicolas Sarkozy, que je chargeai d'une étude générale ; il s'y engagea avec beaucoup d'intérêt et de volonté[1]. Cela me semblait d'autant plus indispensable que les conséquences de la catastrophe de Tchernobyl n'avaient toujours pas pu être évaluées précisément[2].

Plus tard interviendrait le débat sur les conséquences pour la France des retombées éventuelles qui auraient pu être provoquées par le passage au-dessus d'une partie du territoire national de nuages contaminés. Si étonnant que cela puisse paraître, à cette époque nous n'avions pas été informés de ces risques, que le Pr Pierre Pellerin, directeur du Service central de protection contre les rayonnements ionisants, en charge de ce secteur au ministère concerné, n'avait pas soulignés ou identifiés[3].

Le 14 juillet 1987, ce fut la crue subite du Borne, au Grand-Bornand[4].

Inconsciemment, la transmission d'une dépêche provoque chez celui qui est assis dans ce bureau, place Beauvau, l'interrogation suivante : que s'est-il encore passé ?

1. Nicolas Sarkozy rejoignit mon cabinet en 1987.

2. Explosion de la centrale nucléaire de Tchernobyl (Ukraine) le 26 avril 1986.

3. Selon *Le Figaro* du 1er juin 2006, le dossier Tchernobyl aurait été géré conjointement par les ministères de l'Industrie (Alain Madelin), de l'Agriculture (François Guillaume) et de la Santé (Michèle Barzach).

4. 21 morts, 2 disparus.

Car, dans ce ministère, il faut s'attendre à tout, à tout moment.

Hommes politiques qui aspirez à une vie paisible, passez votre chemin. Le ministère de l'Intérieur n'est pas fait pour vous.

CHAPITRE 20

Les prémices

Au-delà des responsabilités que j'assume au ministère de l'Intérieur, je m'intéresse de près à ce qui se passe dans le gouvernement et dans la majorité. Le fait que les plus jeunes des ministres, comme ils se plaisent souvent à le rappeler, n'affichent pas une solidarité sans faille et ne reprennent pas à leur compte la politique du gouvernement, ou les politiques conduites dans les ministères, m'est très tôt apparu clairement.

Cela se voit bien évidemment chez les ministres membres du Parti républicain. Derrière François Léotard, ils semblent atteints d'un certain prurit qui les pousse à saisir toutes les occasions pour manifester leur personnalité propre. Pierre Méhaignerie, pour ne pas être en reste, fait de même.

Les uns et les autres n'hésitent pas à critiquer les initiatives que j'ai été amené à prendre, qu'il s'agisse de la sécurité, des expulsions de personnes en situation irrégulière ou de la lutte contre des pratiques abjectes. Ils sont toujours les premiers à les condamner, afin de se démarquer de la politique que je conduis.

J'étais convaincu que François Léotard et Pierre Méhaignerie, en leur qualité de présidents du Parti républicain et du mouvement centriste, ne nous soutiendraient pas lors des élections présidentielles. Éprouvant à l'égard du mouvement gaulliste jalousie et détestation, ils ne s'engageraient pas en faveur de Jacques Chirac.

Certes, nous aviserions le moment venu, mais, de mon point de vue, il ne fallait pas laisser se développer dans l'opinion le sentiment que le gouvernement était divisé et que chacun se déterminait en fonction d'intérêts partisans. Le temps était venu d'y mettre bon ordre. Je fis donc part à Jacques Chirac de ce que beaucoup d'entre nous ressentaient : il ménageait trop les centristes alors même qu'une majorité de Français attendait de nous une politique claire conduite sans complexes ni états d'âme.

Tel n'était pas son sentiment. Jacques Chirac était convaincu que les élections présidentielles se gagneraient au centre. « Illusions, lui dis-je, ils rejoindront Raymond Barre, la détestation qu'ils portent au RPR l'emportant sur toute autre considération. » Quoi qu'il en soit, le moment était venu pour le Premier ministre d'affirmer son autorité, car une telle pagaille ne permettait pas de préparer les élections présidentielles convenablement.

Je ne pensais pas si bien dire. Aux contorsions des membres de l'UDF s'ajoute soudain ce qu'il faut bien appeler le malaise des quadragénaires RPR de ce gouvernement. Perturbés par les attaques de l'opposition de gauche qui nous accuse, le ministre de l'Intérieur en particulier, de tolérance envers les idées du Front national, inquiets pour leur avenir électoral, ils vont bientôt vouloir se présenter comme les champions de la morale en politique.

C'est à Michel Noir qu'il reviendra d'en prendre l'initiative, par le biais d'une tribune au titre évocateur : « Au risque de se perdre[1] ».

1. *Le Monde*, 14 mai 1987.

Le cœur de cet article constitue une critique en règle de la politique que je conduis au ministère de l'Intérieur. Mais, au-delà, Michel Noir y développe l'idée que nous aurions oublié les principes essentiels du gaullisme, tout cela étant résumé dans cette formule: « Aucun gaulliste digne de ce nom n'accepterait d'être élu en transigeant sur ses convictions les plus précieuses: la liberté, la tolérance et le respect de la personne humaine. »

Cette démarche reçut le soutien immédiat de François Léotard et de Pierre Méhaignerie, les Saxons du gouvernement, puis celle de Michèle Barzach, d'Alain Carignon et Alain Juppé, mes jeunes collègues tourmentés.

La position de Michel Noir me choque d'autant plus que j'ai beaucoup de sympathie pour lui. Fils de déporté, c'est un gaulliste sincère, humaniste, qui s'est fait seul. C'est moi qui l'ai incité à se présenter aux élections législatives à Lyon; je l'ai soutenu dans sa démarche. C'est moi encore qui ai insisté auprès de Jacques Chirac lors de la constitution du gouvernement pour qu'il ait un portefeuille[1].

Si je suis prêt à débattre avec lui de son analyse, qui de mon point de vue n'est ni juste ni honnête, si je trouve inadmissible qu'un ministre RPR du gouvernement se place dans une logique de défaite et batte en brèche le principe de la solidarité gouvernementale, le plus grave est ailleurs. Étaler ses états d'âme dans la presse, le faire alors que le Premier ministre, président du mouvement politique auquel il appartient, est en déplacement, est au mieux une faute, au pire une trahison.

Michel Noir n'a pu sous-estimer le coup que sa démarche portait à la candidature de Jacques Chirac. Si tel n'était pas le

1. À l'origine, Michel Noir avait été nommé secrétaire départemental du RPR du Val-de-Marne.

cas, l'empressement de François Léotard et de Pierre Méhaignerie à soutenir son initiative aurait dû suffire à lui ouvrir les yeux. C'est un procès d'intention contre l'esprit même du gaullisme, dont nous nous réclamons, qui nous est fait, qui m'est fait. Ainsi, Michel Noir, Alain Juppé, Alain Carignon, Michèle Barzach rejetteraient, eux, tout compromis sur leurs convictions, ce qui laisserait entendre que nous serions moins déterminés ! Je veux bien que Michel Noir évoque le souvenir de son père, mais je ne suis pas prêt à entendre n'importe quoi car, dans ce domaine, je n'ai de leçons à recevoir de personne.

Cette affaire est grave. Elle arrive, en effet, à point nommé pour l'opposition de gauche et l'UDF ; elle doit donc être traitée comme telle. Il faut réagir vite et fort, mais Jacques Chirac est absent.

Je prends l'initiative de rencontrer Michel Noir. Je le trouve buté. Refusant de voir les conséquences de sa démarche, il m'explique que les principes de morale doivent passer avant les problèmes de tactique. Je lui rappelle que le gaullisme est à la fois progrès social et ordre, que si j'ai recréé l'action ouvrière et professionnelle au sein du RPR, c'est bien dans le but de consolider cet aspect de la philosophie du gaullisme[1]. Au-delà, son attitude m'agace. Elle laisse supposer que si certains ont des principes moraux, d'autres n'en ont pas. L'argument de la morale, Alain Juppé me l'avait déjà opposé lors de la définition du programme économique du gouvernement, avant les élections législatives[2].

Édouard Balladur ayant reçu Noir à ma demande, il refuse de retirer un seul mot de ce qu'il a écrit. Mieux, il indique au

1. La responsabilité de l'action ouvrière et professionnelle avait été confiée à Philippe Dechartre.

2. Alain Juppé s'opposait au principe d'une amnistie fiscale, au nom de ce principe ; en parfait technocrate, il voulait la plafonner à 90 %, la privant ainsi de toute efficacité.

ministre d'État qu'il est prêt à quitter le gouvernement, et que s'il était conduit à le faire, d'autres le suivraient. Édouard Balladur tente de le raisonner ; il parvient à le calmer quelque peu...

La manipulation organisée par François Mitterrand, qui avait consisté à favoriser de la main droite l'émergence du Front national en lui facilitant l'accès aux médias, tandis que de la main gauche il organisait et pérennisait l'existence et le développement de l'association SOS-Racisme, après avoir saigné notre électorat, provoquait des dommages au sein même du gouvernement, chez ceux qui étaient censés incarner la relève au sein du mouvement gaulliste.

Jacques Chirac, de retour d'un déplacement officiel à Moscou, est furieux en apprenant le gâchis. Aucun de nous ne voulant la mort du pécheur, lui moins que quiconque, je lui demande de sermonner Michel Noir.

En effet, il ne peut être question de nous couper un peu plus encore de notre électorat en laissant se développer une telle polémique, pas plus qu'il n'est possible d'accepter la perspective d'une crise ministérielle, qui ne pourrait que profiter à Raymond Barre.

Le Premier ministre finit par résoudre cette crise en imposant son autorité. Michel Noir est mis en demeure de cesser d'alimenter ces polémiques qui ne font que rendre plus difficile l'action gouvernementale. Il donne instruction aux membres du gouvernement de ne tenir aucun propos d'exclusion envers qui que ce soit. Apparemment, l'incident est clos.

Les conséquences de tout cela me préoccupent. Au-delà des premiers craquements au sein même de la majorité, ce sont les tiraillements entre ministres appartenant au RPR qui m'inquiètent. Le temps consacré à résoudre les problèmes des Français au ministère de l'Intérieur ne m'a pas permis de jouer le rôle qu'il eût fallu que je joue, celui d'élément moteur de la majorité, en particulier du mouvement gaulliste.

Il nous fallait rassurer les militants, remettre le mouvement en bon ordre et faire en sorte que ceux qui s'étaient laissés prendre au piège tendu par François Mitterrand, bien des années auparavant, ne restent pas au bord du chemin. Je décidai, avec l'accord de Jacques Chirac, de profiter des assises nationales du mouvement gaulliste qui devaient se tenir quelques jours plus tard à Versailles.

Là, devant plusieurs dizaines de milliers de militants enthousiastes, je déclare que les plus anciens du mouvement qui ont lutté les armes à la main contre le nazisme et le fascisme se réjouissent de voir de plus jeunes reprendre ce flambeau. J'enchaîne en expliquant que le gaullisme, par essence, est le refus de ce qui semble inéluctable, et que c'est ce refus qui conduit au sursaut et au renouveau. Je rappelle que le gaullisme est avant tout le service de la nation, et qu'il ne faut jamais oublier que le maintien de l'ordre dans le pays est nécessaire pour rétablir la confiance des citoyens dans l'État ; il n'est pas une fin en soi, notre devoir est de modifier profondément les rapports sociaux et la vie dans les entreprises. Bref, je fais le discours gaulliste que chacun souhaite entendre. Les cœurs et les volontés se raffermissent.

Un autre que moi aurait pu tenir ce discours. Depuis des mois je constatais que, dans ce gouvernement, un homme surnageait par ses qualités, par sa personnalité. Dire qu'il avait du caractère est faible ; il se laissait emporter facilement, disaient certains.

Ministre des Affaires sociales, il lui arrivait, c'est vrai, de disparaître un jour ou deux lorsqu'il était excédé par le comportement du ministère des Finances, toujours prompt à tenter de rogner son budget ou de contester telle ou telle de ses initiatives. Cela mettait le Premier ministre en transes. Peut-être attendait-il de moi que je lance un avis de recherche ? Cela m'amusait beaucoup !

Mais, au-delà de ces attitudes, c'est un gaulliste de conviction, un homme résolu. Il ne dit pas être sorti du peuple : il en fait partie intégrante. Il a du gaullisme la vision de la grandeur nationale et, par-dessus tout, l'ambition sociale, la volonté de réconcilier la nation avec le monde du travail. C'est avec Philippe Séguin que le gaullisme pourrait préparer l'avenir[1].

Les problèmes posés par d'autres membres du gouvernement auraient pu me conduire à adopter la même attitude que lui...

Pour les avoir observés du coin de l'œil depuis plusieurs mois, je savais que François Léotard et sa « bande » sillonnaient la France. Ils tenaient semaine après semaine des réunions à grand spectacle dans la plupart des régions, avec comme objectif la préparation d'une candidature de François Léotard aux élections présidentielles[2].

J'avais fait part de mes conclusions au Premier ministre, sans grand succès : il n'y croyait pas, et l'affection qu'il avait pour François Léotard l'empêchait de voir clairement la situation. Ce dernier, qui le savait, en jouait, afin de se démarquer chaque jour un peu plus du RPR et de ses éléments « les plus durs », pour reprendre ses mots ! Pas de semaine sans un écho venimeux dans les gazettes visant ses collègues du gouvernement : il me semblait revivre les plus belles heures du giscardisme, l'intelligence de Valéry Giscard d'Estaing, le talent et la finesse de Michel Poniatowski en moins, la perfidie en plus.

En juin 1987, François Léotard déclare dans les colonnes d'un hebdomadaire : « Le Premier ministre cède trop souvent

1. Au plus fort de la tempête, en 1986, il fut l'un des seuls à me manifester amitié et soutien.

2. François Léotard et ses amis s'étaient eux-mêmes surnommés la « bande à Léo ».

aux moines-soldats du RPR qui manifestent un goût du pouvoir sans partage… » Afin que même un Premier ministre finisse par comprendre, il précise : « Pour le Parti républicain, il n'y a que deux solutions, le soutien à Raymond Barre ou le soutien à François Léotard… Toute autre hypothèse est exclue… »[1].

Voici tout à coup que l'on découvre que les analyses de Charles ne sont pas si stupides. Édouard Balladur, que j'ai alerté à maintes reprises, partage maintenant mon point de vue.

Il est plus que temps que Jacques Chirac reprenne en main son gouvernement. Édouard Balladur le convainc que si François Léotard doit être remis à sa place afin d'éviter des dissidences de toute nature, il faut aussi témoigner amitié et sollicitude à nos jeunes collègues du RPR.

Du côté du ministre de l'Intérieur, la coupe est pleine tant je commence à en avoir assez de leurs états d'âme : s'ils avaient à s'occuper des problèmes de terrorisme et d'ordre public, sans doute certains ministres de ce gouvernement auraient-ils moins de temps à consacrer à l'introspection.

Le Premier ministre réagit enfin vivement. Les services de l'hôtel Matignon rendent public un communiqué ne laissant aucune place à l'interprétation : il faut choisir entre l'exercice de fonctions ministérielles et le rôle de militant, le premier étant incompatible avec le second.

Les choix sont cette fois clairs : François Léotard et les siens doivent choisir entre la solidarité gouvernementale et la promotion de leur vision libérale du monde. François Léotard, courageux, déclare qu'il ne renoncera jamais à sa liberté de parole : on ne l'entendra plus !

Si Jacques Chirac avait fait preuve de fermeté plus tôt,

1. *Le Point*, 1er juin 1987.

sans doute aurions-nous pu faire l'économie de ce psychodrame et peut-être le Parti républicain se serait-il comporté différemment. Personne ne tirera avantage de cette crise dans la majorité. Certes, Raymond Barre reste spectateur et continue à engranger les profits résultant de cette situation: sondage après sondage, sa cote de popularité progresse régulièrement. Sans doute Jacques Chirac profite-t-il des succès que nous enregistrons, ce qui devrait lui permettre d'aborder les élections présidentielles en position favorable. Mais le manque de cohésion de la majorité et les querelles de partis ne risquent-ils pas de mettre à mal notre crédibilité dans l'opinion et de remettre en question notre capacité à diriger le pays ?

Le moment était donc venu de définir une stratégie et de choisir le type de campagne électorale que nous devrions conduire l'année suivante afin de gagner les élections présidentielles.

S'agissant de la candidature de François Mitterrand, l'incertitude est totale. La plupart de ceux que je réunis autour de moi place Beauvau sont sceptiques ; ils la considèrent improbable[1].

Je suis plus réservé car les rapports que je reçois des Renseignements généraux indiquent, déplacement après déplacement, que la popularité du président de la République remonte dans l'opinion publique.

Ne plus avoir de responsabilité directe dans la gestion des affaires du pays le fait apparaître comme un sage, attentif aux problèmes qui surgissent jour après jour dans la société française. Il peut ainsi manifester sa sollicitude, sa compréhen-

1. Ce petit groupe était formé de Jacques Toubon, secrétaire général du RPR, Frank Borotra et Patrick Devedjian, secrétaires généraux adjoints, Michel Aurillac, président du Club 89, Roger Romani, président du groupe parlementaire du Sénat, Alain Marleix et Hervé Fabre-Aubrespy.

sion, voire sa solidarité envers tous ceux que la politique du gouvernement bouscule ou malmène. Il excelle dans cette sorte de magistère tribunicien.

Soucieux de me rendre compte par moi-même, je décide de l'accompagner dans quelques-uns de ses voyages en province, en vertu de la pratique républicaine qui veut que le ministre de l'Intérieur accompagne le président de la République dans ses déplacements à l'intérieur du pays. Ses collaborateurs m'assurent que ce sont des voyages sans buts ni objectifs politiques. Je n'en doute pas…

Le constat que je fais est édifiant. Je suis naturellement bien accueilli par François Mitterrand. Les militants socialistes ont dû recevoir des consignes car il n'y a aucune manifestation d'hostilité à mon égard. Mais ce que je vois m'inquiète : le président de la République est entré en campagne. Ne voulant pas former mon opinion sur un seul voyage, je décide d'en faire d'autres afin de vérifier si cette impression se confirme. Mais mieux vaut intégrer cette donnée et se préparer à ce dont elle sert de prélude.

Les manœuvres au sein de la majorité constituent également un sujet de préoccupation. Elles n'ont pas cessé. Même si des chefs de parti détiennent des portefeuilles ministériels dans le gouvernement dirigé par Jacques Chirac, cela ne les conduira pas, comme ce devrait être le cas, à soutenir sa candidature. Il est clair que l'UDF envisage de se ranger derrière Raymond Barre ; tout cela dépendra probablement du climat général.

Des réunions hebdomadaires, auxquelles participent les ministres et les principaux parlementaires, ont lieu au siège du RPR[1], pour arrêter avec eux les dispositions à prendre compte tenu des développements de la situation politique.

1. Le mercredi après-midi.

Mais l'essentiel est ailleurs car, depuis la formation du gouvernement, Édouard Balladur et moi sommes en désaccord sur les choix à faire.

De mon point de vue, Jacques Chirac doit annoncer sa candidature le plus tard possible afin d'éviter la fatigue inutile d'une trop longue campagne qu'il faudra mener de front avec l'action gouvernementale. Dès lors que François Mitterrand annoncera la sienne, car, j'en suis certain, il le fera, il nous faudra l'attaquer en soulignant qu'il est le candidat du Parti socialiste, que les échecs et la faillite de son ancienne majorité sont les siens. Cela, joint à l'affirmation de notre personnalité propre, du rétablissement de la sécurité, du progrès et de la justice sociale, devrait nous permettre de retrouver l'électorat qui a toujours fait confiance au gaullisme.

Édouard Balladur considère, lui, que Jacques Chirac doit annoncer sa candidature le plus tôt possible, dès le début du mois de janvier, qu'il lui faudra attaquer en priorité Raymond Barre qui s'est opposé à la cohabitation, qu'il convient d'ignorer Jean-Marie Le Pen et son parti et ne lui faire aucune publicité... La campagne électorale, à l'en croire, doit avoir comme base essentielle le bilan de la cohabitation, l'élection devant se gagner au centre.

Le débat qui s'engage est un débat essentiel.

Chacun l'aura compris, il ne s'agit pas d'un problème de personne ou d'ego entre Édouard Balladur et moi. Si je ne suis pas d'accord d'emblée avec toutes ses idées, j'ai appris à le connaître et à l'estimer[1].

Mais imaginer que l'électorat du centre va se prononcer en

1. Un soir de 1986, alors que je faisais front quasiment seul dans la tempête qui secouait le ministère de l'Intérieur, son épouse et lui tinrent à nous inviter à dîner, Jeanne et moi, d'une manière impromptue. C'était une marque d'amitié et de solidarité ; nous ne l'avons pas oubliée.

faveur de Jacques Chirac plutôt que de Raymond Barre, sur la seule vertu du bilan d'une cohabitation à laquelle il était opposé, me paraît être une vue de l'esprit.

Je suis persuadé que le choix qui sera fait portera en lui le germe du succès ou de l'échec.

Certes, le bilan du gouvernement jouera en faveur de Jacques Chirac. Les résultats de la politique économique sont bons ; ceux de la lutte contre la délinquance pèseront également de tout leur poids, le règlement des problèmes de terrorisme aussi[1].

Mais une élection présidentielle ne se gagne pas sur un bilan. La vision que le candidat a de l'avenir de la France, de sa place en Europe et dans le monde, la foi qui l'habite, son charisme, son contact avec le peuple permettent seuls de créer la confiance et la dynamique qui le porteront au sommet de l'État.

Pour nous tous, Jacques Chirac possède ces qualités. Nous sommes donc optimistes. Nous disposons avec le RPR de centaines de milliers de militants qui ne demanderont qu'à s'engager sans compter leur peine.

Probablement faudra-t-il attendre la fin de l'année ou les premiers jours de janvier pour connaître définitivement les noms des candidats aux élections présidentielles. Nous pensons tous que François Léotard s'effacera pour laisser le champ libre à Raymond Barre, qui sera le représentant de l'UDF, Jean-Marie Le Pen sera aussi présent, sans aucun doute, et le retour au scrutin majoritaire entraînant la perte de la plupart des sièges de son parti, nous n'avons rien à attendre de lui.

1. Encore, à ce moment-là, n'imaginons-nous pas le bras de fer qui va nous opposer à l'Iran et qui nous permettra d'obtenir le retour des derniers otages.

Reste François Mitterrand. Le temps travaille pour lui. N'avoir aucune responsabilité dans les affaires gouvernementales le sert magnifiquement. La cohabitation lui permet d'encaisser les dividendes de la politique gouvernementale, tandis qu'il nous laisse porter l'entière responsabilité des décisions qui dérangent.

Ma conviction est faite : nous battrons tout candidat socialiste qui déciderait de nous affronter, sauf lui sans doute. Car pour bon nombre de Français, François Mitterrand, qui avance masqué sous les habits d'un défenseur de la justice sociale et des libertés face à ceux qui défendent une vision rétrograde et conservatrice du pays, n'est plus l'homme d'un parti. Il en est d'autant plus dangereux.

CHAPITRE 21

Du jeu d'échecs

Pendant ces tribulations politiciennes, la vie ministérielle continue. Sur instructions du Premier ministre, au début du mois de janvier, je suis amené à proposer des mesures juridiques permettant de fixer et de clarifier le financement de la vie politique. Ainsi il m'appartient de présenter et de faire adopter par le Parlement les projets de loi définissant ces nouvelles dispositions; ces lois, qui pour la première fois vont régler le problème du financement de la vie politique et de sa transparence en France, s'appliqueront lors des élections présidentielles[1].

Au cours de l'une de nos réunions hebdomadaires, Jacques Chirac nous fait savoir que sa décision est prise; il annoncera sa candidature dans la deuxième quinzaine du mois de janvier. Cela signifie qu'il a fait sienne la démarche suggérée par Édouard Balladur.

Bien des règles de l'art militaire s'appliquent au combat

1. Elles prévoient: le contrôle de la variation du patrimoine de certains hommes politiques, des règles de financement strictes des élections présidentielles afin d'assurer l'égalité des chances, une aide financière aux partis politiques en contrepartie de la transparence de leurs comptes.

politique. L'une de celles-ci veut que l'assiégé laisse l'assiégeant épuiser ses forces dans un long combat. L'erreur d'analyse conduit Jacques Chirac et ceux qui le poussent dans cette voie à ne pas voir que c'est François Mitterrand qui est le compétiteur. Jacques Chirac devrait retarder l'annonce de sa candidature pour briser celle de l'assaillant le moment venu. Nous allons donc combattre à front renversé pendant de longs mois ; je crains le résultat.

Le 18 janvier, depuis l'hôtel Matignon, dans une déclaration largement reprise par la presse, le Premier ministre présente sa candidature et son ambition pour le pays : « Nous avons travaillé et, dans beaucoup de domaines, nous avons réussi. Les conditions sont réunies pour franchir une nouvelle étape, nous en avons les moyens. Les élections présidentielles sont un choix décisif dont dépendent pour une large part l'avenir de la France et l'avenir de chacun d'entre nous. Donner un espoir à sa jeunesse, être plus attentif à ceux qui souffrent de la misère, de la solitude ou d'être sans emploi. »

Il se prononce « pour une France dynamique, audacieuse, créative, prête à saisir la chance du grand marché européen. Une France forte, rayonnante, généreuse, qui assure son indépendance et son rang dans le monde. Une France fidèle à son passé et confiante en son avenir de grande puissance... »

La campagne électorale qui commence va s'appuyer sur des comités de soutien régionaux et départementaux qui viennent d'être mis en place[1]. Mais il est clair que ce sont les dizaines de milliers d'élus locaux présents jusque dans les plus petites communes, les cinq mille maires, les mille deux cents conseillers généraux, les quatre cents conseillers régio-

1. Sans surprise, la plupart d'entre eux sont présidés par des membres du RPR, parlementaires, présidents de conseils généraux, à l'exception de deux représentants du monde économique et d'un élu de la gauche démocratique.

naux et les centaines de milliers de militants du Rassemblement pour la République qui supporteront, dans tous les sens du terme, la campagne de Jacques Chirac.

C'est au début du mois de février qu'il présente son programme, *La Décennie du renouveau*, aux représentants de ses comités de soutien, fédérés dans un comité national présidé par Édouard Balladur[1].

De son côté, Raymond Barre a également annoncé sa candidature. Il est immédiatement entré en campagne, décochant ses traits les plus acérés en direction de Jacques Chirac et de l'État RPR plutôt que vers François Mitterrand. N'écrit-il pas dans sa déclaration de candidature : « Il est temps de mettre un terme aux faux-semblants, de prendre un nouveau départ avec un État impartial et qui rejette l'esprit de clan[2]... » ?

Ce que certains décrivent comme une primaire à droite n'est en fait qu'un nouvel épisode du combat fratricide qui se déroule depuis 1974. La cible est connue, les mots employés les mêmes, le but identique : éliminer le représentant des idées gaullistes, en l'occurrence Jacques Chirac. Les arguments employés, l'escalade dans la forme et sur le fond laisseront des traces, ne nous y trompons pas, et rendront difficiles les reports de voix au second tour des élections présidentielles.

Là n'est pas mon seul sujet de préoccupation. Depuis de longs mois, je n'ai jamais cessé de dire et de marteler que, dans le cadre d'une primaire avec un candidat soutenu par

1. Le 6 février 1988. Ce programme s'articule autour de six idées-forces : une même idée de la nation, une même exigence de solidarité et de justice, une même confiance dans l'intelligence et la formation, une même volonté de réussite économique, une même ambition de liberté et d'indépendance, une même idée de l'homme. Ce programme sera précédé par une lettre aux Français intitulée « La France en tête », dans laquelle le candidat Chirac détaille ses convictions pour que la France « devienne d'ici la fin du siècle la puissance la plus dynamique en Europe ».

2. Annonce de la candidature de Raymond Barre le 8 février 1988.

l'UDF, la différence se ferait tant sur les qualités de notre candidat que sur notre capacité à utiliser la force formidable que représente notre mouvement. C'est en le mobilisant, en le faisant participer au maximum à ce combat que nous remporterons la victoire. Tel n'est pas l'avis de certains membres de l'entourage de Jacques Chirac qui considèrent que la politique des meetings, des grands rassemblements est dépassée, et qu'il convient d'avoir une vision plus moderne. La réalité est beaucoup plus simple : ils ne savent pas ce qu'est réellement le gaullisme, pas plus qu'ils ne savent ce qu'est un mouvement populaire. En fait, ils ont peur du peuple.

Désormais, perdu sur une grande estrade, Jacques Chirac répond aux questions de quelques « grands témoins », sous la conduite d'un animateur, le plus souvent un journaliste[1]. Cette formule est utilisée pour la première fois à Versailles devant cinq mille militants, sympathisants et électeurs. Ils sont abasourdis, voire hébétés. Eux qui étaient venus pour entendre des discours de nature à les conforter dans leurs idées et à galvaniser leurs convictions repartent l'esprit vide malgré les quelques mots que leur adresse celui qu'ils « supportent ». L'un d'entre eux, à qui les audacieux promoteurs de cette magnifique innovation demandaient son avis, répondit avec franchise : « C'est moins bien qu'à la télé... » Tout était dit.

Ce type de conférences, s'il est peut-être adapté à des réunions de chambre de commerce ou s'il rappelle à certains les grands oraux de leurs écoles d'origine, est totalement inadapté au combat politique. Je dis bien « combat » car, comme dans tout combat, il faut que ceux qui se battent ressentent tout à la fois la chaleur et la conviction de leur champion, comme de ceux qui l'entourent. Ne pas

1. Le journaliste Michel Bassi tint un temps ce rôle.

comprendre cela est étonnant, se priver de cet avantage est aberrant.

Jacques Chirac a beau dire que, dans une campagne moderne, il faut non pas un discours assené mais un dialogue, tout cela est démobilisateur. Un journaliste notera: «Le Premier ministre joue sur plusieurs registres dont l'agencement est déroutant pour l'assistance. Il est vrai que la salle n'a pas forcément du talent…»

De fait, l'élan et le dynamisme auxquels est habitué le mouvement gaulliste sont brisés d'entrée. D'un Jacques Chirac que les adhérents et les militants reconnaissent comme l'un des leurs, que les Français connaissent comme un tribun, certains de ceux qui l'entourent ont réussi à donner l'image d'un technocrate dialoguant avec des compères.

Pour qui connaît un tant soit peu la chose politique, il est évident qu'il faut dans une campagne de premier tour parler haut et fort pour rassembler son propre camp, sous peine de désillusion. Tel n'est pas le cas.

Pour avoir écouté ceux qui veulent qu'il soit moins «peuple», les plus grandes qualités de Jacques Chirac ne sont pas utilisées: son charisme, son contact humain, la sympathie que son approche provoque sont pourtant intacts, la preuve en sera apportée. Au-delà, le plus dommageable dans toute cette démarche est que Jacques Chirac n'a plus la perception quasi physique de la campagne à laquelle il est habitué. J'ai l'impression que la machine tourne dans le vide. Depuis le début, nous accumulons les erreurs et les fautes.

Erreurs tactiques tout d'abord, puisqu'il nous aurait fallu tout au plus égratigner Raymond Barre, ses voix nous étant nécessaires au second tour, et faire porter l'essentiel de nos attaques sur la gauche. C'est l'inverse que nous avons choisi de faire. Le bon sens aurait dû nous imposer de rassembler notre électorat; nous le négligeons. Tout cela est ubuesque.

Fautes enfin, puisque, à quelques semaines de l'échéance présidentielle, un éditorial signé par Édouard Balladur prône « l'ardente nécessité d'une confédération RPR-UDF[1] ». Libre à lui de le penser, mais l'effet sera dévastateur dans notre électorat. J'en viens à me demander qui est notre candidat, Édouard Balladur ou Jacques Chirac.

Pour le lancement officiel de cette campagne, j'organise un grand rassemblement à Vincennes[2]. L'atmosphère est celle d'une grande fête gaulliste à laquelle participent soixante mille personnes, majoritairement des militants et des adhérents. L'ambiance est chaleureuse, Jacques Chirac retrouve forme et allant ; tout semble encore possible.

Raymond Barre, qui est passé derrière Jacques Chirac pour la première fois dans les enquêtes d'opinion, l'a compris. Il durcit le ton. Le pacte de bonne conduite signé entre les deux hommes sous les auspices du ministre d'État est à la fois d'une subtilité qui m'échappe et d'une tartufferie absolue. Qui peut imaginer que la présence d'un représentant de l'un aux meetings de l'autre, et réciproquement, va suffire à éteindre l'incendie ? Qui peut croire que les reports de voix se feront, quand on a mis en exergue, des mois durant, les défauts du concurrent ou le danger que représenterait, pour le pays, son élection ?

Quarante-huit heures plus tard, le chef de l'État annonce officiellement sa candidature[3]. Nous sommes à un mois des élections présidentielles, mais il parcourt en fait la France depuis longtemps. Il est convaincu que Jacques Chirac sera son adversaire au second tour, d'ailleurs il le souhaite : il a intégré sa stratégie qui consiste à essayer de capter les voix des centristes. François Mitterrand utilise donc les thèmes

1. *Le Monde*, 18 mars 1988.
2. Le 20 mars 1988.
3. Le 22 mars 1988.

auxquels ceux-ci sont traditionnellement les plus sensibles, déclarant notamment qu'il s'est résolu à être candidat « pour lutter contre les germes de division, contre les partis qui veulent tout, les clans, les bandes qui menacent la paix civile ». Ces propos sont caricaturaux, mais tellement efficaces.

Jacques Chirac est donc pris dans une tenaille. Les électeurs centristes, dont Édouard Balladur a dit qu'ils assureraient son élection, sont d'une part séduits par Raymond Barre, et d'autre part rappelés à leur devoir par le président de la République. L'électorat gaulliste en général et sa fraction la plus populaire n'ont pas été mobilisés contre François Mitterrand et la gauche. Les conséquences de cette erreur seront très lourdes.

Au soir du premier tour, le 24 avril, les résultats sont affligeants pour nous. La comparaison avec les résultats des élections présidentielles de 1981 est révélatrice. Avec un peu plus de 34 % des suffrages, François Mitterrand a progressé de neuf points, gagnés au détriment du Parti communiste. Jacques Chirac, avec un peu moins de 20 %, n'a pas fait le plein des voix gaullistes ; son score est inférieur à celui de 1981 augmenté des voix de Michel Debré et de Marie-France Garaud. Pour sa part, Jean-Marie Le Pen obtient plus de 14 % des voix[1].

Mais il ne sert à rien de pleurer sur le lait renversé. La stratégie que j'avais préconisée aurait probablement permis d'arriver à 24 % tout au plus ; la partie aurait peut-être été

1. Premier tour des élections présidentielles de 1981 : François Mitterrand, 25,85 % ; Valery Giscard d'Estaing, 28,32 % ; Jacques Chirac, 18 % ; Georges Marchais, 15,35 % ; Brice Lalonde, 3,88 % ; Arlette Laguiller, 2,3 % ; Michel Crépeau, 2,21 % ; Michel Debré, 1,66 % ; Marie-France Garaud, 1,33 % ; Huguette Bouchardeau, 1,11 %. Premier tour des élections présidentielles de 1988 : François Mitterrand, 34,11 % ; Jacques Chirac, 19,94 % ; Raymond Barre, 16,54 % ; Jean-Marie Le Pen, 14,38 % ; André Lajoinie, 6,76 % ; Antoine Waechter, 3,78 % ; Pierre Juquin, 2,1 % ; Arlette Laguiller, 1,99 % ; Pierre Boussel, 0,38 %.

jouable... Le second tour va être indiscutablement difficile. Il faut garder espoir et essayer de faire de ce scrutin un référendum contre la gauche, représentée par François Mitterrand.

L'événement majeur de cet entre-deux-tours est sans aucun doute le débat télévisé qui doit opposer les deux candidats restant en lice. Une réunion a lieu à l'hôtel de ville de Paris avec Jacques Chirac, afin de le préparer[1].

Les uns et les autres ayant donné leur sentiment, je suis amené à exposer mon analyse. M'adressant à Jacques Chirac, je lui présente mon point de vue d'une manière familière et directe: «Tu dois tout d'abord te persuader que François Mitterrand utilisera tous les moyens pour t'abattre, car, en politique, c'est un tueur. Tu dois donc te mettre dans le même état d'esprit et te préparer, toi aussi, à utiliser tous les moyens à ta disposition. Tout d'abord, il va essayer de te mettre en situation d'infériorité, Premier ministre par rapport au président de la République, puis il tentera de te déstabiliser. C'est à toi de démontrer aux Français qu'il n'est pas digne d'occuper ce poste. L'épisode du *Rainbow Warrior* est encore présent dans toutes les mémoires. L'arme, nous l'avons. Le rapport secret de l'amiral Lacoste montre qu'il est discrédité à la fois comme président de la République et comme chef des armées. Non seulement il a failli à ses responsabilités, mais il y a eu mensonge, puisqu'il a lui-même donné l'ordre de mettre en route cette opération, abandonnant ensuite à leur sort les militaires, le responsable de la DGSE, jusques et y compris le ministre des armées, son ami Charles Hernu. Il suffit donc de montrer une page de ce rapport[2]... »

1. Participent à cette réunion, en dehors de moi-même: Édouard Balladur, Alain Juppé, Roger Romani, Jacques Toubon.

2. Rapport en date du 8 avril 1986, rédigé par l'amiral Lacoste, ancien responsable de la DGSE; des extraits de ce rapport seront publiés dans le quotidien *Le Monde* le 9 juillet 2005.

Jacques Chirac est perplexe, mais assez séduit. Tandis que les autres se taisent, une voix douce, celle d'Édouard Balladur, laisse tomber : « Jacques, ce ne serait pas très convenable… » Jacques Chirac opine.

Mon idée a fait long feu. Un dernier conseil : « Dans ce cas, ne va pas à ce débat ; vous ne combattez pas dans la même catégorie… »

La suite est connue : François Mitterrand rappelant pendant le débat à Jacques Chirac qu'il est son Premier ministre, le traitant ensuite de menteur, le laissant éberlué et pantois devant tant de mauvaise foi. Cette partie-là est elle aussi perdue… Les sondages confirment rapidement l'avantage décisif enregistré par le président de la République.

Nous ne baisserons pas les bras pour autant. Jacques Chirac, pendant les jours qui nous séparent du second tour, fait face avec beaucoup de calme et de courage. Le meeting d'union, auquel participe Raymond Barre, est un succès. Son engagement est sans équivoque, mais je doute que cela suffise. Convaincu que tout doit être fait pour favoriser les reports de voix des électeurs, je propose à Jacques Chirac, qui accepte, de rencontrer Jean-Marie Le Pen. Cette rencontre, organisée par l'intermédiaire d'un des membres de mon cabinet, a lieu avenue Foch. Je les reçois et les mets en présence l'un de l'autre, mais je n'assiste pas à l'entretien. Rien de positif n'en sortira, Jean-Marie Le Pen qualifiant Jacques Chirac dans un meeting de candidat résiduel ; son appel à ne pas donner une voix à François Mitterrand ne suffira pas.

Pendant ce temps, des problèmes qui mettaient en cause l'État perduraient et devaient être réglés. Il s'agissait tout d'abord de la Nouvelle-Calédonie. Le nouveau statut, qu'avait fait voter Bernard Pons, avait révulsé les Mélanésiens indépendantistes, que les gouvernements socialistes et François Mitterrand avaient soutenus. Force est de constater aussi que ce texte était quelque peu passéiste. La minorité violente avait multiplié les exactions jusqu'à prendre dix-huit gendarmes en otages après en avoir assassiné quatre[1].

Localement, l'atmosphère était rapidement devenue délétère ; beaucoup avaient perdu le contrôle de leurs nerfs. Cela semblait le cas de Bernard Pons, qui téléphonait pour un oui ou pour un non au Premier ministre, que cela excédait au plus haut point.

Ayant décidé de ne plus prendre ses appels, c'est moi qui lui répondis un jour où je me trouvais à l'hôtel Matignon. Il me fit part d'une nouvelle épouvantable à ses yeux : la tribu de Saint-Louis était entrée en rébellion. Connaissant Nouméa et cette tribu, qui comptait à l'époque une centaine de membres, j'avais du mal à comprendre : il s'agissait d'un simple problème de maintien de l'ordre. Finalement, il ressortit de ses explications que les gendarmes ne voulaient pas intervenir s'ils n'avaient pas... un appui aérien ! J'étais sans voix. Certains se croyaient dans les Aurès ! Je le lui dis. Tout cela prenait des proportions inimaginables.

À ma suggestion d'utiliser une des trois compagnies de CRS cantonnées à Nouméa, il me fut répondu qu'elles n'avaient pas le droit de sortir de la ville. J'annulai cet ordre sur-le-champ. Les CRS intervinrent et rétablirent le calme sans drame. Il est vrai que leurs tenues anti-émeutes et la couleur de leurs véhicules, inconnus jusqu'alors, favorisèrent la chose. Je compris à cette occasion quel était le climat qui régnait dans l'île, ainsi que le désarroi des responsables.

Cet incident était révélateur de l'état d'esprit des gendarmes. J'en rendis compte au Premier ministre. La conclusion de notre conversation fut que si l'on voulait obtenir la libération des otages, il fallait se résoudre à envoyer des

1. Le 22 avril 1988 à Fayaoué, sur l'île d'Ouvéa.

troupes aguerries et équipées. Jacques Chirac ne souhaitait pas laisser de problèmes majeurs à régler à son successeur, quel qu'il soit.

Encore fallait-il obtenir l'accord du président de la République, chef des armées. Conduite avec son accord, l'opération permit la libération de tous les otages[1].

Le Premier ministre sait que, sauf miracle, François Mitterrand sera réélu ; il continue à tout mettre en œuvre pour « laisser la maison en bon ordre à ses successeurs ».

Il prend donc sur lui de faire revenir dans l'Hexagone l'agent de nos services spéciaux qui était assigné à résidence en Polynésie, malgré les difficultés internationales à venir[2].

Je ne me résous pas à envisager cette défaite sans combattre. J'accorde donc une interview à un hebdomadaire, dans laquelle je déclare : « Il y a sûrement au Front national quelques extrémistes, mais sur l'essentiel il se réclame des mêmes préoccupations, des mêmes valeurs que nous, seulement il les exprime d'une manière plus brutale[3]... » Je suis immédiatement traité de fasciste, Jacques Chirac également. Cela m'indiffère. Même si cette ultime tentative doit me nuire, je m'en moque. Mais tout cela servira-t-il à quelque chose ?

Le même jour, j'organise une ultime manifestation place de la Concorde. La foule est là, comme toujours.

J'ai aussi la satisfaction de pouvoir refermer le dossier des otages, grâce à la libération, déjà évoquée, des derniers de nos compatriotes encore séquestrés[4]. C'est Philippe Séguin,

1. Le 5 mai 1988. Des membres des troupes de marine, le commando Hubert, et du 11e Choc participèrent à cette opération, au cours de laquelle 19 des preneurs d'otages furent tués dans l'assaut, ainsi que 2 membres du groupe d'intervention ; les 23 otages furent libérés.

2. Le capitaine Prieur était impliqué dans l'affaire du *Rainbow Warrior*.

3. *Valeurs actuelles*, 2 mai 1988.

4. Le 4 mai 1988. Prévue initialement pour la dernière semaine du mois d'avril, elle avait dû être différée.

auquel j'avais téléphoné, qui l'a appris à Jacques Chirac, qui présidait ce soir-là une réunion à Épinal.

Il nous reste à régler les différends avec la partie iranienne, lui confirmer que les accords concernant le règlement du contentieux Eurodif seront respectés, quel que soit le résultat des élections présidentielles. Le Premier ministre, depuis son bureau de l'hôtel Matignon, réitère téléphoniquement, en ma présence, et en présence de Jean-Charles Marchiani, les assurances souhaitées, au Premier ministre iranien Mir-Hossein Mousavi, au ministre des Affaires étrangères Ali Akbar Velayati, ainsi qu'à Ali Reza Moayeri, cet énigmatique vice-Premier ministre[1]. Convaincu qu'il était que la défaite était inéluctable, Jacques Chirac indique ensuite clairement à Marchiani qu'il lui appartiendrait dès la semaine suivante de prendre contact avec l'Élysée afin que ce dossier ne s'enlise pas. Dans cette perspective, Jean-Charles Marchiani ayant demandé ce qu'il conviendrait qu'il fasse des réseaux mis en place, Jacques Chirac lui répondit sans équivoque : « Il faut les maintenir... » Cette affaire trouve donc son épilogue : la guerre des ambassades est terminée, les derniers otages ont été libérés, le contentieux est en voie d'être soldé, les relations diplomatiques pourront être rétablies par nos successeurs.

C'est sans illusions mais la conscience en paix que nous attendons les résultats du second tour.

Présidant ensemble les cérémonies commémoratives de la victoire, le 8 mai, François Mitterrand et Jacques Chirac font bonne figure, bien que sachant l'un et l'autre à quoi s'en tenir.

1. Mir-Hossein Mousavi, Premier ministre de la République islamique d'Iran, 1981-1988. Ali Akbar Velayati, ministre des Affaires étrangères, 1981-1988. Ali Reza Moayeri, vice-Premier ministre chargé des questions politiques, 1986-1990 (voir également note 2, p. 215).

Très tôt, je connais les estimations faites par les Renseignement généraux, ainsi que les tendances. Les résultats sont sans appel : François Mitterrand l'emporte avec un peu plus de 54 % des suffrages, Jacques Chirac, pour sa part, frôlant les 46 %[1].

Il m'appartient, vers minuit, de communiquer les résultats officieux à l'ensemble de la presse réunie au ministère de l'Intérieur[2].

Je garde un visage impassible, mais, au fond de moi, je bous.

Beaucoup de questions se posent. Pourquoi Jacques Chirac a-t-il été battu ? Le Premier ministre était-il un mauvais candidat ? La stratégie retenue est-elle en cause ? Les divisions de la majorité suffisent-elles à expliquer l'échec ? Quels sont les éléments qui ont pesé sur l'issue du scrutin ? Quel a été le poids des jeunes dans cette élection ? Nous devrons faire cette analyse à froid et en tirer toutes les conséquences.

Le quartier général d'un parti politique battu est, toutes proportions gardées, dans le même état que le bivouac d'une armée défaite – locaux abandonnés, papiers dispersés, provisions de bouche attendant les possibles vainqueurs du matin devenus les battus du soir.

Peu de monde, visages tristes, incompréhension. Une infinie tristesse. Un sentiment d'injustice, de gâchis et de gaspillage. L'impression, pour ceux, peu nombreux, qui sont là, d'avoir tout perdu, même l'espoir. Encore et toujours garder ses états d'âme pour plus tard… Redonner courage, expliquer que la vie continue et que le combat ne doit pas s'arrêter.

1. Second tour des élections présidentielles de 1988 : François Mitterrand, 54,09 % ; Jacques Chirac, 45,98 %. L'analyse du scrutin montrera que 50 % des électeurs de Jean-Marie Le Pen ont reporté leurs voix sur Jacques Chirac, et 15 % de ceux de Raymond Barre l'ont fait en faveur de François Mitterrand.

2. Le Conseil constitutionnel est seul habilité, après vérification, à proclamer les résultats définitifs.

Plus tard, dans le véhicule qui me conduit au ministère de l'Intérieur, je me surprends à repenser au premier Conseil des ministres de cette funeste cohabitation. Effectivement, c'était une partie d'échecs. J'en connais ce soir le résultat.

Nous sommes défaits. Jacques Chirac est battu : échec et mat !

Épilogue

Au lendemain de cette déroute, car c'est d'une déroute qu'il s'agit, je suis habité par une colère froide.

J'ai peu dormi. Je n'ai cessé de revoir les épisodes de la guerre fratricide, dont j'assume ma part, qui a ensanglanté notre camp.

Une énumération de noms, comme autant d'erreurs : Chaban-Delmas contre Messmer, Giscard d'Estaing et Chirac contre Chaban-Delmas, Giscard d'Estaing contre Chirac, Giscard d'Estaing et Barre contre Chirac, Chirac contre Giscard d'Estaing, Barre contre Chirac.

Trois batailles, trois défaites majeures pour nos couleurs, celles du gaullisme. Que de temps perdu et d'énergie gaspillée…

Comment avons-nous pu perdre cette dernière bataille, alors que les Français rejetaient majoritairement le socialisme et nous avaient fait confiance deux ans auparavant ?

Ces luttes intestines en sont-elles la cause ? Jacques Chirac était-il un bon candidat ? Les stratégies retenues étaient-elles les bonnes ?

Je sais que là n'est pas le problème. Il ne sert à rien de se voiler la face. L'élection d'un président de la République suppose la rencontre entre la grande ambition nationale dont doit être porteur un homme et les espérances d'un peuple. Cet espoir, Jacques Chirac l'avait incarné en 1986. Était-ce encore le cas ?

Comment ne pas comprendre que la perte de confiance d'une partie de notre électorat ne pourrait être compensée par des transferts de voix utopiques ?

Comment Jacques Chirac ne s'est-il pas rendu compte qu'il s'était laissé attirer dans un traquenard par le président de la République ?

Comment a-t-il fait pour ne pas voir que ceux qui se détachaient de nous représentaient le courant le plus populaire et le plus régénérateur du mouvement gaulliste ?

Comment a-t-il pu être assez aveugle pour ne pas s'apercevoir que nous nous affaiblissions chaque jour davantage, en raison d'une rupture idéologique qui nous conduisait toujours plus près du ventre mou de la vie politique française, toujours plus près de ceux désignés naguère comme des voyageurs sans bagages ?

Est-il encore capable de voir la réalité des choses ? Je le saurai très vite : le Premier ministre souhaite que nous déjeunions en tête-à-tête ce lundi, « pour que nous parlions ». Je le rejoins. Il est très amical, mais fébrile ; on le serait à moins...

Très vite, il entre dans le vif du sujet. Il a réfléchi aux suites qu'il convient de donner à cet échec. Il n'envisage pas de prendre la tête du Rassemblement pour la République : il veut conserver le socle plus large acquis lors des élections présidentielles.

En même temps que je l'en complimente, j'essaye de me persuader que je ne rêve pas. Il me parle des suites de cet échec, et non de ses causes. Il me parle de socle acquis, alors qu'il vient d'être battu par un écart de deux millions cinq cent mille voix, et qu'au premier tour il n'a pas rassemblé son propre camp !

Le meilleur est à venir. Il enchaîne : il entend placer Édouard Balladur à la tête du mouvement gaulliste, Pierre Messmer et moi l'assistant. Je le regarde, partagé entre hilarité et fureur ! Peut-être est-ce la fatigue ? Sans doute veut-il se détendre en me taquinant ? Je ne suis pas d'humeur... Mais non, sa proposition est tout à fait sérieuse.

Beaucoup de choses me viennent à l'esprit, mais je préfère lui indiquer que tout cela me paraît bien compromis car son candidat n'a pas les convictions et le charisme nécessaires pour diriger le mouvement gaulliste. Il insiste, suggérant que je pourrais le faire élire. Tout cela devient déplaisant.

« Non, Jacques, je ne le peux pas, je ne le veux pas. » Il est tout à coup très ennuyé. Il s'était persuadé qu'il n'y aurait pas de difficultés. Il me demande alors comme une faveur de l'expliquer au ministre d'État.

Comme dans une pièce de boulevard médiocre, le voici... Je lui explique pourquoi la chose est impossible ; il en prend acte avec un peu d'étonnement et de mauvaise humeur. L'envie me taraude de dire à Jacques Chirac : « Tout cela ne serait pas très convenable, Jacques... » Je m'en abstiens.

La scène suivante est encore plus ahurissante, Édouard indique à Jacques que, dans ce cas : « C'est Charles qui doit être placé à la tête du mouvement car les militants l'adorent. » Jacques opine derechef, avec un peu trop d'allant : « Quelle bonne idée ! »

Me revient en mémoire une remarque faite pendant cette campagne électorale, un soir de réunion où l'assistance avait été particulièrement enthousiaste à mon égard. Se penchant vers moi, Jacques Chirac m'avait dit d'un ton amusé et surpris : « Je pense que c'est toi qui devrais te présenter à ma place... »

Depuis 1974, j'ai consacré tous mes efforts à la renaissance d'un grand mouvement gaulliste ; j'ai animé ou conduit les batailles électorales. Si la presse m'a consacré homme politique de l'année 1987, c'est en raison des seuls succès incontestables dont puisse se prévaloir le gouvernement. Mon action, appréciée à l'intérieur comme à l'extérieur du mouvement gaulliste, me fait aujourd'hui apparaître comme un rival potentiel... Ma réponse fuse : « Quelle bonne idée ! Mais c'est impossible, je tirerais le mouvement trop à droite... »

Ils se gardent de protester. Ainsi leur préoccupation première n'est pas de tirer les leçons d'un échec, mais bien de prendre des mesures conservatoires afin de préserver ce qu'ils considèrent être un fonds de commerce.

Ma déception est immense. Quelque chose s'est brisé. Mais je continuerai avec les jeunes du mouvement gaulliste, pour les jeunes, pour des idées qui, j'en suis sûr, permettront un jour à la France de se régénérer.

Au moment de les abandonner à leurs chimères, je me remémore les paroles prononcées par Georges Pompidou, dont ils se réclament l'un et l'autre, au lendemain de sa déclaration de candidature en 1969. Venu la présenter devant les parlementaires de l'UDR, dont j'étais, il nous avait déclaré avec beaucoup d'humilité : « Je sais ce que diront les historiens. Après le temps des hommes extraordinaires, voici celui des hommes ordinaires... »

Je les quitte à l'instant.

Annexes

Texte de l'appel de Jacques Chirac du 6 décembre 1978, dit « appel de Cochin »

Il est des heures graves dans l'histoire d'un peuple où sa sauvegarde tient toute dans sa capacité de discerner les menaces qu'on lui cache.

L'Europe que nous attendions et désirions, dans laquelle pourrait s'épanouir une France digne et forte, cette Europe, nous savons depuis hier qu'on ne veut pas la faire.

Tout nous conduit à penser que, derrière le masque des mots et le jargon des technocrates, on prépare l'inféodation de la France, on consent à l'idée de son abaissement.

En ce qui nous concerne, nous devons dire NON.

En clair, de quoi s'agit-il ? Les faits sont simples, même si certains ont cru gagner à les obscurcir.

L'élection prochaine de l'Assemblée européenne au suffrage universel direct ne saurait intervenir sans que le peuple français soit directement éclairé sur la portée de son vote. Elle constituera un piège si les électeurs sont induits à croire qu'ils vont simplement entériner quelques principes généraux, d'ailleurs à peu près incontestés quant à la nécessité de l'organisation européenne, alors que les suffrages ainsi captés vont servir à légitimer tout ensemble les débordements futurs et les carences actuelles, au préjudice des intérêts nationaux.

1. Le gouvernement français soutient que les attributions de l'Assemblée resteront fixées par le traité de Rome et ne seront pas modifiées en conséquence du nouveau mode d'élection. Mais la plupart de nos partenaires énoncent l'opinion opposée presque comme allant de soi et aucune assurance n'a été obtenue à l'encontre de l'offensive ainsi annoncée, tranquillement, à l'avance. Or le président de la République reconnaissait, à juste raison, dans une conférence de presse récente, qu'une Europe fédérale ne manquerait pas d'être dominée par les intérêts américains. C'est dire que les votes de majorité, au sein des institutions européennes, en paralysant la volonté de la France, ne serviront ni les intérêts français, bien entendu, ni les intérêts européens. En d'autres termes, les votes des 81 représentants français pèseront bien peu à l'encontre des 329 représentants de pays eux-mêmes excessivement sensibles aux influences d'outre-Atlantique.

Telle est bien la menace dont l'opinion publique doit être consciente. Cette menace n'est pas lointaine et théorique : elle est ouverte, certaine et proche. Comment nos gouvernants pourront-ils y résister demain s'ils n'ont pas été capables de la faire écarter dans les déclarations d'intention ?

2. L'approbation de la politique européenne du gouvernement supposerait que celle-ci fût clairement affirmée à l'égard des errements actuels de la Communauté économique européenne. Il est de fait que cette Communauté – en dehors d'une politique agricole commune, d'ailleurs menacée – tend à n'être, aujourd'hui, guère plus qu'une zone de libre-échange favorable peut-être aux intérêts étrangers les plus puissants, mais qui voue au démantèlement des pans entiers de notre industrie laissée sans protection contre des concurrences inégales, sauvages ou qui se gardent de nous accorder la réciprocité. On ne saurait demander aux Français de souscrire ainsi à leur asservissement économique, au marasme et au chômage. Dans la mesure où la politique économique propre au gouvernement français contribue pour sa part aux mêmes résultats, on ne saurait davantage lui obtenir l'approbation sous le couvert d'un vote relatif à l'Europe.

3. L'admission de l'Espagne et du Portugal dans la Communauté soulève, tant pour nos intérêts agricoles que pour le fonctionnement des institutions communes, de très sérieuses difficultés qui doivent être préalablement résolues, sous peine d'aggraver une situation déjà fort peu satisfaisante. Jusque-là, il serait d'une grande légèreté, pour en tirer quelque avantage politique plus ou moins illusoire, d'annoncer cette admission comme virtuellement acquise.

4. La politique européenne du gouvernement ne peut, en aucun cas, dispenser la France d'une politique étrangère qui lui soit propre. L'Europe ne peut servir à camoufler l'effacement d'une France qui n'aurait plus, sur le plan mondial, ni autorité, ni idée, ni message, ni visage. Nous récusons une politique étrangère qui cesse de répondre à la vocation d'une grande puissance, membre permanent du Conseil de sécurité des Nations unies et investie de ce fait de responsabilités particulières dans l'ordre international.

C'est pourquoi nous disons NON.
NON à la politique de la supranationalité.
NON à l'asservissement économique.
NON à l'effacement international de la France.

Favorables à l'organisation européenne, oui, nous le sommes pleinement. Nous voulons, autant que d'autres, que se fasse l'Europe. Mais une Europe européenne, où la France conduise son destin de grande nation. Nous disons non à une France vassale dans un empire de marchands, non à une France qui démissionne aujourd'hui pour s'effacer demain.

Puisqu'il s'agit de la France, de son indépendance et de l'avenir, puis qu'il s'agit de l'Europe, de sa cohésion et de sa volonté, nous ne transigerons pas. Nous lutterons de toutes nos forces pour que, après tant de sacrifices, tant d'épreuves et tant d'exemples, notre génération ne signe pas, dans l'ignorance, le déclin de la patrie.

Comme toujours quand il s'agit de l'abaissement de la France, le parti de l'étranger est à l'œuvre avec sa voix paisible et rassurante. Français, ne l'écoutez pas. C'est l'engourdissement qui précède la paix de la mort.

Mais comme toujours quand il s'agit de l'honneur de la France, partout des hommes vont se lever pour combattre les partisans du renoncement et les auxiliaires de la décadence.

Avec gravité et résolution, je vous appelle, dans un grand rassemblement de l'espérance, à un nouveau combat, celui pour la France de toujours et l'Europe de demain.

Jacques Chirac

Composition du gouvernement nommé le 20 mars 1986

Premier ministre : M. Jacques Chirac.

Ministres :

Ministre d'État, ministre de l'Économie, des Finances et de la Privatisation : M. Édouard Balladur.

Ministre de l'Intérieur : M. Charles Pasqua.

Ministre des Affaires étrangères : M. Jean-Bernard Raimond.

Ministre de la Défense : M. André Giraud.

Garde des Sceaux, ministre de la Justice : M. Albin Chalandon.

Ministre de la Coopération : M. Michel Aurillac.

Ministre des Affaires sociales et de l'Emploi : M. Philippe Séguin.

Ministre de la Culture et de la Communication : M. François Léotard.

Ministre de l'Agriculture : M. François Guillaume.

Ministre de l'Industrie, des Postes et Télécommunications et du Tourisme : M. Alain Madelin.

Ministre de l'Éducation nationale : M. René Monory.

Ministre de l'Équipement, du Logement, de l'Aménagement du territoire et des Transports : M. Pierre Méhaignerie.

Ministre des Départements et Territoires d'outre-mer : M. Bernard Pons.

Ministre chargé des Relations avec le Parlement : M. André Rossinot.

Ministres délégués :

Ministre délégué auprès du Premier ministre, chargé de la Fonction publique et du Plan : M. Hervé de Charette.

Ministre délégué auprès du ministre de l'Économie, des Finances et de la Privatisation, chargé du Budget, porte-parole du gouvernement : M. Alain Juppé.

Ministre délégué auprès du ministre de l'Économie, des Finances et de la Privatisation, chargé de la Privatisation : M. Camille Cabana.

Ministre délégué auprès du ministre de l'Économie, des Finances et de la Privatisation, chargé du Commerce extérieur : M. Michel Noir.

Ministre délégué auprès du ministre de l'Éducation nationale, chargé de la Recherche et de l'Enseignement supérieur : M. Alain Devaquet.

Ministre délégué auprès du ministre de l'Intérieur, chargé de la Sécurité : M. Robert Pandraud.

Ministre délégué auprès du ministre de l'Équipement, du Logement, de l'Aménagement du territoire et des Transports, chargé de l'Environnement : M. Alain Carignon.

Ministre délégué auprès du ministre de l'Équipement, du Logement, de l'Aménagement du territoire et des Transports, chargé des Transports : M. Jacques Douffiagues.

Secrétaires d'État :

Secrétaire d'État à la Mer : M. Ambroise Guellec.

Secrétaire d'État aux Anciens Combattants : M. Georges Fontès.

Secrétaire d'État aux rapatriés : M. André Santini.

Secrétaire d'État auprès du Premier ministre, chargée de la francophonie : Mme Lucette Michaux-Chevry.

Secrétaire d'État auprès du Premier ministre, chargé des Droits de l'homme : M. Claude Malhuret.

Secrétaire d'État auprès du Premier ministre, chargé de la Jeunesse et des Sports : M. Christian Bergelin.

Secrétaire d'État auprès du ministre de l'Industrie, des Postes et Télécommunications et du Tourisme, chargé des Postes et Télécommunications : M. Gérard Longuet.

Secrétaire d'État auprès du ministre de la Culture et de la Communication : M. Philippe de Villiers.

Secrétaire d'État auprès du ministre des Affaires sociales et de l'Emploi : M. Jean Arthuis.

Secrétaire d'État auprès du ministre des Affaires étrangères : M. Didier Bariani.

Secrétaire d'État auprès du ministre de l'Intérieur, chargé des Collectivités locales : M. Bernard Bosson.

Secrétaire d'État auprès du ministre de l'Éducation nationale, chargée de l'Enseignement : Mme Michèle Alliot-Marie.

Secrétaire d'État auprès du ministre de l'Éducation nationale, chargée de la Formation professionnelle : Mme Nicole Catala.

Secrétaire d'État auprès du ministre des Affaires sociales et de l'Emploi, chargé de la Sécurité sociale : M. Adrien Zeller.

Secrétaire d'État auprès du ministre des Départements et Territoires d'outre-mer, chargé des Problèmes du Pacifique-Sud : M. Gaston Flosse.

Ministère de l'Intérieur
1986

Le ministre : M. Charles Pasqua.

Directeur du cabinet :
M. Jacques Corbon, préfet.
Directeur adjoint du cabinet :
M. Bertrand Landrieu, administrateur civil.
Chef de cabinet :
M. Philippe Deslandes, administrateur civil.
Chef adjoint de cabinet, chargé des relations avec le Parlement :
Mme Gisèle Godest.
Conseillers techniques :
M. Lactizio Bourgeois, docteur en droit.
Mme Michèle Ferniot, journaliste, chargée des relations avec la presse.
M. Bernard de Froment, administrateur civil hors classe.
M. Claude Guerin, commissaire divisionnaire de la police nationale.
M. Jean-Michel Schoeler, chef d'entreprise.

(*Journal officiel* des 25 et 29 mars, et 16 avril 1986)

Ministère de l'Intérieur
1987

Le ministre : M. Charles Pasqua.

Directeur du cabinet :
M. Jacques Corbon, préfet.
Directeur adjoint du cabinet :
M. Bertrand Landrieu, administrateur civil.
Chef de cabinet :
M. Philippe Deslandes, administrateur civil.
Chef adjoint de cabinet, chargé des relations avec le Parlement :
Mme Gisèle Godest.
Conseillers techniques :
M. Lactizio Bourgeois, docteur en droit.
M. Hervé Fabre-Aubrespy, maître des requêtes au Conseil d'État.
Mme Michèle Ferniot, journaliste, chargée des relations avec la presse.
M. Bernard de Froment, administrateur civil hors classe.
M. Claude Guerin, commissaire divisionnaire de la police nationale.
M. Jean-Michel Schoeler, chef d'entreprise.
Chef du cabinet particulier :
Mme Marie-Hélène Bry.

(*Journal officiel* des 25 et 29 mars, 16 avril 1986,
4 février et 16 juin 1987)

Le ministre de l'Intérieur accorde à Paris Match ses premières confidences depuis son entrée en fonction. Elles sont musclées.

PASQUA

Alors que j'arrive dans le hall de ce grand palais pas très fonctionnel où les C.r.s. jouent les jeunes filles de la maison, une sonnerie genre grand magasin stridule. Immédiatement, une demi-douzaine de factionnaires en uniforme et de gorilles en civil se précipitent revolver au poing vers le saint des saints. Vais-je assister en direct à la première prise d'otage d'un membre du gouvernement ? Dieu merci il n'en est rien. Le ministre a appuyé par mégarde sur l'une des deux pédales d'alarme disposées à droite et à gauche, comme le frein et l'accélérateur mais nettement plus éloignés, sous le bureau qui fut celui de Cambacérès. Tout un côté de la table de travail se trouve occupé par les cinq téléphones et le minitel qui permettent d'entrer instantanément en communication (parfois codée) avec l'Hôtel Matignon, avec tous les ministres, avec les quatre-vingt-quinze préfets, avec tous les procureurs généraux et avec une batterie indéterminée de hauts fonctionnaires. Il existe également une liaison avec l'Elysée mais je n'oserais affirmer qu'elle sert davantage que les autres... Charles Pasqua apparaît, homme de contact, la main largement tendue et, comme il le dit lui-même, « caractère corse et extérieur provençal. » Son accent, qui surprend un peu faubourg Saint-Honoré, doit paraître pointu au bord de la Grande Bleue. Avec l'apparente sérénité que seule confère une grande connaissance des hommes et de la pétanque, il s'est glissé dans la peau du personnage le plus fabuleux de la mythologie administrative, du deus ex machina qui a dans sa tête ou dans ses tiroirs une fiche sur chacun. La plus belle collection de dossiers secrets et les petites histoires qu'on arrange ou qu'on laisse courir. Son accession à l'un des postes les plus enviés lui inspire plus de philosophie que d'orgueil.

'IL FAUT TERRORISER LES TERRORISTES'

par PHILIPPE BOUVARD

81

Paris-Match, 1986.

Un appel de Charles Pasqua aux Français

Terrorisme : cela vous concerne tous

● *Le ministère de l'Intérieur fait afficher dans les lieux publics les photographies de terroristes d'Action directe.* ● *Les obsèques de Georges Besse auront lieu demain aux Invalides en présence de François Mitterrand et de Jacques Chirac.*

Tandis que l'enquête sur l'assassinat de Georges Besse progresse, le ministre de l'Intérieur, Charles Pasqua, a appelé hier les Français à collaborer avec la police dans la lutte antiterroriste.

● **Face** *« à ce type d'agissements, dont les Français ont pu mesurer à la fois la lâcheté et la cruauté, il faut que l'ensemble de la population collabore avec la police »*, a déclaré Charles Pasqua à la sortie du Conseil des ministres. Il a ajouté : *« Nous souhaitons que les Français se rendent compte que cette affaire les concerne tous. »*

● ***« L'attentat personnel est la chose du monde la plus difficile à prévenir »***, a encore expliqué, mais cette fois-ci à l'Assemblée nationale, Charles Pasqua qui a notamment reproché aux socialistes d'avoir libéré en 1981 plusieurs terroristes dangereux dont Nathalie Ménigon et Jean-Marc Rouillan.

● **Pour les enquêteurs, Nathalie Ménigon et Joëlle Aubron** pourraient être les deux femmes qui ont tiré lundi soir sur Georges Besse. Dès aujourd'hui des dizaines de milliers d'aff ches portant leurs photo et leurs signalement seront placardées partou en France.

● **Les obsèques de Geo ges Besse** auront lieu de main matin aux Invalide en présence du préside de la République, Françoi Mitterrand, et du premie ministre, Jacques Chirac.

(Pages 5 et 40

Aider a police

A U lendemain de l'assassinat de Georges Besse, le P.-D.G. de nault, par des terroristes ction directe, trois réflexions nposent :

) L'héritage socialiste pèse lourd aujourd'hui dans les ficultés de la lutte antiterro e.

L'amnistie et les grâces en t genre accordées dès l'été 3 à plusieurs centaines d'ex mistes ont abouti à la remise liberté d'individus extrêmement dangereux. Parmi eux, thalie Ménigon, soupçonnée tre étroitement mêlée au urtre du P.-D.G. de Renault, son compagnon Jean-Marc uillan, le fondateur d'Action ecte, qui pourrait être le cerau de l'opération.

Plus grave peut-être : ces roristes, une fois remis en lié, n'ont plus fait l'objet, à la mande même de plusieurs vices officiels, d'une surveile très étroite. Mieux même, tains ont été quelque temps contact avec des personnages oches de l'ancienne majorité. tait l'époque où les socialis espéraient « récupérer » ces rémistes. En vain, bien sûr ! temps que le réalisme finisse r l'emporter, les terroristes aient reconstitué des réseaux ides inconnus de la police.

) La participation des citoyens à la lutte antiterro te est indispensable à toute ssite.

Charles Pasqua, le ministre l'Intérieur, a rappelé hier e *« les Français devaient se ndre compte que le terrorisme concernait tous »*, et qu'il fal t *« que l'ensemble de la popu ion collabore avec la police »*.

Le Figaro, jeudi 20 novembre 1986.

Charles Pasqua, le ministre de l'Intérieur, compte sur la collaboration de la population avec la police pour faire échec au terrorisme. Les portraits de Nathalie Ménigon et de Joëlle Aubron, « témoins principaux » de l'assassinat de Georges Besse, sont diffusés dans la France entière.

MINISTÈRE DE L' INTÉRIEUR

DIRECTION CENTRALE DE LA POLICE JUDICIAIRE

LA POLICE JUDICIAIRE

RECHERCHE

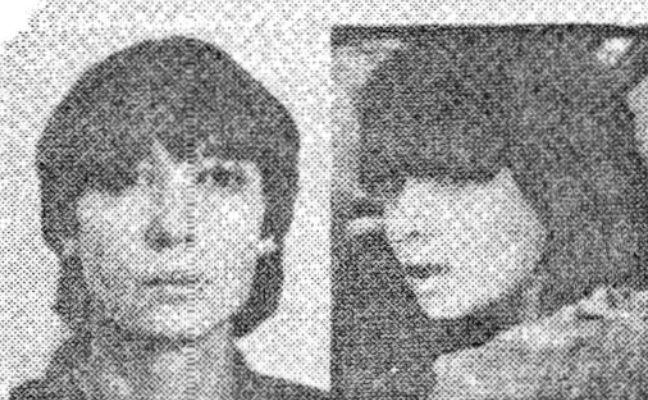

Nathalie MENIGON

29 ans, 1 m 70, corpulence mince, cheveux châtains mi-longs ou courts, yeux marron clair, teint clair.

Joelle AUBRON épouse SCHLEICHER

27 ans, 1 m 68 environ, corpulence mince, yeux couleur vert orangé, cheveux châtains.

Cette affiche, avec les portraits de Nathalie Ménigon et Joëlle Aubron présumées avoir participé au meurtre de Georges Besse, sera placardée à partir d'aujourd'hui un peu partout en France.

Le Figaro, jeudi 20 novembre 1986.

MINISTÈRE DE L'INTÉRIEUR

DIRECTION CENTRALE DE LA POLICE JUDICIAIRE

LUTTE CONTRE LE TERRORISME

APPEL A TÉMOINS

LA POLICE JUDICIAIRE DEMANDE VOTRE ASSISTANCE

pour identifier par l'écriture l'auteur de cette lettre de menaces qui a déjà revendiqué des attentats meurtriers.

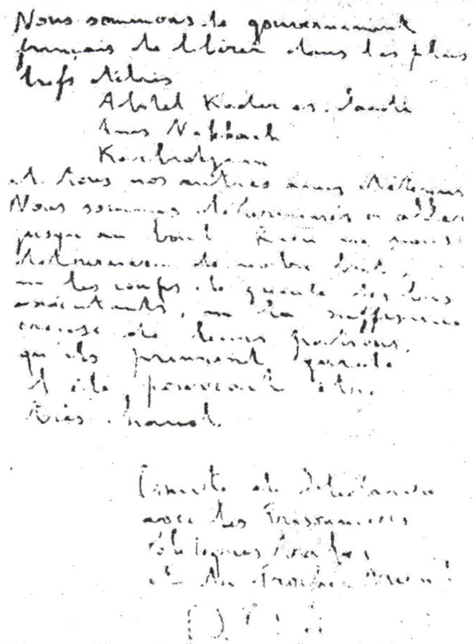

Dès hier, le ministre de l'Intérieur a diffusé sur tout le territoire français une affiche demandant l'assistance de la population pour *« identifier par écriture »* l'auteur de la lettre de menaces signée par le CSPPA. Une très forte récompense est proposée. Prendre contact avec :
La direction régionale de la police judiciaire, préfecture de police, 36, quai des Orfèvres, à Paris. Tél. : 43.54.81.43 ou 43.54.13.32.
La direction centrale de la police judiciaire, ministère de l'Intérieur à Paris. Tél. :42.65.10.58.

Le Quotidien de Paris, vendredi 29 mai 1987.

Le Hezbollah[1]

par Alain Chevalérias

Au Liban, le Hezbollah apparaît comme une force émergente sur la scène politique. Il se caractérise par son recrutement, essentiellement chiite, la célébration du martyre, son organisation cohérente et efficace, sans oublier une pratique du secret élevé au rang de système. Toutes ces raisons, autant que son étroite relation avec l'Iran révolutionnaire, le font craindre de ses adversaires, mais aussi de ses alliés, Syriens et sunnites libanais, au premier chef.

Rappels historiques

La communauté chiite libanaise représente au moins 25 % de la population. Dans l'histoire, elle fut systématiquement marginalisée au profit des sunnites, proches du pouvoir ottoman. Son existence politique débuta, en 1959, avec l'arrivée au pays des Cèdres de Moussa Sadr, mollah iranien né à Qom mais issu d'une famille originaire du Sud-Liban. À l'époque, les services du chah l'avaient chargé d'allumer un contre-feu à la propagande panarabe de Nasser. Ce qui ne l'empêcha pas de rallier la cause de la « Révolution » isla-

1. Extrait du *Hezbollah libanais, une force politique*, par Alain Chevalérias, Institut de stratégie comparée, Commission française d'histoire militaire, Institut d'histoire des conflits contemporains.

mique dès le début des années 70. À la même époque, il créa le mouvement Amal (acronyme arabe des « Bataillons de la résistance libanaise »). Les hommes de cette milice s'entraînaient déjà dans les camps palestiniens implantés au Liban.

En 1978, Moussa Sadr disparut mystérieusement en Libye, probablement assassiné sur ordre de Kadhafi, et Hussein Husseini lui succéda à la tête du mouvement. Jusqu'à ce qu'en avril 1980, suite aux pressions des Palestiniens et à un tir de roquette contre sa maison, ce dernier abandonnât la direction d'Amal à l'avocat Nabih Berri, aujourd'hui président du Parlement libanais. Au lendemain de l'accession au pouvoir de Khomeyni en Iran, en 1979, Téhéran tenta d'abord d'infiltrer, par l'intermédiaire de ses agents locaux, l'organisation devenue laïcisante de Nabih Berri. Résultat, en 1982, le mouvement se scinda, donnant naissance à « Amal islamique » sous la direction d'Hussein Moussaoui, un instituteur de la Bekaa et ancien porte-parole de Berri. La même année, l'Iran dépêchait un millier de Pasdarans au Liban, soi-disant pour s'opposer à l'invasion israélienne qui avait débuté le 6 juin. En réalité, ils s'installèrent rapidement à Baalbek, ville de la Bekaa à majorité chiite, pour y encadrer les islamistes du cru.

Naissance du Hezbollah

Si la date précise de la création du Hezbollah nous est inconnue, la première apparition publique du « Parti de Dieu » (sa signification en arabe) date du 22 novembre 1982, jour de la fête nationale libanaise. Aux accents de l'hymne iranien, un commando armé et masqué s'empara du siège du gouvernement à Baalbek, déchira les drapeaux libanais et lacéra les portraits du président de la République. À travers la Bekaa, tous les symboles de l'État furent pris pour cible et quelques-uns de ses représentants exécutés.

On évaluait mal, alors, ce qu'était le Hezbollah. Confédération de treize mouvements islamistes, il regroupait sous la même appellation : Amal islamique, « Addaoua » du cheikh Hussein Fadlallah, les « Gardiens de la Révolution islamique » du cheikh Soubhi Toufeyli, auxquels il convient d'ajouter « al-Tawhid » du cheikh Saïd Chaabane de Tripoli, personnalité sunnite ralliée à Téhéran. Pendant la campagne de kidnappings de ressortissants occidentaux, essentiellement britanniques, américains et français, qui illustra les années 80, certains analystes se crurent obligés d'inclure dans la structure du Hezbollah des groupes comme le «Jihad islamique», l'«Organisation de la justice révolutionnaire» ou la «Force des déshérités dans le monde» qui revendiquaient les rapts. En réalité, ces groupes n'existent pas réellement. Ils ne servent que de prête-noms aux entreprises du Hezbollah qui évite ainsi de se dévoiler.

Aujourd'hui, pourtant, nous percevons plus le Hezbollah comme un parti monolithique que sous la forme d'une confédération. Deux raisons expliquent cette évolution. D'une part, sous l'impulsion de l'Iran, le centralisme unificateur des responsables les plus importants a progressivement réduit l'influence des groupes associés au sein du Hezbollah. On remarquera, néanmoins, que le Tawhid de Saïd Chaabane continue de fonctionner de manière autonome, tout en maintenant une allégeance directe à Téhéran. D'autre part, l'évolution du Liban, à la suite des accords de Taëf signés en 1989, marginalisant les milices et les forçant à rendre leurs armes, a obligé le Hezbollah à prendre la forme d'un parti politique.

Idéologie du «Parti de Dieu»

C'est à l'époque de sa création qu'il faut rechercher l'idéologie profonde du Hezbollah, alors que ses dirigeants croyaient tout possible quand la guerre battait son plein au Liban. Ainsi, en janvier 1986, soixante-trois personnalités libanaises islamistes se réunirent à Téhéran pour rédiger une nouvelle Constitution. Le texte affirmait: «Il faut créer un gouvernement islamique au Liban, condition *sine qua non* pour mettre un terme à la guerre intérieure.»

Mettant implicitement en avant son inspiration iranienne, le projet de Constitution plaçait Khomeyni à la tête de l'État libanais au nom de la théorie du *vilayat-e-faqih*, qui fait de l'imam le représentant de Dieu sur terre. Le chef religieux des chiites libanais recevait une délégation de pouvoir du guide de la Révolution iranienne. À ce titre, il devait donner son agrément à la désignation des candidats à la présidence de la République, pouvait dissoudre le *majlis al-choura* (Parlement), destituer le président et le Premier ministre ou nommer le commandant en chef de l'armée. Bien sûr, le système judiciaire devenait islamique dans un pays où, pourtant, près de la moitié de la population se réclame du christianisme. Le programme khomeyniste fut appliqué dans les régions sous contrôle du Hezbollah, qui, comme Baalbek, Hermel, la région de Tyr, etc., devinrent, jusqu'à la fin de la guerre, de véritables républiques islamiques qui attendaient de s'étendre à l'ensemble du territoire.

À l'image d'autres mouvements islamistes, l'action de la Révolution iranienne, et par conséquent du Hezbollah, s'inscrit dans un plan général de soumission de l'ensemble de la planète à une interprétation extrémiste du Coran. Seule différence, les islamistes chiites ne reconnaissent qu'un maître « après Dieu » : le successeur de l'imam Khomeyni, aujourd'hui l'imam Khamenei. Pour justifier leur projet, les uns et les autres articulent leur perception du monde sur une vision manichéenne de celui-ci. D'une part se tiennent les « bons », les « croyants », c'est-à-dire eux-mêmes, les défenseurs d'un puritanisme pointilleux. D'autre part les « méchants », leurs adversaires, toutes catégories mêlées, ceux qui refusent l'application à la lettre de la loi islamique.

Aujourd'hui, le Hezbollah affiche un visage moins caricatural. Obligé de se fondre dans un paysage politique, sinon démocratique, du moins respectueux de quelques apparences, il adopte un profil bas en matière de politique intérieure. Le « Parti de Dieu » présente des députés aux élections, il s'intègre dans le jeu politique et met en veilleuse ses ambitions quand elles risquent d'effrayer le pouvoir ou les autres communautés libanaises. Les propos tenus par Hadj Nayef Karim, responsable à l'information du Hezbollah, apparaissent très révélateurs. Interrogé sur la volonté de son parti d'instaurer un régime islamiste au Liban, il évita de répondre clairement, se contentant de prôner la justice pour tous, chrétiens et musulmans. À propos de l'opposition déclarée du Hezbollah aux publicités vantant les marques d'alcool, il expliquait doctement : « Il existe au Liban quelque chose qui s'appelle la "liberté" et nous sommes pour sa protection. Nous ne sommes pas l'État pour pouvoir interdire ces publicités. »

Nous savons même que le Hezbollah a entrepris d'approcher plusieurs responsables chrétiens afin de leur proposer une alliance politique contre un pouvoir central passé, pour l'essentiel, aux mains des sunnites depuis la fin du conflit. En outre, par la propagande, il cherche à séduire l'opinion chrétienne – ennemie jurée pourtant –, en qui il voit l'alliée de l'« impérialisme occidental ». La rigidité du dogme n'empêche pas une très grande flexibilité tactique.

Une organisation cohérente et efficace

Aux débuts du Hezbollah libanais, c'est le cheikh Mohamed Mehdi Chamseddine, chef de la communauté chiite, qui reçut le titre théorique de vice-président de la République islamique en gestation, autrement dit de représentant de l'imam Khomeyni. Néanmoins, avec le temps, le cumul des « mandats » risquait de provoquer une scission ouverte au sein de la communauté chiite, entre les partisans du « Parti de Dieu » et les autres. Il valait donc mieux que Chamseddine se contentât de servir de dénominateur commun à ceux de sa communauté.

Déjà, en 1988, le cheikh Mohamed Hussein Fadlallah était présenté comme le « guide spirituel » du mouvement, et donc véritable proconsul de Téhéran. Nous avons mentionné plus haut son nom en tant que chef d'« Addaoua », parti membre du Hezbollah. Comme Moussa Sadr, il vit le jour en exil, dans la ville irakienne de Nadjaf, au sein d'une famille libanaise du Sud. C'est du reste à Nadjaf, ville sainte du chiisme, qu'il connut l'imam Khomeyni alors que ce dernier fuyait la colère du chah. En 1966, sa hiérarchie le dépêcha au Liban afin d'y créer une structure islamiste.

Aux côtés du guide spirituel du Hezbollah siège la première instance du mouvement, le « Conseil consultatif », qui regroupe les principaux responsables. On y trouve une douzaine de personnalités, parmi lesquelles Hussein Moussaoui, ancien chef d'Amal islamique, Cheikh Saïd Chaabane, leader du Tawhid, et Cheikh Soubhi Toufeyli, ancien patron des « Gardiens de la Révolution islamique ».

Réunis à Téhéran fin septembre 1989, les responsables du Hezbollah décidaient de créer la fonction de « secrétaire général », chef en titre du mouvement. Anticipant sur le désarmement des milices qui allait prendre effet en 1991, ils manifestaient ainsi leur volonté de se donner la forme d'un parti politique ordinaire. Cheikh Soubhi Toufeyli occupa la position de secrétaire général jusqu'à la nomination de Cheikh Abbas Moussaoui, en septembre 1990. Exécuté, le 16 février 1992, au cours d'un raid d'hélicoptères israéliens dans le Sud-Liban, ce dernier fut remplacé par Cheikh Hassan Nasrallah, ancien président du comité de sécurité du Hezbollah pour la banlieue, chiite, du sud de Beyrouth. Mais, dans les faits, l'autorité du secrétaire général semble réduite tant elle reste subordonnée au comité exécutif et au guide spirituel.

C'est du reste de ce comité que dépendent les sept départements du parti : idéologie, justice, tous deux directement contrôlés par le cheikh Fadlallah, politique, sécurité, finances, information et relations extérieures, éducation et scoutisme enfin, auxquels il faut ajouter la « Fondation des martyrs » et les différentes organisations de masse. À cette structure horizontale s'en ajoute une autre, verticale et pyramidale, qui correspond à la chaîne de commandement politico-militaire. Elle s'appuie sur trois régions distinctes à forte densité chiite : le Sud, Beyrouth et la Bekaa. Chaque région se subdivise, dans l'ordre hiérarchique, en districts, centres, quartiers (en ville) ou localités (en environnement rural) pour aboutir aux cellules. Par exemple, le quartier de Mar Elias dépend du centre de Moussaitbeh, qui se rattache au district de la banlieue sud dans la région de Beyrouth.

Outre le lien organique entre le Hezbollah et Téhéran, l'Iran entretient des relations suivies avec les plus hauts responsables du Hezbollah. En outre, il dispose aussi d'un réseau de surveillance sur le territoire libanais. Sayed Mohammad Ali Tairian le contrôle, utilisant la couverture de la société al-Taher dans laquelle il exerce au département commercial. Dans le passé, il aurait servi en tant que diplomate à l'ambassade d'Iran en Grèce sous le nom d'Hassan Hamad..

Remerciements

Pour la rédaction de cet ouvrage, je tiens à remercier :

– mon fils Pierre dont les pressions affectueuses m'ont conduit à écrire ce livre, et qui fut mon aide le plus précieux,

– Marie-Hélène Bry, ma fidèle collaboratrice de toujours qui n'a jamais ménagé ni son temps, ni sa peine,

– Isabel Eiraudot, administrateur de la bibliothèque du Sénat, Frédéric Mauro et leurs collaborateurs dont la gentillesse et la disponibilité ont été mises à rude épreuve par nos demandes répétées,

– Isabelle Caullery, mon assistante qui fut auprès d'eux mon interlocutrice compétente et dévouée,

– mes anciens collaborateurs du groupe RPR du Sénat et du mouvement,

– les anciens membres de mon cabinet au ministère de l'Intérieur,

– et mon épouse Jeanne, sans la patience et le soutien de laquelle rient n'eut été possible.

Table des matières

RÉALISATION : PAO ÉDITIONS DU SEUIL
IMPRESSION : S.N. FIRMIN-DIDOT AU MESNIL-SUR-L'ESTRÉE
DÉPÔT LÉGAL : MAI 2007.
N° D'ÉDITEUR : 48714. N° D'IMPRIMEUR : 85045
IMPRIMÉ EN FRANCE